集人文社科之思 刊专业学术之声

集 刊 名：湘学研究

主　　办：湖南省湘学研究院

XIANG RESEARCH 2019 Vol.1 (Issue 13)

学术顾问

张岂之	西北大学中国思想文化研究所教授	陈　来	清华大学国学研究院教授
张海鹏	中国社会科学院近代史研究所研究员	肖永明	湖南大学岳麓书院教授
方克立	中国社科院研究生院教授	李　捷	《求是》杂志社原社长
杨念群	中国人民大学清史研究所教授	王立新	深圳大学文学院教授
杨胜群	中共中央文献研究室教授	王澧华	上海师范大学对外汉语学院教授

编辑委员会

主　　任　王伟光

副 主 任　路建平　许又声

委　　员　王伟光　路建平　许又声　方克立　张海鹏

　　　　　刘建武　朱有志　唐浩明　贺培育　刘云波

　　　　　王继平　朱汉民　李育民　李跃龙　杨念群

　　　　　曹　新　李　斌　郭　钦　周建刚　王安中

主　　编　刘建武

执行主编　贺培育

副 主 编　李　斌

编辑部主任　毛　健

编辑部成员　李　斌　毛　健　马延炜　李　超　张　衢

联系电话　0731-84219566

电子邮箱　xiangxueyj@163.com

通信地址　湖南省长沙市德雅村湖南省社会科学院《湘学研究》编辑部

2019年第1辑（总第13辑）

集刊序列号：PIJ-2018-358

中国集刊网：www.jikan.com.cn

集刊投约稿平台：www.iedol.cn

研湘
究学

湖南省湘学研究院　主办

XIANG RESEARCH
2019 Vol.1 (Issue 13)

2019 年
（总第 13 辑）

1

社会科学文献出版社
SOCIAL SCIENCES ACADEMIC PRESS (CHINA)

【湘学专题】

湘军与晚清国家安全

郑佳明[*]

摘　要： 国家安全主要是指现代民族国家的国家主权和领土完整，国家安全是大战略研究的基本问题，恰恰也是晚清中国面临的主要问题。湘军诞生于晚清前所未有的内忧外患之中，湘军在历史上做了两件大事，一是打败了太平天国、捻军的起义，挽救了清王朝，恢复了国内和平；二是发起洋务运动，推动"同治中兴"，维护和延续了清王朝的统治。现在，对后者的评价趋于一致，但对于湘军在国内战争中的胜利，争论仍然很大。咸同时期，以曾国藩为代表的汉臣，站出来挽救大清政权，这种结盟的理由在于在外敌面前，满汉民族利益有一致的一面。湘军保卫大清，也是保卫国家，保卫自己的信仰，保卫自己利益。因此湘军与太平军的战争具有双重性质，一方面镇压农民起义具有反动性；保卫腐朽落后的清王朝，具有消极作用；另一方面，结束战争，恢复各民族人民的和平生活，使中华民族、中国人民和社会有了医治战争创伤的时间和空间。战争胜利稳定了清王朝的全国统治地位，使清廷作为一个职能健全的政府延续，中国作为一个主权完整、内部安定的国家存在，保存了抵御外侮、抗击侵略的基本条件。民族的独立和国家的统一在一定程度上得到延续。这场战争也具有捍卫国家安全的性质。从国家安全的角度看晚清，容易从复杂的矛盾中找到主要问题，看清历史的主线和主题，从而客观评价历史事件、团体和人物。

关键词： 湘军　晚清　国家安全

国家安全是晚清中国面临的主要问题。从国家安全的角度看晚清，容

---

* 郑佳明，湖南商学院文新学院院长，湖南省政府文史研究馆馆员，湖南师范大学历史文化学院教授。

易从复杂的矛盾中找到主要问题，看清历史的主线和主题，从而客观评价历史事件、团体和人物。我想用"国家安全史观"，从大战略的角度，探讨湘军对晚清国家安全的影响和其中的历史经验。

一　湘军诞生的内外环境

湘军诞生于晚清前所未有的内忧外患之中。所谓"内忧"，指国内政治不稳定；所谓"外患"，即外部力量的入侵。政权是处理内忧和外患的主体。政权与国家的关系，既紧密相关，又不完全是一回事。不同历史时期和不同的文明之下，它们的关系有所不同。民主制度发育完善的国家，政权更迭不会威胁国家安全，国家纠错和修复能力较强，政治和社会比较稳定。专制国家和转型中的国家，国内安全面临人民反抗和政权交替两大挑战。矛盾积累到一定程度，人民揭竿而起，天下大乱，给国家带来内战和分裂的危险，并给外敌入侵造成可乘之机。古代中国是专制国家，皇权即政权，朕即国家，继承人交替，政权更迭，都伴随着政治动荡和动乱，这是专制制度落后性、腐朽性的表现，也是要推翻专制制度的基本原因之一。晚清 70 年，太平天国，捻军，西北、西南少数民族起义，会党与革命，满汉矛盾，阶级矛盾和国内民族矛盾此起彼伏，一直威胁着王朝和国家的安全，在一系列内外打击之下，清王朝最终黯然退出历史舞台。

国家安全的另一个问题是外部入侵问题。中原王朝与异族的战争有两类。第一类是古代外部入侵，主要来自北方少数民族，那是游牧文化与农耕文化的地缘性、结构性的冲突。这是以儒家文化为大背景，同一个文明圈内部的冲突和融合。即使是入侵者，也或是事先就受到儒家文化的影响，或是进入中原后迅速学习认同儒家文化，这是在中华大地上，繁衍生长的各个民族竞争合作、共处融合的过程。

第二类就是近代外部入侵，主要来自海上西方列强。与以往的北方少数民族不同，西方文明是一种新的文明，一种从价值到范式都完全不同的文明。马克思说，资本主义创造的生产力超过了过去一切时代生产力的总和。强大的生产力和经济实力，使他们有了非常强大的军事实力，也有了文化的自信心和推动力。19 世纪中叶到 20 世纪初，自由资本主义发展到帝国主义，这段时期世界历史的时代特征是殖民主义和帝国主义，这就是晚清的国际背景。

在殖民主义、帝国主义时代，主权问题之所以十分重要，是因为：英、法、德、意、美等西方主要工业国刚刚完成工业革命，从商品输出到资本输出，经济上产生巨大的扩张要求；民族国家刚刚建立，有强烈的民族主义冲动；现代工业武装起来的军事力量和社会达尔文主义武装起来的殖民思潮，有极其强烈的征服欲望。这段时间征服土地和瓜分殖民地的狂潮席卷世界。这是一个西方列强对东方农业国家进行侵略和掠夺的时代，东方国家的国家安全成为前所未有的突出问题。近代历史上，一些重要的国家因外敌入侵或战争失败而亡国或分裂，除了印度之外，还有奥斯曼帝国、奥匈帝国等。

要么变革自强，跻身列强，如日本；要么亡国，做殖民地，如印度。抵抗到底，保持自己的独立，中国只有这一条路；中国是个庞大国家，土地广袤，历史悠久，民族众多，长期处于自然经济和宗法社会中，包袱太沉重，积弊太深厚，实现整体的转型不可能一蹴而就。特别是清廷和满族贵族统治集团已经到了强弩之末，封闭 200 年，从上至下沉浸在天朝上国虚骄自大的迷梦之中。缺乏雄才大略的政治家，缺乏改革的愿望和能力，僵化腐败，死气沉沉，清朝被动挨打的宿命已经注定，延续 200 多年的清王朝到了生死存亡之秋。现有的体制内力量已经无法完成捍卫国家安全的重大历史使命，体制外的湘军应运而生。

二 湘军恢复国内和平对国家安全有重要意义

湘军在历史上做了两件大事，一是打败了太平天国、捻军起义，挽救了清王朝，恢复了国内和平；二是发起洋务运动，推动"同治中兴"，维护和延续了清王朝。现在，对后者的评价趋于一致，但对于湘军在国内战争中的胜利，争论仍然很大。在阶级斗争视角之下，湘军是镇压农民起义的刽子手，是一支反革命的军队。这种观点，无论从传统文化的角度，还是从马克思主义的角度，都是成立的。从传统文化的角度来讲，"民为贵，社稷次之，君为轻"。反抗暴虐、腐败的政府是正义的，这是儒家民本主义思想的体现；从马克思主义的角度来讲，搞阶级斗争，反抗压迫和剥削是合理的。

但是具体到晚清，太平天国起义这段时间，矛盾的双重性决定了事物的双重性。民族矛盾逐步上升，阶级矛盾相对下降，中华文明与列强入侵的矛盾上升为主要矛盾。太平天国和捻军的起义以及少数民族的起义，爆发在两次鸦片战争之后，中华民族遭受列强的沉重打击，面临千年未有之变局，不仅有顾炎武讲的亡国与亡天下的问题，有晚清人士所说的亡国灭种的问题，还有中华民族、中华文明是否能够生存延续的问题。太平天国和当时其他大大小小的农民起义，都是旧式的农民起义，跟历史上其他农民起义一样，始终是地主阶级改朝换代的工具。除了打击旧世界以外，推动历史进步的意义有限，而且会削弱国家抵御外侮的能力。

另外，列强的征服和侵略具有强烈的掠夺性和压迫性，对中国造成严重的领土丧失和主权破坏。西方文明作为与中华文明完全不同的异质文明，伴随着野蛮的暴力侵入中国，以殖民主义文化的姿态进入中国，造成民族情感的强烈排斥，造成长期深刻的心理冲突。这些对中国国家安全和文明延续构成了巨大的威胁。70 年间，两次鸦片战争，中国受到沉重打击；沙俄乘人之危，割走一百多万平方公里土地；中法战争，法国入侵越南，入侵台湾，威胁中国西南、东南安全；中日甲午战争，中国战败，割地赔款；八国联军入侵，中国被迫做出巨额赔款；争夺中国东北的日俄战争爆发于中国土地上。20 世纪初，中国面临全面的边疆危机，民族存亡危机，中华民族到了最危险的时候。

晚清时期，国家政权掌握在满族贵族集团手里，他们享受着统治权和资源分配优先权，这种权力要求他们既要保卫自己的既得利益，也要捍卫国家的主权和领土完整，维护国家的稳定和秩序，保障人民基本的生产生活，继承传统的文明和道德，所以这个统治形式具有历史的必然性和道德的合理性。这是政权稳定与国家安全的基本关系。即使少数民族贵族政权也是一样。戊戌维新时期有一个十分敏感的问题："保大清，还是保中国？"其基本含义是指满汉矛盾。其实满汉矛盾与国家安全的关系问题一直存在，咸同时期，以曾国藩为代表的汉臣，站出来挽救大清政权，汉族官员力量还很弱小，清政权还有一定实力，现实需要和忠君观念使满汉结盟，这种结盟的理由在于在外敌面前，满汉民族利益有一致的一面。湘军保卫大清，也是保卫国家，保卫自己的信仰，保卫自己利益。

因此湘军与太平军的战争具有双重性质。一方面镇压农民起义具有反动性，保卫腐朽落后的清王朝，具有消极作用。另一方面，结束战争，恢复各民族人民的和平生活，使中华民族、中国人民和社会有了医治战争创伤的时间和空间。战争胜利稳定了清王朝在全国的统治地位，使清廷作为一个职能健全的政府延续，中国作为一个主权完整、内部安定的国家存在，保存了抵御外侮、抗击侵略的基本条件。民族的独立和国家的统一，在一定程度上得到延续。因此，这场战争也具有捍卫国家安全的性质。

晚清国家安全还有一个特殊的历史背景。清王朝在建立过程中和后来的文治武功之下，征服融合了周边少数民族，建立了疆域广大的多民族国家，对于这些后加入的少数民族大家庭成员，毛泽东曾经比喻其为满族姑娘带来的丰厚嫁妆。200 多年多民族统一国家的形成，清王朝功不可没，各民族对清王朝的历史认同也不容置疑，但是融合的时间还不够长，彼此的关系还不够牢固，特别是虎视眈眈的列强和一些周边国家没有停止过分化中国的图谋，如果在咸同时期，清政权崩溃，这个统一的多民族国家一定是命运多舛，中华民族大家庭或许将万劫不复。从这个角度讲，湘军崛起是天佑中华，是中华古老文明自救基因的复活。

三 湘军是抵御外部侵略的骨干力量

湘军在赢得与太平天国和捻军的战争之后，成为晚清国内唯一的劲旅和保卫国家安全的主力军队。随着第二次鸦片战争的结束和太平天国的覆亡，清王朝经历了一段短暂的相对稳定时期。然而，进入 19 世纪 70 年代，形势又紧张起来。俄国侵吞中国领土，法国、日本等国都先后挑起了侵略中国的战争。湘军主力裁撤之后，它的骨干和一部分老湘军留下来继续发挥作用，他们临危受命，在抗击外国侵略的战场上，立下了不朽的功勋。

1871 年，中亚浩罕的阿古柏入侵新疆，沙俄乘机出兵强占伊犁，扬言"伊犁永归俄辖"。与此同时，日本侵略我国台湾，东南海防出现严重危机。李鸿章认为"新疆不复，于肢体之元气无伤"，主张放弃新疆，"移西饷以助海防"。时任甘陕总督的左宗棠则力主收复新疆，主张"明示以伊犁我之疆索，尺寸不可让人"。清廷接受左宗棠的意见，任命其为钦差大臣督办新疆军务。1876 年，接近古稀之年的左宗棠临危受命，督率西征大军分三路挺进新疆。西征军的主力则是湘军骁将、湖南湘乡人刘锦棠率领的老湘军二万余人。经过血战，1878 年 1 月，左宗棠收复了除伊犁地区以外的新疆全部领土。在左宗棠、刘锦棠强大的军事支持下，曾纪泽在谈判桌上维护了中国的利益，签订《伊犁条约》，从沙俄手中索还了一部分领土和权益。清廷在收复伊犁后，于 1884 年在新疆建立行省，设置州县，新疆从此成为清王朝的行省之一，实行与内地各省同样的统治制度。新疆行省的第一任巡抚便是刘锦棠。左宗棠与湘军创造了收复新疆的伟大功业，这对于保持国家领土的完整和多民族国家的团结，都具有重大的意义。

法国在西南边境和东南沿海及台湾发动了对中国的侵略战争。1885 年，法国入侵中越边境的镇南关，威胁西南安全。湘军王德榜部参加冯子材指挥的镇南关战役，扭转了整个中法战局，并导致了法国茹费理内阁的倒台。台湾是中法战争的另一个战场，湘军是抗击侵略的主力军。当时在福州前线布置战事的左宗棠，在没有轮船运输、没有海军护卫的艰难情势之下，派王诗正率三营亲军乘渔船渡海援台。孙开华、杨岳斌等湘军老将也都先后率部奉命赴台，抗击法军，取得重大胜利。曾国藩胞弟、南洋大臣曾国荃也抽调五艘战舰援台。淮系将领刘铭传在台湾抗法，所率部队也基本上是湘军。

1894 年日本挑起侵华战争，北洋水师全军覆没。朝廷起用湘军，于1895 年 1 月任命湘军名将、两江总督兼南洋通商大臣刘坤一为钦差大臣，督办东征军务，率六万湘军开赴辽东，驻扎在山海关内外。这是中日开战以来清王朝最大规模的一次出兵。刘坤一是继曾、左等元老之后的湘军重要统帅，号称"砥柱东南"。但是，战争整体上的失利态势已经难以扭转，湘军抵挡不住日寇的铁蹄，在山海关外的牛庄、营口、田庄台等地与敌奋战，但连遭失败。曾任湖南巡抚的吴大澂率领三万湘军将兵出关试图收复海城，不幸也遭兵败。中国战败割台之后，留在台湾岛上的湘军将士与台湾民众一起抵抗日军，使日本军队付出了极大的代价。湘军将士在台湾的战斗，保卫台湾、保卫祖国，写下了湘军历史上可歌可泣的最后一页。

非常值得一提的是湘军对中国海军和海防的重大贡献和影响。人们都知道长江水师的前身就是彭玉麟和杨业斌领导的湘军水师。湘军裁军的时候，留下了水师，成建制地进入国家军事体系，改为长江水师，在几十年内成为维护长江流域稳定和秩序的重要力量。从江防到海防，从水师到海军，湘军水师的骨干人才、基本建制、制度经验、武器装备，成为清朝海军的基本力量和基础条件。湘军水师是清朝海军之母。

四 湘军的军事改革引领了晚清军事现代化

湘军为什么能够创造奇迹？晚清政治已经僵化了，体制内的八旗和绿营腐败，失去了战斗力。太平军生气勃勃，农民英雄人才辈出，瞬间横扫江南，但是内讧内耗太大，腐败得太快。同一个时空、同一个国家、同一种文化中的三支军队，湘军胜出，既是偶然，又是必然。耐人深思的是，湘军在维护挽救清王朝的旧制度、旧体制、旧习惯的同时，也推动了晚清旧制度、旧体制、旧习惯的变革。

湘军是一支新创建的军队，可以说是一支前所未有的军队。第一，湘军创建的目的明确，是打败太平军，勤王卫道，护国安民，政治上的正确性，让湘军获得了朝廷的认可、士绅的拥护、农民的追随；第二，曾国藩一开始就明确了一个指导思想，要避免八旗和绿营的积习弊端，另起炉灶，建立一支新的军队。这就开辟了从实际出发，利用各种资源，自由创造和发挥的空间；第三，由于朝廷对汉臣的防范，湘军只能以营勇面貌出现，军饷必须自筹，军队必须少而精，要求更高，建军更难，逼迫湘军在多方面进行探索和创造。

曾国藩和他的军队，充分挖掘和运用当时一切有用资源，整合创造，自成一体。这些资源包括忠义血性的传统文化资源；朝廷需要和认可，政治上正确的政治资源；洋人之技和洋人之智的知识技能资源；观念相同和利益相关的士绅人才资源；中央和地方官场的人脉资源；战时经济带来的经济资源；血缘宗法关系资源和乡土乡亲的情感资源；等等。湘军的建军思想、组织建制、战略战术、军民关系、治理教育、军事训练、军官选拔、士兵招募、军饷筹集、后勤供应、优待抚恤、武器装备、协调指挥，既有对传统军队的学习和继承，也有自己的发明和创造。思想上武装起来，将士们组织起来，情感上融合起来，行动上配合起来了，湘军上下围绕曾国藩，形成一个整体力量。湘军的建设创造了历史上从未有过的奇迹。

湘军最多的时候也只有十几万人，存在也只有十几年时间，但是它的影响深远。湘军现象的出现有时代和历史的原因。中华民族深厚的历史文化、不屈的民族精神、经世致用的思想方法和践行传统文化的湖南士绅是湘军产生的土壤。理学武装团队，团队率领军队。湖南地处中国内陆，宋明以来义理文脉绵延，聚集大批忠义血性士子，早就做好了走向潮头的准备。湘军的胜利是思想的胜利、精神的胜利和文化的胜利。曾国藩个人起到了关键作用。曾国藩以学术立身，深谙理学原道和经世学问，心怀济世救时、勤王卫道的志向，有修齐治平、建功立业的准备，有内圣外王、追比圣贤的境界，没有他就没有湘军。

老一代湘军创始人曾国藩、胡林翼、左宗棠等去世之后，湘军集团的后继者，仍然对政局和国家安全发挥了重要影响。起初，朝廷在危难之际不得不重用湘军人才，让渡一部分权力，形成满汉分享政权的局面。宋明理学的背景、纲常名教的修养、"忠义血性"的要求和个人功名的追求，使湘军将领忠于朝廷，顾全大局。这种关系，加强了清政权的统治力量，有利于晚清政权的安全和国家安全。但是这种关系后来逐渐受到破坏，甲午战争的失败凸显了朝廷的昏庸无能，对戊戌维新的镇压反映了清政权的保守本质，对义和团的利用和对列强的宣战是清政权的倒行逆施，终于迫使汉族督抚以"东南互保"分庭抗礼。朝廷权威一落千丈，终于陷入统治危机。"东南互保"实际上表现了汉族大臣在对待列强和外部事务上的不同意见，他们对国家安全的态度更加务实和有用，李鸿章、刘坤一发挥了中流砥柱的作用。

由于湘军的胜利，这一整套精神、思想、制度、经验和方法，不胫而走，成为中国近现代军队建设的宝贵经验、对晚清的军队建设、军事改革、国防建设和国家安全发挥了不可估量的作用。淮军延续了湘军的传统，自不待言，晚期刘坤一的军事改革，清末袁世凯编练新式陆军，民初蔡锷的《曾胡治军语录》等，都浸透着湘军的精神、思想和经验。

"中兴将相，什九湖湘"：一则名言的运用、溯源及启示

张晶萍[*]

摘　要： "中兴将相，什九湖湘"是一则描述晚清湘军之重要性的名言，在当今相关论著中的援引率非常之高。通过分析当代学者对这则名言的运用情况，可以发现，大部分学者对这则名言的来历并不知晓，少部分学者将它的发明权归为早期维新思想家冯桂芬，极个别的学者详细完备地注明它的最初出处。通过对这则名言的溯源，可以获得一些有益于开发湘军形象资源的启示。

关键词： 中兴　湖湘　湘军

众所周知，湖湘文化是中华文化的重要组成部分，源远流长，由来有自，而近代以来，湖南人才群体的兴起，尤其受到世人的瞩目。这其中，湘军集团是最为关键的。在某种程度上，可以说，湘人对于本省的自觉意识、对于国家的担当意识、对于传统文化的传承意识，都是伴随着湘军的兴起而萌发的。清末杨毓麟曾指出："咸同以前，我湖南人碌碌无所轻重于天下，亦几不知有所谓对于天下之责任；知有所谓对于天下之责任者，当自洪杨之难始。"[①] 一语道出了湘军兴起对于湖南地域意识形成的关键作用。嘉道之际，湖南曾经涌现出陶澍、贺长龄、魏源等一大批经世人物，但在当时他们大多以个体的面貌出现，尚未集结成"湖南"印象。随着湘军镇压太平天军、成就同治中兴，湘军将领走向大江南北，或为朝廷重臣，或为封疆大吏，在全国政治生活中占据着举足轻重的地位，由此激发了湘人以天下兴亡为己任的使命感与责任感。又因湘军将领以理学为指导、以镇压异教相号召，湘军的胜利象征着儒家名教的胜利，也激发了湘人纲常名

---

* 张晶萍，湖南师范大学历史文化学院教授。

① 杨毓麟：《新湖南》，载饶怀民编《杨毓麟集》，岳麓书社，2001，第36页。

教无往而不胜的自负心理。对此，出任湖南巡抚的外省人陈宝箴就深有感慨："自咸丰以来，削平寇乱，名臣儒将，多出于湘。其民气之勇，士气之盛，实甲于天下。……其义愤激烈之气，鄙夷不屑之心，亦以湘人为最。"①故甲午战争以前，湖南以排外闻名于世，仇视洋教，耻闻洋务。甲午中日战争后，湘人幡然醒悟，痛定思痛，知耻后勇，在全国率先掀起了变法自强运动，成为晚清维新运动的模范省。

湘军对于晚清政局具有举足轻重的地位，这是一个不争的事实。对这一事实的经典表达，就是"中兴将相，什九湖湘"。"中兴将相，什九湖湘"是人们耳熟能详的一句名言，也是最受论者青睐的一句名言。无论是在面向大众的通俗性、普及性读物中，还是在面向专家学者的学术性论著中，它的援引率都非常之高。20 世纪 80 年代以来，它的援引率与日俱增。这一点，大体上可以借助现代资料数据库来把握。笔者以北京世纪超星公司开发的全球最大的中文文献资源服务平台读秀为搜索工具，以"中兴将相，什九湖湘"为字段，进行知识搜索，共获得 146 条记录。在这 146 条记录中，最早的始于 1986 年，最近的则止于 2017 年，恰好反映了近 30 年间该名言的使用走向。然而，这一名言最先究竟出自何人之口？其意何为？引用者却不甚措意，存在着不少讹误需要厘清。

一　当代学者对"中兴将相，什九湖湘"的使用

现代资料数据库的建设，为我们从总体上把握该名言在当代知识分子中的知名度与引用率以及具体运用情况提供了可能。综观这 146 条记录，可以发现，论者对于这句名言的处理主要有三种情况。

（一）视为公共话语，虽加引号，表明此语由来有自，但不标注出处

无论是在学术论著中，还是在普及性读物中，这一情况都相当普遍。在 146 条记录中，至少七八成都是这种情况。

为了更好地把握论者对这句名言的使用情况，下面按时间顺序，列举

---

① 《湖南巡抚陈宝箴奏设湖南时务学堂折》，载《湘报类纂》，大通书局影印本，第 621 页。

部分事例。同时，为了准确地把握论者的上下语境，引文将会上下延伸，稍微长些。

1. 1986 年，杨慎初、朱汉民、邓洪波：《岳麓书院史略》

从嘉庆二十三年至道光二十四年（1818—1844 年），欧阳厚均任岳麓书院山长凡二十七年。自道光二十六年起，丁善庆又主持岳麓教事达二十三年（1846—1868 年）之久。欧、丁二人在教学上各有特点，但同时又都坚持经世致用等传统学风（详见《修志编书》一节），因而在长达半个世纪的时间内，他们培养出大批人才，欧阳厚均就有弟子三千。道光五年（公元 1825 年）厚均六十岁，"今岁名下士贡举四十有九人"。该年湖南全省取举人正榜四十七人，副榜十一人，恩赐二人，恩赐副榜一人；取拔一人。岳麓占全省总数的 39.4%。丁善庆掌教岳麓，门下成名者亦有数十百人。欧、丁所造就的人材，造成了全国"中兴将相，什九湖湘"的局面。[①]

在该著中，"中兴将相，什九湖湘"这句名言主要是为了论证岳麓书院培养人才的成果。

2. 1992 年，陈谷嘉、朱汉民：《湖湘学派源流》

在二贺、陶澍、魏源稍后一点，湖南又涌现出一个巨大的人材群体，它包括的主要人物有曾国藩、胡林翼、左宗棠、罗泽南、刘蓉、刘长佑、曾国荃等，此外郭嵩焘亦可包括其中。咸丰、同治之时，清皇朝出现了回光返照式的"中兴"，此"中兴"的出现主要依赖于这个人材群体，时人称："中兴将相，什九湖湘"。上述的两大人材群体皆与湖湘文化背景有关。如果说贺、魏等人材群体以倡导经世致用为特征的话，那么，这个人材群体则执守理学，把性理哲学、经世致用、伦理践履三者统一起来，更加鲜明地体现出湖湘文化的特点。历史上称这一人材群体为理学经世派。[②]

① 杨慎初、朱汉民、邓洪波：《岳麓书院史略》，岳麓书社，1986，第 177 页。
② 陈谷嘉、朱汉民：《湖湘学派源流》，湖南教育出版社，1992，第 360 页。

在这段文字中，在"中兴将相，什九湖湘"这句名言前加上了"时人称"三个字，表明该语出自当时人之口。但没有注明究竟出自何人。同样，该段文字也是为了论证理学人才群体的重要性。

3. 1993 年，沈绍尧主编《访古问今走长沙》

"中兴将相，什九湖湘"。仅从道光到民初，长沙籍的尚书、总督、巡抚、都督就有 20 多人，如望城贺长龄、浏阳谭继洵（谭嗣同之父）、长沙张百熙、宁乡黄钺等。①

在该著中，引用此语，并提供更多的论据以证明其所言不假，但同样没有标明此语的作者。

4. 1995 年，陶用舒：《陶澍评传》

道咸时期，湖南人陶澍、贺长龄、李星沅、左宗棠、胡林翼、曾国藩、李续宾、李续宜、郭嵩焘（1818—1891，字伯琛，曾任广东巡抚，使英、使法大臣）、曾纪泽（1839—1890，字劼刚，外交官）、刘蓉、李在青、何凌汉、江忠源、罗绕典、常大淳、劳崇光（1802—1867，字辛陔，曾任两广、云贵总督）等，先后在各省任督抚，或在中央主管一个部门。就地域来看，西至新疆，南抵云贵，东达两江、福建，北临山东、山西。至于军事人才，湘人更是将帅如林，名倾一时。所谓"中兴将相，什九湖湘"，确是当时实际情况的写照。②

5. 1996 年，朱汉民：《岳麓书院的历史与传统》

从嘉庆二十三年至道光二十四年（1818—1844 年），欧阳厚均任岳麓书院山长共 27 年。自道光二十六年（1846 年）起，丁善庆又主持岳麓书院教事达二十三年（1846—1868 年）之久。欧、丁二人在教学上

---

① 沈绍尧主编《访古问今走长沙》，气象出版社，1993，第 10 页。
② 陶用舒：《陶澍评传》，湖南师范大学出版社，1995，第 200 页。

各有特点，但同时又都坚持经世致用等传统学风，因而在长达半个世纪的时间内，他们培养出大批人才，欧阳厚均就有弟子三千。丁善庆掌教岳麓书院，门下成名者亦有几百人。欧、丁所造就的人才，形成了全国"中兴将相，什九湖湘"的局面。①

强调"中兴将相，什九湖湘"局面的形成得益于欧阳厚均、丁善庆掌教岳麓书院所造就的人才。

6. 1996 年，王兴国、聂荣华：《湖湘文化纵横谈》

特别是道光二十年（1840）以后，湖南的人才如雨后春笋般地涌现，以致有"中兴将相，什九湖湘"之称。当时的魏源、陶澍、曾国藩、胡林翼、左宗棠、郭嵩焘等，都是叱咤风云的人物。②

7. 1999 年 7 月，谭小平：《话说长沙》

放眼全省，湘籍人官至督抚者先后 27 人，任其他要职者则不计其数，以致有"中兴将相，什九湖湘"之称。③

8. 2000 年 12 月，陶用舒：《近代湖南人才群体研究》

湖南民众自古以来习惯于农耕，较少外出经商和从军。但湘军兴起后，许多普通家庭以军功兴旺发达，因此，不仅一些无业游民乐于习武从军，就是许多农民也纷纷放下犁耙，走出田园，拿起刀枪，走上战场。杨度说：咸同之际，湘军战胜，"湘人侥幸之心因而大盛"，出现了人人乐于从军的景观："城中一下招兵令，乡中共道从军乐。万幕连屯数日齐，一村传唤千夫诺。农夫释耒只操戈，独子辞亲去流血。父死无尸儿更往，弟魂无返兄逾烈。"因而形成"只今海内水陆军，无

---

① 朱汉民：《岳麓书院的历史与传统》，湖南大学出版社，1996，第 52 页。
② 王兴国、聂荣华：《湖湘文化纵横谈》，湖南大学出版社，1996，第 238 页。
③ 谭小平：《话说长沙》，湖南人民出版社，1999，第 51 页。

营无队无湘人。独从中国四民外，结此军入社会群"。从此，湖南人和军队结下了不解之缘，有"无湘不成军"的谚语，湖南人才也多为军事人才。据《清史稿·列传》192 卷到 262 卷（相当于咸同年间人物）的统计：湖南人物入传的为 102 人，其中军事人物多达 86 人，占总数的 84.3%。湖南风俗不仅变为乐于从军习武，而且大大增强了对社会的责任感、使命感，"中兴将相，什九湖湘"，大大提高了湖南人民的自尊心和自信心。唐才常说："道咸之乱，惟我湘士，翼戴王室，厥功最高，天下称之。"大有以天下为己任、舍我其谁的英雄气概。①

原著于别的引文有注释，但于"中兴将相，什九湖湘"这句话没有标注出处。

9. 2001 年 8 月，胡良桂：《21 世纪湖南拔尖文学人才策论》

一般来说，从清代开始，湖南人才骤增，如雨后春笋般地涌现，以致有"中兴将相，什九湖湘"之说。②

10. 2001 年 10 月，陈先枢：《湘城访古录续编》

"中兴将相，什九湖湘。"从清道光到民初，长沙籍的大臣、尚书、总督、巡抚、都督就有 20 多人。③

11. 2002 年 8 月，张学军主编《湖南教育大事记·远古—2000 年》

清代的岳麓书院，受康熙、乾隆二帝赐额，名闻于世，教学、藏书、刻书、祭祀皆称典范，陶澍、曾国藩、左宗棠、胡林翼皆为岳麓弟子，"中兴将相，什九湖湘"，岳麓书院人才辈出，走向发展和辉煌的

---

① 陶用舒：《近代湖南人才群体研究》，岳麓书社，2000，第 243 页。
② 胡良桂：《21 世纪湖南拔尖文学人才策论》，载中共湖南省委宣传部编《面向 21 世纪的湖南文艺》，湖南人民出版社，2001，第 185 页。
③ 陈先枢：《湘城文史丛谈·湘城访古录续编》，中国文联出版社，2001，第 221 页。

顶峰。①

12. 2002 年 12 月，冯象钦、刘欣森总编《湖南教育史·第一卷·远古—1840》

元代，岳麓书院得以恢复和重建，在官学化的过程中，仍突出了朱张的理学传统，培养了大批人才。明代，岳麓书院规制更完备，王（阳明）学兴盛，传统理学仍受尊崇。清代的岳麓书院，受康熙、乾隆二帝赐额，名闻于世，教学、藏书、刻书、祭祀皆称典范，陶澍、曾国藩、左宗棠、胡林翼皆为岳麓弟子，"中兴将相，什九湖湘"，岳麓书院人才辈出，走向发展和辉煌的顶峰。②

又，同书：

道光五年（1825），岳麓书院乡举 28 人，同年全省举人 71 人，占全省总数的 39.4%。而陶澍、曾国藩、左宗棠、胡林翼等则使岳麓书院名扬天下，形成全国"中兴将相，什九湖湘"的局面。作为湖湘学派传统的研究和传播中心，岳麓书院具有深厚的文化传统和学术因革，在学术研究上既不因循守旧，又不盲目趋附潮流，始终坚持经世致用的宗旨，生徒虽追求功名，却处处留心经济、事功之学，这一人才培养模式具有较强的借鉴意义。③

13. 2003 年 8 月，欧人、葛山、陈金川主编《性格地图》

道光二十年后，湖南人争先恐后，高才四举，以致有"中兴将相，什九湖湘"之称。岳麓出身的魏源、陶澍、郭嵩焘、曾国藩、胡林翼、

---

① 张学军主编《湖南教育大事记·远古—2000 年》，岳麓书社，2002，第 71 页。
② 冯象钦、刘欣森总编《湖南教育史·第一卷·远古—1840》，岳麓书社，2002，第 193 页。
③ 冯象钦、刘欣森总编《湖南教育史·第一卷·远古—1840》，岳麓书社，2002，第 484 页。

左宗棠、唐才常等，都曾叱咤风云。①

14. 2003 年 11 月，谢炳炎主编《湖南大学校史：公元 976—2000》

欧阳厚均（1766—1846），自嘉庆二十三年至道光二十四年（1818—1844）任山长。字福田，号坦斋。安仁人。嘉庆四年（1799）进士。官至户部主事，监察御史。他也是罗典主院时的学生，任山长亦 27 年，以"步吾夫子后尘"为己任，先后获准纪录 8 次，得旨议叙 3 次。"弟子著录三千人"，所谓"中兴将相，什九湖湘"，亦多出其门。②

15. 2004 年 2 月，田澍：《曾国藩与湖湘文化》

原先并不为天下注重的湖南为什么会崛起湘军？如果从湖湘区域文化的角度来考察，这个集团实质上也是一个文化群体——理学经世派。其主要特点是受千年湖湘传统学风的影响，把对程朱理学的坚定信仰与经世务实的作风融合一体，构筑了"中兴将相，什九湖湘"的独特的政治文化现象。后来，随着活动范围和影响的扩大，这些人涉及辖管的地域益广，如曾国藩、左宗棠、胡林翼、郭嵩焘、刘蓉等，就分别在直隶、两江、两广、闽浙、陕甘、云贵等地担任总督、巡抚，为挽清朝于既倒立下了汗马功劳。③

16. 2004 年 9 月，熊吕茂：《湖湘文化的传承与湖南教育现代化》

据统计，在道光五年（1825），湖南全省取举人 145 人，岳麓书院就占了全省人数的 33.7%。像陶澍、曾国藩、左宗棠、胡林翼等中国近代史上的名人都出自于岳麓书院，他们使岳麓书院名扬天下，形成

---

① 欧人、葛山、陈金川主编，陌野、王之眉批《性格地图·南方》，郑州大学出版社，2003，第 105 页。
② 谢炳炎主编《湖南大学校史：公元 976—2000》，湖南大学出版社，2003，第 41 页。
③ 田澍：《曾国藩与湖湘文化》，湖南大学出版社，2004，第 53～54 页。

了全国"中兴将相，什九湖湘"的局面。①

17. 2004 年 11 月，冯象钦、刘欣森、孟湘砥主编《湖南教育简史》

元代，岳麓书院得以恢复和重建，在官学化的过程中，仍突出了朱张的理学传统，培养了大批人才。明代，岳麓书院规制更为完备，王（阳明）学兴盛，但传统理学仍受尊崇。清代，岳麓书院受康熙、乾隆二帝赐额，名闻于世，传统儒学（包括理学和汉学）与近代新学（西学）兼习并用，教学、藏书、刻书、祭祀皆称典范，王夫之、陶澍、魏源、曾国藩、左宗棠、郭嵩焘、胡林翼、熊希龄等皆为岳麓弟子，"中兴将相，什九湖湘"，岳麓书院人才辈出，走向发展和辉煌的顶峰。②

18. 2006 年 6 月，秦榆编著《中国文化性格》

道光二十年后，湖南人争先恐后，高才四举，以致有"中兴将相，什九湖湘"之称。岳麓出身的魏源、陶澍、郭嵩焘、曾国藩、胡林翼、左宗棠、唐才常等，都曾叱咤风云。③

19. 2006 年 10 月，潘伯祥：《政坛经纶：长江流域的著名政治家》

仿佛近代历史的舞台是专为湖湘人杰准备的。道光二十年以后，岳麓出身的魏源、郭嵩焘、曾国藩、胡林翼、左宗棠、唐才常等蜂拥而至，在晚清政坛和军界大展宏图，以至于"中兴将相，什九湖湘"的说法不胫而走……④

---

① 熊吕茂：《湖湘文化的传承与湖南教育现代化》，中国文史出版社，2004，第175页。
② 冯象钦、刘欣森、孟湘砥主编《湖南教育简史》，岳麓书社，2004，第36页。
③ 秦榆编《中国文化性格》，长安出版社，2006，第167页。
④ 潘伯祥：《政坛经纶：长江流域的著名政治家》，武汉出版社，2006，第203页。

20. 2006 年 11 月，张作功、古夫主编《湖湘文化与湖南教育》

陶澎、贺长龄、魏源等湘籍嘉道经世派开了湖南近代人才辈出的先声，他们在学术理论上继续和发扬了师门经世致用的优良的学术传统和兼容并蓄的治学风格，使之衍化成了湖湘文化的基因，氤氲于三湘四水之间，历千年而不竭，从而培育出一大批经邦济世的人才，以致"中兴将相，什九湖湘"。①

21. 2006 年 12 月，常建编《湖南人的性格读解》

湖南人在近代的崛起，最早是从曾国藩和他的湘军开始的，以一介书生而统领数万湘军，与强悍的太平天国作战十余年，并最终取得了胜利。在与太平军作战期间，湖湘子弟涌现了一大批从军参政的人物，如曾国藩的弟弟曾国荃、自诩为可与卧龙相比的左宗棠，以及湘军名将彭玉麟、胡林翼、郭嵩焘等，当时所流传的"中兴将相，什九湖湘"之说，可见湖南人在当时军界的影响力和无可替代的地位。②

22. 2007 年 3 月，王海亭：《中国人性格地图》

自清以后的历史是湖南人一显身手的时期，也是湖南人性格发挥极致的时期。晚清盛传的那句"中兴将相，什九湖湘"绝非故意夸张。蔡元培曾在《论湖南的人才》一文中写道："湖南人性质沉毅，守旧固然守得很凶，趋新也趋得很急。湖南人敢负责任。"在近代的中国历史大潮中，湖南人已然一马领先。而湘军则在近代中国历史上又给湖南添上了浓重的一笔。③

将此言作为晚清盛传。

---

① 张作功、古夫主编《湖湘文化与湖南教育》，教育科学出版社，2006，第 246 页。
② 常建：《湖南人的性格读解》，中国电影出版社，2006，第 68 页。
③ 王海亭：《中国人性格地图》，中国书店，2007，第 292 页。

23. 2007 年 8 月，朱有志、贺培育：《湖南人要充满经济自信》

"无湘不成军"、"中兴将相，什九湖湘"，"无湖南人不成衙门"，一方面说明了湖南人的军事和政治本性，血性强，好当官，擅当官；另外一方面则喻示着湖南人的耻于言利。①

将"中兴将相，什九湖湘"作为湖南人精神特质的表现。
同上书，第 59 页。

对此，还在 19 世纪中叶，就有人以羡慕加嫉妒的口气说："楚省风气，近年极旺，看曾涤生领师后，概用楚勇，遍用楚人。各省共总督八缺，湖南已居其五：直隶刘长佑、两江曾国藩、云贵劳崇光、闽浙左宗棠、陕甘杨载福是也。巡抚曾国荃、刘蓉、郭嵩焘皆楚人也，可谓盛矣，至提镇两司，湖南北者，更不可胜数，曾涤生胞兄弟二人，各得五等之爵，亦二百余年中所未见。"正是所谓"中兴将相，什九湖湘"，湘军将领及其幕僚成为当时中国政治、军事舞台的主角。

将"中兴名将，什九湖湘"当作外省人羡慕加嫉妒湘人的言语。

24. 2008 年 1 月，胡良桂：《楚文学的现代回声》

一般来说，从清代开始，湖南人才骤增，如雨后春笋般地涌现，以至有"中兴将相，什九湖湘"之说。②

25. 2008 年 1 月，方克立、陈代湘主编《湘学史二》

湘军的最大特色是文人治军，高级将领中十之七八是书生。据罗尔纲先生在《湘军兵志》中对 182 名湘军将领身份的考证，获得过进士、举人等功名的就达 104 人。其重要统领和幕僚基本上是书生出身，

① 朱有志、贺培育：《湖南人要充满经济自信》，中央文献出版社，2007，第 54 页。
② 胡良桂：《楚文学的现代回声》，湖南文艺出版社，2008，第 92 页。

不少人在学术界还颇负盛名。蔡冠洛的《清代七百名人传》一书开列成丰、同治、光绪 3 朝的名人共 142 人，其中湘籍的 40 人，占 28.2%。又萧一山的《清代通史》开列中兴人物 121 人，其中湖南籍的 87 人，占 59.6%。如上所证"中兴将相，什九湖湘"，确非虚言。可见湘军所造成的湖湘人文之盛。①

26. 2008 年 1 月，张静：《曾国藩文学研究》

据统计，从曾幕出身的官至总督者十三人，官至巡抚者十三人，官至提督、藩台、臬司、道府者约有一百余人。出现了"中兴将相，什九湖湘"的盛况。②

27. 2009 年 6 月，谭仲池：《市长手记》

湖南因文化走向全国，影响世界，成为中国革命最活跃的区域之一。湖南人曾书写了"中兴将相，什九湖湘"、"无湘不成军"、"半部中国近代史是由湖南人写就的"历史华章。这一切无不体现了湖湘文化中心系天下、经世致用、知行合一的优良传统。今天，我们探讨湖湘文化，弘扬湖湘文化，同样要继承这一传统，在改革开放和现代化建设的伟大进程中，大力倡导躬行实事求是，与时俱进，开拓创新的实践精神。③

同上书第 269 页：

长沙作为湖湘文化的策源地，其"心忧天下，敢为人先，经世致用，自强不息"的英雄主义文化典性，谱写了尧舜古风、屈贾情怀、朱张文气、毛蔡风流，挥洒了"中兴将相，什九湖湘"、"果若中国亡，

---

① 方克立、陈代湘主编《湘学史二》，湖南人民出版社，2008，第 662 页。
② 张静：《曾国藩文学研究》，岳麓书社，2008，第 157 页。
③ 谭仲池：《市长手记》，湖南人民出版社，2009，第 220 页。

除非湖南人尽死"的历史华章。

28. 2010 年 1 月，朱汉民：《湖湘学派与湖湘文化》

在二贺、陶澍、魏源稍后一点，湖南又涌现出一个巨大的人才群体，它包括的主要人物有曾国藩、胡林翼、左宗棠、罗泽南、刘蓉、刘长佑、曾国荃等，此外郭嵩焘亦可包括其中。咸丰、同治之时，清皇朝出现了回光返照式的"中兴"，此"中兴"的出现主要依赖于这个人才群体。时人称："中兴将相，什九湖湘"。上述的两大人才群体皆与湖湘文化背景有关。如果说贺、魏等人才群体以倡导经世致用为特征的话，那么，这个人才群体则执守理学，把性理哲学、经世致用、伦理践履三者统一起来，更加鲜明地体现出湖湘文化的特点。历史上称这一人才群体为理学经世派。①

29. 2010 年 9 月，周秋光、张少利、许德雅等：《湖南慈善史》

咸丰元年至同治三年（1851—1864）的太平天国运动摇动了大清的国本，而湘军的崛起则从根本上改变了湖南的命运，一跃而成为政治军事强省。"中兴将相，什九湖湘"，半部中国近代史由湖南人写就。湖南的辉煌同时也铸就了湖南人的虚骄与保守，排斥一切外来事物。②

30. 2011 年 7 月，天一阁博物馆编《科举与科学文献国际学术研讨会论文集》（下册）

两湖南北分闱，不仅促进了湖南文化教育事业的发展，而且为更多的湖南人通过科举走出湖南建功立业提供了更为有效的途径。清代中后期湖湘人才鼎盛，有"中兴将相，什九湖湘"之说，涌现出了有以陶澍、曾国藩、左宗棠等人为代表的人才群体，他们之中大多数人为

① 朱汉民：《湖湘学派与湖湘文化》，湖南大学出版社，2010，第482页。
② 周秋光、张少利、许德雅等：《湖南慈善史》，湖南人民出版社，2010，第247页。

进士、举人出身，科举是他们进入仕途、施展才华的跳板。①

31. 2011 年 12 月，薛其林：《陶澍的经世思想与实践》

　　他拔擢和带动了一大批湖湘弟子，如魏源、贺长龄、汤鹏、邓显鹤等，而后又有曾国藩、郭嵩焘、左宗棠、彭玉麟、胡林翼等"同治中兴"名臣。这是湖湘学派走向蓬勃发展的第三个时期。阵营之盛，影响之大，涉及全国 18 个行省中的 11 个行省。出现了"中兴将相，什九湖湘""无湖南人不成衙门，无湖南人不成军队"的局面。②

薛著注释了后一句话，却没有注释"中兴将相，什九湖湘"的出处。

32. 2012 年 10 月　肖永明《儒学·书院·社会——社会文化史视野中的书院》

　　清中叶以后，湖南地区更是人才蔚起，涌现出一批以陶澍、魏源、曾国藩、左宗棠、胡林翼、郭嵩焘为代表的人才群体，将湖湘文化发扬光大，对中国社会发展也产生了深远影响。在同治年间有所谓"中兴将相，什九湖湘"之说。这些人才，绝大多数都与岳麓书院有关。③

33. 2013 年 8 月，周秋光、张少利、许德雅、王猛：《湖南社会史》（1）

　　特别是道光二十年（1840）之后，湖南人才之大盛，有"中兴将相，什九湖湘"之称。④

类似的表述还见于同书第 899 页：

---

① 天一阁博物馆编《科举与科学文献国际学术研讨会论文集》（下册），上海书店出版社，2011，第 83 页。
② 薛其林：《陶澍的经世思想与实践》，湖南大学出版社，2011，第 41 页。
③ 肖永明：《儒学·书院·社会——社会文化史视野中的书院》，商务印书馆，2012，第 469 页。
④ 周秋光、张少利、许德雅、王猛：《湖南社会史》（1），湖南人民出版社，2013，第 455 页。

"中兴将相，什九湖湘"，湘人自咸同以后逐渐成为政治、军事活动的主角，也让湖南人开始把国家大事视为本人、本省之责任。

34. 2015 年 5 月，肖永明主编《湖湘文化通史》第 3 册《近古卷》

但雍正年间，随湖南建省而来的南北分闱、为改土归流而增设的童试和乡试名额，成为湖南科场的两大亮色。而状元、榜眼、探花等鼎甲人物与湖北并列全国第六的统计数据，以及进士、举人整体素质很高，"中兴将相，什九湖湘"的历史事实，更突显湖南科举弱中显强时代特色。①

类似的表述还见于同书第 346 页：

如此教养，宜乎不久即有"中兴将相，什九湖湘"局面的出现。

35. 2015 年 8 月，李世化：《湖南人性格地图》

……在与太平军作战期间，湖湘子弟涌现了一大批入军参政的人物，如曾国藩的弟弟曾国荃、自诩为可与卧龙相比的左宗棠，以及湘军将领彭玉麟、胡林翼、郭嵩焘等，当时所流传的"中兴将相，什九湖湘"之说，可见湖南人在当时军界的影响力和无可替代的地位。②

36. 2015 年 9 月，姚曙光：《乡土社会动员——近代湖南的思潮丕变与社会救赎（1840~1927）》

对于终年躬耕于穷乡僻壤的村夫来说，征战是人生机遇，是通往上层社会的终南捷径。杨度更注意到由此引发的两个社会后果，那就是："只今海内水陆军，无营无队无湘人。独从中国四民外，结此军人

---

① 肖永明主编《湖湘文化通史》（第 3 册），岳麓书社，2015，第 343 页。
② 李世化：《湖南人性格地图》，企业管理出版社，2015，第 70 页。

社会群。"前一句所说即谚语"无湘不成军""中兴将相，什九湖湘"，造成湖南军事人才辈出的局面；后一句则揭示了湖南地方社会的军事化，社会成员由固有的士、农、工、商开始向工、农、兵、学、商的转型雏形。从根本上来说，这些无一不是儒家经世思想总动员的结果。①

这里，将"中兴将相，什九湖湘"视为谚语。

37. 2015 年 11 月，郑大华主编《湖南时务学堂研究》

如果说湘学复兴期的诸多湘学名家往往通过"睁眼看世界"来拓展视野、启蒙思想，以最终达到改革弊政、寻求自强的目的的话，那么，在湘学繁盛期里涌现的湘学名家们则纷纷走出书斋，由著书立说倡导师法西方科学技术，转为在历史舞台上躬身实践，大刀阔斧地实施有效的改革，开洋务运动和中国现代化事业之先河，从学术高度将湘学推向全国并发挥着广泛的影响，营造了"中兴将相，什九湖湘"的独特政治文化现象。②

38. 2015 年 10 月，刘绪义：《曾国藩与晚清大变局》

不仅从湘军中走出来的尚书、侍郎、总督、巡抚等封疆大吏有三十多人，司道以下官员更多，二品以上的武官数以千计，三品以下更不可胜数。中兴将相，什九湖湘。一时湖湘人才蔚为大观，引为当世奇观。③

39. 2017 年 1 月，罗宏、许顺富：《湖南人底精神：湖湘精英与近代中国》

对于中国近代群雄竞起的社会局面，世人有"中兴将相，什九湖

湘"之说，查阅这些湖湘英杰的学历和师承，又不难得出"湖湘英杰，什九岳麓"的结论。①

还有其他类似的引用法，就不一一列举了。

在这类用法中，有几个特点：一是都对"中兴将相，什九湖湘"加双引号，表明这是有特定内涵的话。二是大多数将它与湖湘人才群体联系起来运用，以证明晚清以来湖南人才群体之兴盛。有的是先引这句话，然后再提供其他有关人才的统计数字，以证明此言不假。三是认为这句话流行于晚清，有的说是流行于同治年间，有的说是有清以来即有，有的说这句话不胫而走，但似乎无法追溯它的源头。

（二）将其发明权归属于冯桂芬

在援引此言的众多论著中，还有一种情况也值得注意，就是将此语的发明权归属于晚清早期维新思想家冯桂芬。但这类情况比起第一种情况来，要少得多。为了梳理这一说法的源流与流变，下面也按时间顺序列举事例。

1. 1988 年，陈谷嘉首先在其《岳麓书院名人传》中，提出了这一说法

就搜索资料所见，当代学者中，最早将此言挂在冯桂芬名下的学者是陈谷嘉。

陈谷嘉在《岳麓书院名人传》一书第七章中，有这样的表述：

> "中兴将相，什九湖湘"，这是中国近代早期改良主义思想家冯桂芬在《校邠庐抗议》一文中提出的。且不说这个评价在政治上的含义如何，但他所说道光、咸丰、同治时代，岳麓书院出了大批经世纬国之材，确是历史事实。……笔者并不打算作什么学案，只是企图对冯桂芬所说"中兴将相，什九湖湘"作补注。②

此后，"冯桂芬说"被他人所接受与沿用。

---

① 罗宏、许顺富：《湖南人底精神：湖湘精英与近代中国》，新星出版社，2017，第 111 页。
② 陈谷嘉：《岳麓书院名人传》，湖南大学出版社，1988，第 161 页。

2. 1991 年，陈谷嘉在《张栻与湖湘学派研究》中进一步沿用了这一说法

> 《宋元学案》所作《南轩学案》及《岳麓诸儒学案》，乃在揄扬岳麓人材之盛。其后，历千年中，人材相继而出，代有闻人，岳麓出身的杰出思想家王夫之、魏源早为人知。清代道光、咸丰、同治年间，继南宋之后，又形成了一个人材群体。从岳麓出身的陶澍、贺长龄、郭嵩焘、曾国藩、左宗棠、胡林翼等，都是叱咤历史风云的人物。为此，冯桂芬在《校邠庐抗议》称："中兴将相，什九湖湘。"清代学人撰《唯楚有材，于斯为盛》，就是试图对岳麓人材之盛作出总结。①

或许与当时的出版规范有关，陈著明言冯桂芬在《校邠庐抗议》称"中兴将相，什九湖湘"，却没有标注出到底是《校邠庐抗议》的哪一章哪一节，或哪一页。

3. 1992 年 8 月，文自成也在《中华魂从书艺文卷》中采纳了这一说法

> "中兴将相、什九湖湘"句是中国近代早期改良主义思想家冯桂芬在《校邠庐抗议》一文中提出来的。他所说道光、咸丰、同治时代，岳麓书院出了大批经世纬国之材，确属历史事实。当时出将入相者，不少是岳麓书院的学生。陶澍、贺长龄、郭嵩焘、贺熙龄、曾国藩、曾国荃、左宗棠、胡林翼等便是出身岳麓的喧赫一时的人物。书院改名学堂以来，更有大批爱国志士和革命先辈如唐才常、黄兴、蔡锷、陈天华、邓中夏、蔡和森、何孟雄等都曾求学于此。所以说，岳麓书院既是文明的摇篮，又是革命的圣地。②

该著误以为《校邠庐抗议》是一篇文章，显然并没有看到冯氏原著，

---

① 陈谷嘉：《张栻与湖湘学派研究》，湖南教育出版社，1991，第 167 页。
② 文自成：《中华魂从书艺文卷》，山东人民出版社，1992，第 189 页。

而是接受了陈谷嘉（也可能是其他学者）的见解。从上下语气来看，文著显然脱胎于陈谷嘉1988年版的《岳麓书院名人传》。

4. 1996年11月，王兴国、聂荣华主编《湖湘文化纵横谈》

清朝道光、同治、光绪年间，内部面临着声势浩大此起彼伏的农民起义的冲击，外部受到西方列强不断地侵略。当此之时，正是由于湖南人才济济，犹如擎天一柱，在支撑着清王朝摇摇欲坠的局面，以至中国近代早期改良主义思想家冯桂芳在《校邠庐抗议》一书中写道："中兴将相，什九湖湘。"[1]

5. 1999年7月，谭小平：《话说长沙》

……当此之时，正是由于湖南人才济济，犹如擎天一柱，支撑着清王朝摇摇欲坠的局面，以至中国近代早期改良主义思想家冯桂芳在《校邠庐抗议》一书中写道："中兴将相，什九湖湘。"[2]

6. 2003年10月，长沙市明德中学百年校庆办编《百年明德，磨血育人》

清末是中华民族空前受辱的时代，西方各帝国主义国家，以先进的武器轰开封建集权制锁国的中国大门。在此国家危亡之秋，民族亟待着挽狂澜于既倒之雄才。此时的湖南，由地有湖湘学派在岳麓书院一贯倡导的"求仁履实"、"经世致用"的治学风气，广育人才以济时艰，所以一大批左右局势的人物在湖南崛起，"中兴将相，什九湖湘"。（冯桂芬《校邠庐抗议》）[3]

原文在夹注中注明"中兴将相，什九湖湘"出自冯著。

---

[1] 王兴国、聂荣华主编《湖湘文化纵横谈》，湖南大学出版社，1996，第103页。
[2] 谭小平：《话说长沙》，湖南出版社，1999，第93页。
[3] 长沙市明德中学百年校庆办编《百年明德，磨血育人》，2003，第63页。

7. 2004 年 2 月，在谭长富、康永秋所著的《千年湖湘学探源》①一书中，多次出现了类似的表述

如第 142 页：

"中兴将相，什九湖湘。"这是中国近代早期改良主义思想家冯桂芬《校邠庐抗议》一文中提出来的名言。且不说这个评价在政治上如何界定，但确道出了清嘉道，尤其是成同以来，"楚境一隅，经营天下"，湖南一省"系（全国）十七省人心之希望"的举重若轻的地位。

又如，第 157 页：

"中兴将相，什九湖湘。"这是中国早期改良主义思想家冯桂芬《校邠庐抗议》一文中提出来的名言。且不说这个评价在政治上如何界定，但确道出了清代嘉道，尤其是成丰以来，"楚境一隅，经营天下"，湖南一省"系（全国）十七省人心之希望"的举重若轻的地位。

又如，第 278 页：

支撑着湖南社会近千年历史的湖湘学精神，及其在中国近代历史上的显赫地位，是历代湖湘学者将传统的儒学精髓，与湖湘地域特立独行的民性相融合而结出来的硕果。诸如中国传统的"内圣外王"、"修身养性"、"安邦治国"、"经世济民"、"苟利国家，生死而已"等思想；诸如湖南人的牛劲、蛮劲、韧劲，以及"打落牙和血吞"（曾国藩语）、"谤诽天下而心泰然"（郭嵩焘语）、"冒不韪而不惜"（杨毓麟语）等精神。这种思想、精神的结合，就逐渐凝练成湖湘文化的特色，陶铸了湖湘人物的性格。遂成就了近世以来"中兴将相，什九湖湘"、"楚境一隅，经营天下"（冯桂芬语），"其可以强天下而保中国，莫湘人若也"（梁启超语）的无比辉煌局面。

---

① 谭长富、康永秋：《千年湖湘学探源》，黑龙江人民出版社，2004。

在夹注中将"中兴将相，什九湖湘"与"楚境一隅，经营天下"归在冯桂芬名下。

8.2004 年湖南大学研究生院编《湖南大学研究生教育 60 年（1943—2003）》

……冯桂芬称道说："中兴将相，什九湖湘。"①

不但明言此语出自冯氏之口，并且认定冯氏之言意在称赞。

9.2006 年 4 月，文选德：《湖湘文化古今谈》

中国早期改良主义思想家冯桂芬在《校邠庐抗议》中说："中兴将相，什九湖湘。"此言如何界定，姑且不说，但都道出了清嘉庆，尤其是咸同以来，"楚境一隅，经营天下"，湖南一省"系全国十七省人心之希望"的举重若轻的地位。②

也是明言此语出自冯氏《校邠庐抗议》。

10.2006 年 12 月，王巧伶、王集主编《湖湘学派与湘潭》

"中兴将相，什九湖湘"。这是中国早期改良主义思想家冯桂芬《校邠庐抗议》一文中提出来的名言。且不说这个评价如何界定，但的确道出了清嘉道，尤其是咸同以来，"楚境一隅，经营天下"，湖南一省"系（全国）十七省人心之希望"的举重若轻的地位。此期出将入相者就有"干国良臣"陶澍，"生平取与，一准于义"的贺长龄，中国第一位出任英法大使的郭嵩焘，中兴大臣、桐城——湘乡派盟主曾国藩，规复新疆、为国家统一大业作出巨大贡献的左宗棠，"察吏严而没不一善"的胡林翼，还有师夷长技、近代思想先驱魏源。时全国共 18 省，而湘军系统中官至总督者 15 人，位至巡抚者 14 人。两江总督是关

---

① 湖南大学研究生院编《湖南大学研究生教育 60 年（1943—2003）》，湖南大学出版社，2004，第 274 页。
② 文选德：《湖湘文化古今谈》，湖南人民出版社，2006，第 230 页。

涉清王朝安危、税赋的极为重要的职位，因它管辖着清王朝财赋主要来源之地的苏、浙、皖、赣四省，而近代两江总督共30任，湖南人就占去了8位，他们是陶澍、李星沅、曾国藩、刘坤一、彭玉麟、左宗棠、曾国荃、李兴锐等。①

这段话前几句很明显地因袭了陈谷嘉《岳麓书院名人传》中的观点，将"中兴将相，什九湖湘"这句发言的发明权归之冯桂芬名下，并进一步列举湖湘人物以佐证冯氏所言不差。

这类情况不少见，但与第一类情况相比，显然只能算少数。

（三）寥寥可数的作者指明它出自《经世文编·书院》，极个别的论著进一步具体到出自陈次亮之文

相对来说，持《经世文编》说的较少。这类说法提出较早，却没有被学术文化界注意与借用。

1.1986年，杨慎初：《岳麓书院的建设特点》

近千年来，岳麓书院培养了大批人材，被誉为"惟楚有材，于斯为盛"。直至"咸丰、同治之际，中兴将相，什九湖湘。闻岳麓书院山长某公，自道光建元，即以气节、经济、文章主教，奇杰之士咸出门墙。"《经世文编》的这几句话，高度评价了岳麓书院教育的成功。②

与第一种简单地截取"中兴将相，什九湖湘"八个字的情况不同，杨文将这一名言还原于较为完整的语境中，表明它的本意是在表彰岳麓书院育人的成绩。同时，杨文明言"中兴将相，什九湖湘"一语出自《经世文编》。《经世文编》属于文献汇编之属，收录了众多作者有关经世的文章。杨文没有进一步标明究竟是出自谁人之口。

① 王巧伶、王集主编《湖湘学派与湘潭》，湖南大学出版社，2006，第121页。
② 杨慎初：《岳麓书院的建设特点》，载湖南大学岳麓书院文化研究所编《岳麓书院一千零一十周年纪念文集第一辑》，湖南人民出版社，1986，第18页。

2. 1998 年 12 月，张国朝：《欧阳厚均与岳麓书院藏书》

《经世文编·书院》称："成丰、同治之际，中兴将相，什九湖湘，闻岳麓书院山长某公，即以气节、经济、文章立教，奇杰之士咸出门墙。"这里说的"山长某公"，实指欧阳厚均而言。由于他办学成绩卓著，曾先后获准记录八次，得旨议叙三次，倍受朝廷的"鼓励"，成为"士林荣之"的一代名师。①

与上述杨文相比，张文更进一步地指明它出自《经世文编·书院》，将它与欧阳厚均的教育成效结合起来。

3. 2013 年 7 月，邓洪波在《湖南书院史稿》② 一书中，首次完整地标注该名言的具体出处

清代中期，受战争破坏、日久生弊等因素影响，全国书院出现诸多弊端，时有日就废弛、有名无实之讥。朝廷曾屡诏整改，试图重振其势，但终归收效甚微，整体已呈病态。而此时的湖南书院却以主持得人而显刚健盛大之势，成为风范士林的典型，深得国人期许。如冯桂芬说："今天下惟书院稍稍有教育人才之意，而省城为最，余所见湖南之岳麓、城南两书院，山长体尊望重，大吏以礼宾之，诸生百许人，列屋而居，书声彻户外。皋比之坐，问难无虚日，可谓盛矣。"①陈次亮也说："成丰同治之际，中兴将相，什九湖湘，闻岳麓书院山长某公，自道光建元，即以气节经济文章立教，瑰玮奇杰之士咸出门墙。"②

在该书同页的页下注中注明：

①冯桂芬：《重儒官议》，见盛康《皇朝经世续编》卷六五。
②陈次亮：《书院》，见求是斋《皇朝经世文集》卷五。

---

① 朱汉民、李弘祺主编《中国书院》（第 2 辑），湖南教育出版社，1998，第 272 页。
② 邓洪波：《湖南书院史稿》，湖南教育出版社，2013，第 306 页。

这是目前对"中兴将相，什九湖湘"一言注释最为完备的一部论著。同时，邓著也提醒我们，冯桂芬、陈次亮都曾对湖南书院兴盛的情况进行过评议，特别是表扬岳麓、城南二书院兴学之气象。也难怪在第二种情况中，不少学者会将"中兴将相，什九湖湘"之语挂在冯桂芬头上。

另外，同年，朱汉民、邓洪波在《岳麓书院史》一书中也有类似的表述与类似表达。

> 清代中期，受战争破坏、日久生弊等因素影响，全国书院出现诸多弊端，时有日就废弛、有名无实之讥。朝廷曾屡诏整改，试图重振其势，但终归收效甚微，整体已呈病态。而此时的湖南书院却以主持得人而显刚健盛大之势，成为风范士林的典型，深得国人期许。如冯桂芬说："今天下惟书院稍稍有教育人才之意，而省城为最，余所见湖南之岳麓、城南两书院。山长体尊望重，大吏以礼宾之，诸生百许人。列屋而居，书声彻户外，皋比之坐，问难无虚日，可谓盛矣。"②陈次亮也说："咸丰同治之际，中兴将相，什九湖湘，闻岳麓书院山长某公，自道光建元，即以气节、经济、文章立教，瑰玮奇杰之士咸出门墙。"③凡此可见，岳麓、城南两书院已成全国书院楷模，成为人们振兴教育的希望。①

该书在页下注中明注：

> ②（清）冯桂芬：《重儒官议》，见盛康《皇朝经世文续编》卷六五。
> ③（清）陈次亮：《书院》，见求是斋《皇朝经世文集》卷五。

这是目前所能搜集到，在论著中查明该名言出自陈次亮《书院》一文的仅有案例。

综合第三种情况，大体上可以看出，对于"中兴将相，什九湖湘"一

① 朱汉民、邓洪波：《岳麓书院史》，湖南教育出版社，2013，第 279 页。

语的出处，论者先后提出了出自《经世文编》、出自《经世文编·书院》、出自《皇朝经世文编》第五集、出自《皇朝经世文集》卷五中的陈次亮《书院》一文等观点的变化，所标注越来越详细，越来越具体。当然，还不是最确切的。邓洪波在《岳麓书院史》与《湖南书院史》两书中，两次标注为《皇朝经世文集》卷五。

二 对"中兴将相，什九湖湘"的溯源

首先，将"中兴将相，什九湖湘"的发明权归属于冯桂芬《校邠庐抗议》属于张冠李戴。

冯桂芬（1809~1874），字林一，号景亭，江苏吴县人。1840年进士，授翰林院编修，后历任顺天府试同考官、广西乡试正考官，咸丰年间因在家乡举办团练抵抗太平军，晋五品衔擢右中允。1860年太平军攻克苏州，他逃到上海，入李鸿章幕，帮助办理洋务。1863年参与创办上海广方言馆，以后在上海敬业书院等处讲学。他知识渊博，思想进步，是早期维新主义思想家。

《校邠庐抗议》完成于咸丰十一年也即1861年。此时湘军与太平天国争战正酣，尚未取得压倒性胜利，湘军将领虽然崭露头角，支撑局面，但离"中兴"尚有一段距离。《校邠庐抗议》全书40篇，涉及政治、经济、社会、文化、军事等各个方面，表现了全面进行社会改革的思想主张。如果"中兴将相，什九湖湘"真出自冯桂芬的话，那么，作为一个外省人，冯桂芬何以要在此时表彰湘军将相？笔者细梳《校邠庐抗议》全书，只在《重儒官议》这一篇中看到涉及湖南的一段话。原话如下：

> 今天下惟书院稍稍有教育人才之意，而省城为最。余所见湖南之岳麓、城南两书院，山长体尊望重，大吏以礼宾之。诸生百许人，列屋而居，书声彻户外，皋比之坐，问难无虚日，可谓盛矣。（《校邠庐抗议·重儒官议》）

意在表彰岳麓书院、城南书院山长得人、诸生向学之情形。此语虽与"中兴将相，什九湖湘"有一定的联系，但毕竟不是一样的。

其次，综合各种材料，可以肯定的是，"中兴将相，什九湖湘"的完整表述出自陈次亮的《书院》一文。

陈炽（1855~1900），字克昌，号次亮，江西瑞金县人，近代中国维新派代表人物之一。陈炽曾游历沿海商埠及香港、澳门等地，详细考察其政治、经济诸情况，旁考群书，尤重西书，综合心得，于 1894 年撰讫《庸书》百篇，提出了一系列维新变法的主张。此书经翁同龢推荐，得以进呈光绪皇帝御览，并一版再版，影响很大，对当时及以后维新运动开展起了一定的积极作用。陈炽《庸书》百篇文章中，内篇卷上即有《书院》一文。为了更好地理解陈文原意，这里，笔者将"中兴将相，什九湖湘"还原于陈文的上下文语境中，其言曰：

> 书院之兴，肇于宋之宫观奉祠，延历三朝，教思弥广。咸丰同治之际，中兴将相，什九湖湘。闻岳麓书院山长某公自道光建元，即以气节、经济、文章立教，瑰玮奇杰之士咸出门墙。一人善射，百夫决拾，气机之所感，运会所由开也。统直省计之，其书院经费充裕，山长得人，则人才多成就众；无书院之郡县，则见闻孤陋，虽有才隽，振奋无由。此中之消息盈虚，如影随形，如桴应鼓。故书院虽非典制，不隶官司，而育才造士之功至为宏大。惜院中传习，仅以时文贴括猎取科名，而经史之故籍无存也，圣贤之实学无与也。山长则徇请托，不校其学行，惟第其科名，甚则贿赂苞苴喧腾众口，人心以蔽，士习以偷。地方有司置之膜外，有心人愍然忧之。

总观该文立意，主要不是为了表彰湖南人才群体之盛和湖南在全国政局中的举足轻重，而是借以强调书院之于培养人才的重要性。作者以岳麓书院为例，说明由于山长欧阳厚均等人"以气节、经济、文章立教，瑰玮奇杰之士咸出门墙"，才造就了"中兴将相，什九湖湘"的局面，说明书院"育才造士之功至为宏大"。《庸书》中的部分文章，包括《书院》，又被收录入《皇朝经世文编五集》中。

这里，需要厘清《经世文编》系列类书与陈文的关系。清代出现过多种《经世文编》。道光六年（1826），魏源首次编纂《皇朝经世文编》120卷，次年刊刻，收录清初以来经世文章 2000 余篇，作者 450 人。此后，晚清陆续出现了众多经世文编类书，例如道光末年张鹏飞所编《皇朝经世文编补》；洋务运动时期有饶玉成所编《皇朝经世文续编》120 卷（1882 年刊）、葛士濬辑《皇朝经世文编》120 卷（1888 年刊）、盛康编《皇朝经世文续编》120 卷（1897 年刊）；甲午战争时期陈忠琦编的《皇朝经世文三编》，后来又有三集、四集、五集等同类型的书出现。但收录陈炽《庸书》部分内容的，则是《皇朝经世文编五集》，具体为卷五"书院"类，选编者为鸿雪斋主，校辑者为求是斋，出版者为宜今室，刊行于光绪壬寅年（1902）间。或许因为冯桂芬的《校邠庐抗议》也曾经被多次收入经世文编类书中，才造成了张冠李戴的现象。

最后，晚清之时，虽然有不少人对湘军将领多有议论，但具体到"中兴将相，什九湖湘"一言，并非如当代论著所估计的那样"不胫而走""广为流传"。

以"瀚堂近代报刊数据库"为搜索平台，以"中兴将相，什九湖湘"为词段，共有零个结果。以"中兴将相"为词段，同时考虑其相关语境，与湘军有关的表述共出现了 3 次。《申报》1890 年 3 月 30 日发表的短文《论中兴人才之盛》，文中出现了"建立功勋，惟湘军为最多，人才辈出，亦惟湘军为最盛"和"中兴将相，湘军为最，淮军次之"的表述。1898 年，皮锡瑞在南学会讲演中提道："粤匪之乱，中兴将相多出于湖南。"（见《湘报》第 2 号，《皮鹿门学长第一次讲义》）这是最接近"中兴将相，什九湖湘"的说法。同年，《湘报》第 21 号又刊登了南州熊崇熙的《论实力》一文，文中有"乃者中兴将相，风起云从"的说法，紧接着列举罗泽南、李续宾、曾国藩、胡林翼等名人，表明诸人皆"沉毅坚朴，确有见地确有把握，故能勘定大难操守屹然"。熊文所列举的虽然大多数是湘军将领，但也包含了淮军将领等。由此可见，至少在晚清大众媒介中，并没有"中兴将相，什九湖湘"这一说法。但类似意思的其他表述则不乏见。

在弄清了"中兴将相，什九湖湘"的源头之后，回到对当代学者对这则名言的运用情况，依然有几个问题需要探讨。

第一，除开将"中兴将相，什九湖湘"作为公共话语乃至于谚语的情况占有绝对优势外，为什么"冯桂芬说"的影响力比"经世文编说"的影响力大？

关于"中兴将相，什九湖湘"一言的具体作者，目前有两种说法，一是冯桂芬，出自冯著《校邠庐抗议》；二是陈次亮，出自《经世文编·书院》。其中后者一开始只是笼统地说出自《经世文编》，后来才明确指出是《经世文编》中所收录的陈次亮之文《书院》。就两种说法的传播与接纳情况而言，冯氏说似乎影响力更大，除首发者陈谷嘉之外，尚有近 10 部论著采纳这一说法。10 部论著中，过半不是严格意义上的学术论著，而是带有一定通俗性、普及性的读物。因此，它们直接采用学者的说法，也属情理之中。

其实，有关"中兴将相，什九湖湘"一语的出处，"《经世文编》说"与"冯桂芬《校邠庐抗议》说"几乎同时出现，前者甚至比后者还早两年，但相比而言，"冯说"得到更大范围的传播与采纳，而注意到"《经世文编》说"的则寥寥无几。此种现象，也颇有趣。

除了有关湖湘文化的论著之外，在一些资料汇编性质的书中，早就提到了该语的出处。1997 年，赵树贵、曾丽雅编的《陈炽集》（中华书局 1997 年 4 月第 1 版）收入了《庸书》，内有陈炽《书院》一文。2007 年 4 月，陈元晖主编，高时良、黄仁贤编《中国近代教育史资料汇编·洋务运动时期教育》全文收录陈次亮的《书院》一文。但这些资料集并没有被研究者重视。换言之，大多数引用这则名言的作者并未查阅原始出处，而是从他人的论著中转引，以至于以讹传讹，张冠李戴。不得不说，这是一个不够严谨的行为。

第二，晚清有关湘军将领之重要性的论述有很多，为什么当代学者独独青睐"中兴将相，什九湖湘"一语？以至于凡言晚清湘军者必举"中兴将相，什九湖湘"之句？我们从中可以获是哪些启发？

作为一种客观的历史事实，"中兴将相，什九湖湘"的说法出现于晚清咸丰、同治、光绪年间；作为对这一历史事实的表述，"中兴将相，什九湖湘"这一说法出自甲午战争前的陈炽；但这一说法在晚清时期的传播度并不高。这一表述真正流传开来，是在 20 世纪 90 年代地域文化热兴起以后。随着众多论著对这一表述的采纳与传播，"中兴将相，什九湖湘"真正成为妇孺皆知、耳熟能详的名言，深入人心，成为湖湘文化精神的符号。

这一事例也给我们当前开发湘军历史资源、促进湖湘文化建设带来了一些启示。

其一，名言首先要有真理性，即它揭示了客观事实，符合客观实际。

就晚清湘军在全国政局中具有举足轻重的地位而言，"中兴将相，什九湖湘"表述的是一个不争的事实。而湘军将领之所以能走上政坛，凭借的是军事上的成功。

其二，名言在形式上要生动、精简、有力、打动人心。对于晚清湘军重要性，其实不少人都有过意思相近的议论，如陈宝箴说"自咸丰以来，削平寇乱，名臣儒将，多出于湘"，皮锡瑞说"粤匪之乱，中兴将相，多出于湖南"等。但相对于"中兴将相，什九湖湘"来说，气势稍弱。

其三，名言除了具有具体语境下的特定内涵外，还应有意义迁移的空间。陈炽首发"中兴将相，什九湖湘"之论，本意是表彰岳麓书院培养人才之功，并借以强调培育人才之重要性，但此言一出，为后世学者从多方面进行延伸发挥提供了基点，故援引率非常之高。

其四，名言之所以能成为名言，关键不在于出自名人之口，而在于引用者众多。引用的人多了，就成了名言；传播范围广了，就成了名言。本文第一部分之所以不厌其烦地罗列了许多论著，主要目的不是批评这些论著没有查明出处就引用这一名言，而是惊讶于如此众多的专家、学者、文化评论人在不明白该名言出处的情况下，如此青睐这句话，显然不是因为它出自名人之口，而是因为这句话较好地表达了他们所欲表达的意思，故拿来为我所用。

其五，从还原历史的角度来看，运用史料要查明出处，以示言必有据、确凿可信；从建构历史的角度来看，则不必拘泥于此，名言可以动态地生成。

君鱼虽处膏脂地，师德宁为田舍翁

——走近晚清历史罅隙中的刘蓉

朱耀斌[*]

摘　要：刘蓉起家儒素，信奉程朱理学，乃晚清湘军"卧龙"。他心气傲岸，不以得失毁誉为意。在传统历史文本中，"史传"以皇权为言说依据，皇权专制高于个人事功；"别传"往往不避人物心性，录其志趣；"家传"传承先贤，彰显儒林事功。本文以这三种评述方式，全方位展示了晚清刘蓉的真实面相，展示了湖湘士人独特的历史面貌。

关键词：晚清　刘蓉　历史文本

刘蓉素有湘军"卧龙"之名，早年参襄湘军幕府，后随骆秉章入川，经略川陕，在灞桥兵败后开缺回籍。因淡泊名利，他在晚清湘军将帅中略显暗淡，却难掩其儒雅功名与独特个性。历史文本历来有"史传""别传""家传"的记述体例和以史传褒奖功臣、家谱传承先贤和方志采撷风物的评说模式。本文拟对与刘蓉相关的历史文本做一番梳理，以还原晚清历史罅隙中刘蓉的真实图像、性格与才情，一窥湖湘士人独特的历史风情。

一　史传：仰承圣恩，抑多于扬

一般说来，"国史以记忠奸，方志以录贤达，氏族谱牒亦然"[①]。史传对于人物的评价大多要体现封建皇权政治的专制色彩，晚清以来关于刘蓉的评述主要见于《国史馆本传》和《清史稿》，其行文大多呈现出功过参半的

---

* 朱耀斌，湖南人文科技学院法学院院长、教授，湖南省曾国藩及湘中文化研究基地首席专家。基金项目：湖南省哲学社科基金重点项目《湘军与晚清宗法文化研究》（编号16ZDB010）；湖南省教育厅重点项目《宗法文化视域下湘军与晚清政治生态嬗变研究》（编号16A112）。
① 《楂山刘氏五修族谱·人物篇》，娄底刘氏家刻本，2000，第89页。

评论倾向，反映了晚清政权对待湘军集团的政治态度以及清朝遗老维护晚清政权的政治意向。

（一）《国史馆本传》："语多过当，有乖敬慎"

《国史馆本传》关于刘蓉的记述四千八百余字，前半部分多言及刘蓉的军旅生涯，对其文学、吏治等方面鲜有论及，后半部分多言其被参劾与兵败追责之事由。从行文线索来看，该传记多以地方主官如骆秉章、官文的奏言，刘蓉奏疏与朝廷上谕对话往来为凭借，对刘蓉虽间有褒誉，但朝廷的政治态度以打压居多，对其事功有故意消隐之意。从行文结构来看，刘蓉初期以"戎幕"之身襄助曾国藩出山，办理军务，但其主要活动地在川陕。本传对于其参与湘军主战场的经历鲜有详细记载，却花了大量笔墨来记述其被蔡寿祺参劾以及被开缺前后的经历。

事实上，《国史馆本传》的相关记述还是无法遮掩刘蓉的不凡才情。骆秉章上奏"刘蓉调赴军营，悉心筹画，动中机宜"[①] 是四川战场打开局面的主要原因。刘蓉被授四川布政使后并无谋官之意，陈情乞退，招来上谕的斥责："受两朝特达之知，不次超擢……即以朝廷用人而论，黜陟赏罚，一秉大公，果其人才能出众，不妨破格录用，若以后不能称职，该督抚即可随时劾参。"[②] 这种口吻表面上谕示皇恩浩荡，实则旁敲侧击。刘蓉经略四川"运筹决胜，生擒渠魁，实属异常出力，着交部从优议绪"。[③] 湖广总督官文也上奏"刘蓉晓畅戎机，勇于用事"，"应令刘蓉独当一面，俾资展布"，"必能绥靖边疆"。[④] 这体现了朝廷对于刘蓉才能的基本肯定和利用意向。与此形成强烈对比的是，朝廷听信编修蔡寿祺奏参刘蓉行贿贪缘之事，丝毫未有宽容之辞，并斥责刘蓉"亦乞悯孤危，放归田里"[⑤] 是"词气失平，殊属非是"。[⑥] 在朝廷看来，黜陟进退，朝廷自有权衡，非臣下所能自便。御史陈廷经参劾刘蓉"放言高论，妄自尊大，请旨严行治罪，以为大

---

① 刘蓉撰，杨坚校点《刘蓉集》（二），岳麓书社，2008，第 377 页。
② 刘蓉撰，杨坚校点《刘蓉集》（二），岳麓书社，2008，第 377 页。
③ 刘蓉撰，杨坚校点《刘蓉集》（二），岳麓书社，2008，第 378 页。
④ 刘蓉撰，杨坚校点《刘蓉集》（二），岳麓书社，2008，第 378 页。
⑤ 刘蓉撰，杨坚校点《刘蓉集》（二），岳麓书社，2008，第 381 页。
⑥ 刘蓉撰，杨坚校点《刘蓉集》（二），岳麓书社，2008，第 381 页。

臣轻量朝廷者戒"①　也让刘蓉身处尴尬之中。即便后来朝廷谕示骆秉章查明蔡寿祺在川招摇属实并被革职，朝廷对于刘蓉奏疏"语多过当，有乖敬慎"仍抓住不放，颇有微词且降级调用。而在与乔松年不合的争议上，《国史馆本传》未著一字。《清史稿·刘蓉传》有"蓉与松年议不合"之记述，而对个中原委并无交代。而在陕甘总督杨岳斌、湖南巡抚王文韶、四川总督吴棠以及陕西巡抚邵亨豫等人的相关上奏中，可以看出刘蓉在剿匪、整饬吏治、协助两浙战事等方面居功至伟，因此入祀数名宦祠。《国史馆本传》对于刘蓉的生平记载较《清史稿》详细，对刘蓉的疏淡性情多有鞭责之意。

（二）《清史稿》："堪当一面"，"夺职回籍"

《清史稿》系赵尔巽等撰，为未定稿之清朝正史，体现了政治失势后的清朝遗老对于先朝的维护意图。因此，编修者对于湘军大员的事功尽量简化，且将刘蓉置于川陕主官叙述之列，与李億、吴棠、英翰、乔松年、钱鼎铭、吴元炳六人同列《清史稿》卷 425《列传二百十二》，似有故意将其剥离湘军集团之嫌。故记述其襄办或主政川陕，多用白描手法，而对其受蔡寿祺弹劾及因与乔松年不合而引起灞桥兵败着墨稍多，独对刘蓉关于战后垦治之方有所肯定。所述文字一千有余，大抵涉及刘蓉两大痛处。

1. 受人弹劾之殇

编修蔡寿祺和内阁侍读学士陈廷经先后上书弹劾刘蓉，个中缘由本与蔡寿祺借弹劾恭亲王奕訢亲近汉人而献媚慈禧太后有关，也与刘蓉"一飞冲天"招来同僚朱孙诒妒忌有关。有同乡之谊的蔡寿祺与朱孙诒勾连起来，借参劾刘蓉之机以实现慈禧打压湘军集团的政治意图。但《清史稿》的录述与相关史实出入较大：

> 会编修蔡寿祺疏劾恭亲王奕訢，牵及蓉，指为夤缘，诏诘蓉令自陈。蓉奏办，自言荐举本末，并讦寿祺前在四川招摇，擅募兵勇，为蓉所阻，挟嫌构陷。复为内阁侍读学士陈廷经所劾，命大学士瑞常、尚书罗惇衍按究，坐漏泄密摺，降调革任。②

---

① 刘蓉撰，杨坚校点《刘蓉集》（二），岳麓书社，2008，第 381 页。
② 赵尔巽等撰《清史稿》卷 425《刘蓉传》，中华书局，1975，第 12228 页。

2. 灞桥兵败之责

在灞桥兵败的责任追究中，《清史稿》的笔法显然带有求全责备之意：

> 寻以病乞开缺，上允其请，以乔松年代之，仍留陕西治军。捻匪张总愚入陕，逼省城，蓉与松年议不合，所部楚军三十营，统将无专主，士无战心，屯灞桥，为贼所乘，大溃。诏斥蓉贻误，夺职回籍。[①]

在刘蓉逝世后，经地方大员奏请，朝廷对于刘蓉的评价稍有松动。清廷特降谕旨曰："刘蓉前因剿贼失利，降旨革职。兹据王文韶奏该员前在湖南、湖北、四川、陕西等省曾著战功。所有前得革职处分，着加恩开复。"[②]《清史稿·刘蓉传》也只是以"湖南巡抚王文韶疏闻，命复官，陕西请祀名宦祠"[③] 为记，对于其平反之事未置一词。

显然，史传对刘蓉事功言语不详，且没有正式的评价，言语范式凸显正史斜睨士人、独尊皇统的历史风向。从刘蓉所处的大背景来看，刘蓉之所以被打压其实跟整个湘军集团的历史处境密切相关。

二 别传：不避个性，首推志趣

别传指"家传""史传"外的人物传记方式，是对这两类人物传记的补充记载。此类传记多为湘军幕府人物及其后人著述，论旨间存差异，主要包括《湘军志》《湘军记》《中兴将帅别传》和《清儒学案》等。

刘蓉在湘军人物谱系中位列中坚，其评价分量稍低于湘军集团主要成员曾、胡、左、彭等。如王闿运等的《湘军志》和王定安的《湘军记》均为湘军要员所请，以彪炳湘军领袖和湘军的历史事功。两书都在《川陕篇》中记载了刘蓉事功，但字里行间对其军功评价不高，行文寂寥。如《湘军志·川陕篇》中过于突出骆秉章"督四川三年，平群寇，禽大酋，遂以知

---

① 赵尔巽等撰《清史稿》卷425《刘蓉传》，中华书局，1975，第12229页。

② 刘蓉撰，杨坚校点《刘蓉集》（二），岳麓书社，2008，第382页。

③ 赵尔巽等撰《清史稿》卷425《刘蓉传》，中华书局，1975，第12229页。

兵闻于天下"，① 而对刘蓉遭编修蔡寿祺和陈廷经参劾和灞桥兵败之事叙述间有侧语，对于湘军统帅语多讥贬。《湘军记》也只以"赞军谋"为刘蓉在川陕进行角色定位，有意淡化刘蓉事功，却对刘蓉个性及其同时代评价多有旁及。如刘蓉的个性颇有"傲岸自高，亦往往为世所排击"② 的文人气质，"未遇时，怀奇自负，不肯随时俯仰"。③《湘军记》篇尾对骆秉章大书特书，却言刘蓉勋望不逮文襄。

朱孔彰的《中兴将帅别传》对于刘蓉的个人轶事、不肯随时俯仰的性格和笔瀚如流的文才进行了展示，尤其详细铺陈了刘蓉自入湘军幕府始的军旅生涯，充分肯定了刘蓉的军功，且对其遭遇不实诬陷的原因进行了实事求是的分析，谓其"惟高自期许，未免轻视流辈，故往往为世所排击"④，且在文末的评述中对于骆秉章和刘蓉分别进行了点评，持论愈加理性："平蜀之勋，运筹决胜者多矣。至于抚陕，支持危局，惜时会之未至，要其心存忠爱，天下谅之。"⑤

徐世昌等的《清儒学案》对于刘蓉的身世进行了精炼的概括与描述，延引了郭嵩焘《诰授光禄大夫陕西巡抚刘公墓志铭》的措辞，主要从刘蓉的性情、志趣等方面进行了分析，录述如下。

> 少负奇气，能文，不事科举，与曾文正公、罗忠节公力求程、朱之学，尤务通知古今因革、损益、得失、利病，与其风俗、人才所以盛衰，慨然有志于三代。思一用其学术，以兴起教化，维持天下之弊，不乐贬道以求仕进。⑥

身处历史罅隙中的刘蓉"进""退"有忧。灞桥兵败后，刘蓉"筑玩易阁，读书其中，足不出庭户者七年"，自言"志岁于道，而行之有弗违，学不足也。天下之变无方，而吾心之知有间，及时勤吾学焉可矣"。⑦

---

① 王闿运、郭振墉、朱德裳、王定安：《湘军史料四种》，岳麓书社，2008，第 145 页。
② 王定安：《湘军记》，岳麓书社，1983，第 203 页。
③ 王定安：《湘军记》，岳麓书社，1983，第 203 页。
④ 朱孔彰撰，向新阳校点《中兴将帅别传》，岳麓书社，2008，第 163 页。
⑤ 朱孔彰撰，向新阳校点《中兴将帅别传》，岳麓书社，2008，第 164 页。
⑥ 徐世昌等编纂，沈芝盈、梁运华点校《清儒学案》，中华书局，2013，第 6891 页。
⑦ 徐世昌等编纂，沈芝盈、梁运华点校《清儒学案》，中华书局，2013，第 6891 页。

此外，湘军集团成员与刘蓉的往来信函、诗文在一定程度上展示了刘蓉才情的某些特质，使刘蓉的人物形象更为丰满。从刘蓉与湘军要员曾国藩与郭嵩焘的交往来看，史存文稿勾勒了刘蓉的真实面相。在曾国藩看来，刘蓉天性散淡："吾友刘君孟容，湛默而严恭，好道而寡欲。自其壮岁，则已泊然而外富贵矣。既而察物观变，又能外乎名誉。"曾国藩认为，结识"当世通才硕学、仁人君子"刘蓉是人生幸事。曾国藩也曾以刘蓉为"读书明理之君子"勉励其弟伴读刘蓉："如霞仙今日之身分，则比等闲之秀才高矣。若学问愈进，身分愈高，则等闲之举人、进士又不足论矣。"①

郭嵩焘对于刘蓉的评述主要见于其为刘蓉所作的墓志铭。除了详细记载其从军生涯外，赞其"性沉毅，而阔达开朗，倾诚与人，一无隐饰。至其临大敌、决大计，从容淡定"，"在官与人以礼进退，不以得失毁誉为意"。②且谓公潜身儒林，"奏疏若干卷；《养晦堂诗文集》十四卷，《〈思辨录〉疑义》二卷；经史撰论甚繁，皆未成书"。③但在遭受蔡寿祺参劾之后，刘蓉上《明白回奏肯赐查办疏》，自述"幼承庭训，颇识礼仪之归；壮游四方，雅以志操相尚"，无"希荣慕禄之情"和"降志辱身之事"④。刘蓉的自辩直露了他耿直的书生性格。按郭嵩焘之语，刘蓉性格与曾国荃处理与官文矛盾时体现的性格类似，他对于官场相互参劾之事失了分寸，言语激切，招致朝廷进一步的追查。刘蓉的自辩抗诉显示了他清高孤傲的一面：

> 臣洁白无滓之操，坚贞不屈之志，昼不歉于旦明，暮无惭于梦寐，方寸之地，皎如白日，确然有以自信而不疑。且臣自起草茅，未趋朝阙，于皇上左右亲贵之臣，未尝有一面之识，即政府枢密之地，亦未尝有一缄之达。秉义持律，硁硁自守。则其志匡公室，义绝私交，不特心可鉴诸神明，抑且迹无涉于疑似。夤缘之谤，将何自来？而蔡寿祺肆口诋呵，遽至如此，其为诬罔，不辩可明……亦乞圣主天恩，悯臣孤危，放归田里，俾遂还山之愿，长为击壤之民。⑤

---

① 梁勤主编《曾国藩全书》（第六卷），远方出版社，2005，第132页。
② 刘蓉撰，杨坚校点《刘蓉集》（二），岳麓书社，2008，第385页。
③ 刘蓉撰，杨坚校点《刘蓉集》（二），岳麓书社，2008，第386页。
④ 刘蓉撰，杨坚校点《刘蓉集》（二），岳麓书社，2008，第235页。
⑤ 刘蓉撰，杨坚校点《刘蓉集》（二），岳麓书社，2008，第385~236页。

曾国藩对于刘蓉的这篇奏疏评价颇高，认为他立论高远，辞义深邃。但曾国藩在与赵烈文的密谈中对刘蓉性格的缺陷直言无隐："霞仙亦非能做事者，其过亦在自命太高。天下人才智心思，相去不远，位高则程量窥伺者尤多。随处虚心详度，尚不免入人圈缋。况恃己蔑人，行空踏冥乎？"①在曾国藩看来，刘蓉的心性与自辩过于书生气，受到诘难与算计在所难免。

三 家传：不辱征命，潜身儒林

《楮山刘氏五修族谱》对于刘蓉生平进行了全面整理与记述，参照了近代史籍评述。其言曰：

> 常绚孟容（一八一六至一八七三），名蓉，又号霞仙，官至中丞，居茶园山儒阶庄，楮山刘氏族谱肇修主纂修。清文庠生，与姻兄曾国藩倡义旅战楚吴而不辱征命。当朝诰授资政大夫，晋赠光禄大夫，赏戴花翎，特简四川布政使，司兵部侍郎都察院右副都御史，巡抚陕西，诰封上三代为通奉大夫。清国史馆有《刘中丞本传》，其结论为"起家儒素，擢任封圻。自同治三年统兵来陕，值逆焰方张，会同荆州将军多隆阿筹划机宜，亲冒锋镝，粤、回各逆次第剿除。旋奉命督办全陕军务，其治兵筹饷，察吏安民，兴利除弊，竭力尽心，日夜忧勤，积劳成疾，迄今军民爱戴不忘"。身后入名宦祠，附祀骆秉章成都专祠，敕建陕西"刘中丞专祠"。②

上述评见间有疏漏，但基本符合史实。《楮山刘氏五修族谱》也刊载了同治二年十二月十九日刘蓉被任命署理陕西巡抚的《敕书》，言及刘蓉担任陕西巡抚的事权与参劾处治、举荐剿御、持廉秉公、军务粮饷等职责。陆宝千在《刘蓉年谱》中也对曾国藩、罗泽南、郭嵩焘、刘蓉四人进行了比较，指出："四人之中，涤生荡平大难，号称圣相。罗山以军事著，筠仙以

---

① 赵烈文撰，廖承良整理《能静居日记》，岳麓书社，2013，第 1077 页。
② 《楮山刘氏五修族谱·人物篇》，娄底刘氏家刻本，2000，第 90~91 页。

外交名，亦皆各有表现。顾霞仙之声光独黯。盖其少时暗然自修，声气不广。及其出而应世，活动于岷江、秦岭之间，其地偏远，不能为中原士大夫所知。虽其治戎莅政，皆有所长，而后人知之者甚鲜。"①

文意即性情，刘蓉的自撰诗文也为我们提供了一个解读的历史文本。刘蓉在《复曾涤生侍讲书》中言及"今天下为科举之学者，既相率竞遂于利禄词翰之途，迷溺焉而不知返"。②故遵父严命，改其书斋为"养晦堂"，"盖欲其务韬晦以自修"③。刘蓉早年与郭嵩焘一起劝曾国藩墨经从戎，写下了《与曾涤生侍郎书》的劝言名篇，以"执事，今世所谓贤者"为立言视角，规劝曾国藩若"托文采以庇身，而政纲不问；藉诗酒以娱日，而吏事不修；陋习相承，已非一日"。则"若夫陆、范之志量则远矣"，且敦敦告诫："不规其大而遽以自旌，则何见之陋也！今天下祸乱方兴，士气弥懦，欲驱天下智勇才辩之士，捐坟墓，弃亲戚，出没锋镝以与死寇角，非赏不劝。"④ 这种拯救乱世之志凸显了刘蓉的经世情怀。

实际上，刘蓉淡泊名利的性情与其澄清天下的志向存在一定程度的矛盾与冲突。刘蓉极力辅佐罗泽南出征，却劝人无意科举，多修正学，且在晚居遂初园后作《还山篇》力劝曾国藩归隐。最初在弟弟刘蕃战死后他就坚辞不肯复出，胡林翼、左宗棠、曾国藩先后多次相邀，均被婉拒。及左宗棠遭樊燮和官文参劾而向湖南巡抚骆秉章极力推荐刘蓉代替他做师爷，刘蓉也先后三次婉拒，第一次就直接回复"承谕将及时隐退，盖亦吾儒洁身自处之道。惟欲使不孝往承其乏，则不惟识暗才疏，罔达时务，徒累贤者知人之明"。⑤ 胡林翼受骆秉章委托，向朝廷上《敬举贤才力图补救疏》，推荐刘蓉"学有本原，志期远大。胆识恩威，能结士心儿寄军政"⑥。朝廷诏令刘蓉出山，他才应聘骆秉章幕入川。虽说心性散淡，却心系社稷，在被解职后仍为左宗棠经略西北回《与左季高制军书》，出用兵六策，计定西北。

---

① 陆宝千：《刘蓉年谱》，台北"中央研究院"近代史研究所，1979，第 1 页。
② 刘蓉撰，杨坚校点《刘蓉集》（二），岳麓书社，2008，第 90 页。
③ 刘蓉撰，杨坚校点《刘蓉集》（二），岳麓书社，2008，第 93 页。
④ 刘蓉撰，杨坚校点《刘蓉集》（二），岳麓书社，2008，第 105 页。
⑤ 刘蓉撰，杨坚校点《刘蓉集》（二），岳麓书社，2008，第 123 页。
⑥ 胡林翼撰，胡渐逵、胡遂、邓立勋校点《胡林翼全集》，岳麓书社，2008，第 648 页。

在人生的"喜"与"悲"之间，刘蓉后期的很多诗文诉"悲"言淡。彰显刘蓉清淡性情的不单单是刘蓉与曾国藩有不求荐举和不取俸禄之约，在其人生得意时的自省更显高洁。1863 年，刘蓉因击灭石达开部而授四川布政使，他赋诗以表功成身退、归隐田园的文人情怀：

> 前旌忽引碧油幢，廨舍新邻蜀故宫。
> 我似幕中巢旅燕，人从天际望飞鸿。
> 君鱼虽处膏脂地，师德宁为田舍翁。
> 他日归帆湘浦月，好留清梦到巴东。①

刘蓉幼承家学，心念苍生，颇具乡贤气象。从养晦堂到遂初园，刘蓉历经人生坎坷，终归儒林。在翻阅历史的笺页之间，那段历史风云却总是细语缱绻，欲说还休。

---

① 刘蓉撰，杨坚校点《刘蓉集》（二），岳麓书社，2008，第 285 页。

刘蓉经世思想略论

成赛军[*]

摘　要： 由于家庭环境的熏陶、湖湘经世学风的熏染以及所接受的程朱理学的影响，刘蓉成长为晚清湖南理学经世派中的一个代表人物，并建立了经世事功。但他的经世事功有一定的时代局限性，造成这种局限性的原因是其经世思想中的矛盾之处："不乐仕进"与"致用"的矛盾，"卫道"与"救时"的矛盾

关键词： 刘蓉　经世思想　理学

刘蓉（1816～1873）字孟容，号霞仙，湖南湘乡人（今属湖南省娄底市娄星区万宝镇儒阶冲村）。咸丰、同治年间，刘蓉最让人熟知的经世事功是在四川协助骆秉章追剿太平军石达开部。由于其"亲自指画"，得以超擢四川布政使，暴得大名，一年后升授陕西巡抚。在抚陕期间，因1867年兵败灞桥之役，被清政府"夺职回籍"，"方振即蹶"[①]。考刘蓉的政治生涯，真可谓"其兴也勃焉，其亡也忽焉"。作为晚清理学名臣和湘军集团元老，世人对其关注并不太多，论者都会以陆宝千的分析为证："盖其少时暗然自修，声气不广。及其出而应世，活动于岷江、秦岭之间，其地偏远，不能为中原士大夫所知。虽其治戎莅政，皆有所长，而后人知之者甚鲜。"[②] 此外，刘蓉的仕途生涯、经世事功及政治、学术上的传承，相较于同时代的曾国藩、胡林翼、左宗棠，略有逊色，因而湮没在他们的身影中难以彰显。这亦是刘蓉难以进入研究者视野的原因。"20世纪以来，是刘蓉研究的全面

---

* 成赛军，湖南人文科技学院副研究员。基金项目：湖南省社科基金资助课题《曾国藩经世思想研究》（编号17JD44）。

① 钱基博：《近百年湖南学风》，中国人民大学出版社，2004，第47页。
② 陆宝千：《刘蓉年谱·自序》，台北"中央研究院"近代史研究所，1979，第1页。

深入阶段研究"。① 欣逢其时，笔者不揣浅陋，撰文以求教于方家。

一　经世思想的形成

许多研究者都注意了刘蓉思想的经世特征，但限于主旨、篇幅等原因，未能开展深入讨论。刘蓉经世思想的形成可以从以下两个方面探讨。

（一）家庭的影响

一般来说，个体幼年时所受的教育和经历对其今后的成长和发展有着巨大的影响。中国自古就有"三岁看大，七岁看老"之说法。个体所受教育的最初渠道便是父母的耳提面命及由此形成的家教和门风。刘蓉"家殷实，通经史……潜心理学，以程朱为宗，幼有经世致用之志"。② 在刘蓉经世思想萌芽之初，其父刘振宗无疑起了举足轻重的作用。从现有的资料来看，很难对刘振宗进行一个全面而详尽的勾勒。不过，我们还是可以从若干记述中得到一个大体的印象。刘蓉在《习说》一文中回忆父亲对他的影响时说："少时读书养晦堂之西偏一室，俯而思，思有弗得……先君子来室中，坐语久之，顾而笑曰：'一室之不治，何家国天下为之！'"③ 郭嵩焘对刘蓉家世也略有提及："（刘蓉）父以上，世有隐德。公父尤恢奇有才识，尝私语威毅伯曾公国荃：'天下之乱已兆，无有能堪此者，其吾涤生乎！君与湘阴郭君及我家阿蓉，皆中兴之资也。'"④ 从上引资料可以得出两个基本的结论：其一是刘蓉家境较为富裕，父亲重视对他的教育培养；其二是刘振宗洞察世事，对时局有着清醒的研判，是一位才识不凡之士。刘蓉生长在这样的家庭，"幼有经世致用之志"自然是顺理成章了。

（二）程朱理学的影响

清承宋明学术、思想传统，尊奉程朱理学。特别是康熙在位时，他认为朱熹"集大成而继千百年绝传之学，开愚蒙而立亿万世一定之规。穷理

---

① 韩洪泉：《刘蓉研究述评》，《湖南人文科技学院学报》2013 年第 3 期。
② 《楮山刘氏五修族谱·卷首》，娄底刘氏家刻本，2000，第 90～91 页。
③ 刘蓉撰，杨坚校点《刘蓉集》（二），岳麓书社，2008，第 7～8 页。
④ 刘蓉撰，杨坚校点《刘蓉集》（二），岳麓书社，2008，第 386 页。

以致其知，反躬以践其实……文章言谈之中，全是天地之正气，宇宙之大道……非此不能知天人相与之奥，非此不能治万邦于衽席，非此不能仁心仁政施于天下，非此不能外内为一家"①，从而把程朱理学定为正统。在清朝统治者严密的思想控制下，一些学者为了避免政治上的迫害，通过考证字义史实攻击程朱，表达对空谈性理的不满，后发展为与宋学并立的汉学。刘蓉所处之地湖南"风气锢塞，常不为中原人文所沾被。抑或风气自创，能别于中原人物一独立"。② 自宋代湖湘学派创立伊始，湖湘学人治学大多"务以程朱为宗"。部分是受到浓郁地域特色的影响，刘蓉宗奉的学术是程朱理学。不过，刘蓉在学术归依上，经历过由陆王心学到程朱理学的转变过程。他早年曾一度醉心陆王心学，后来才渐归"正途"。刘蓉在致曾国藩书中道出了这一思想变化："王氏之学……弟往岁常读其书，亦恍若有得焉，以为斯道之传，果出语言文字之外，彼沾沾泥书册求之者，殆未免乎泽薮之见也。其既以措诸事而窒焉，征诸古而无据焉，反诸心而不得其安焉，向所谓恍若有得者，乃如星飞电驰，不可得追……困而自悔，始捡孔、孟、程、朱之训，逐日玩索，乃粗得其所。"③ 很难得出刘蓉由陆王心学转向程朱理学的准确时间，但其求学岳麓书院可以视为一个转变契机。岳麓书院是湖湘学派的重镇，其山长历来多为程朱理学信徒。1833 年，刘蓉求学于岳麓书院，并在此期间结识了日后往复论学的曾国藩、郭嵩焘等。师友扶持，为刘蓉的理学精进提供了很好的帮助。

经世致用是儒家思想的重要特征，主张以积极的入世态度面对现实的人生和社会，强调内圣外王。"南宋以下，儒学的重点转移到了内圣一面，一般地说'经世致用'的观念慢慢地淡薄了，讲学论道代替了从政问俗。"④但是无论是程朱的"道问学"，还是陆王的"尊德性"，皆一再申明"经世致用"的意旨，主张"达体实用"，二者的分歧主要在途径的选择上。由此可知，"经世和许多其他儒家基本观念一样，在宋明儒学的思想脉络中，它的意义不是孤立的、单元的，而是与许多的其他儒家观念，互相缠绕、息

① 《圣祖仁皇帝御制文·四集卷二一》，《文渊阁四库全书》第 1299 册，台湾商务印书馆股份有限公司，1986，第 535 页。
② 钱基博：《近百年湖南学风》，中国人民大学出版社，2004，第 3 页。
③ 刘蓉撰，杨坚校点《刘蓉集》（二），岳麓书社，2008，第 88 页。
④ 余英时：《中国思想的现代诠释》，江苏人民出版社，2004，第 167 页。

息相关"。① 一旦有了某种外在的刺激因素，"经世致用"的观念就会重新活跃起来，引起学人的重视。刘蓉目睹清王朝"吏治不廉而民生之日蹙，贿赂公行而官箴之日败，风俗日坏而人心之日偷，财用之日匮而民业之日荒，盗贼横行而奸民之日众"② 的乱象，如何以平生所学去赢得一个相对安定的社会局面便成为摆在他面前无法回避的问题。刘蓉非常推崇程朱理学，自确立程朱之学的学术理想后，"日取六经、四子、濂、洛、关、闽之书，肃衣冠、平心气以诵之，懔然如父兄师保之临其上而诏其旁"。③ 他赞同友人陈广敷的观点："朱子于古今时务政治之宜，靡所不讲"，主张为学者要关心社会现实问题，反对空谈义理，否则一事无成，"但守心性理气之辩、太极《西铭》之说以为的传，所以只做得个闭门独坐泥塑木雕的好人，一涉仕途，便成凿枘"。④ 因此，"经世要务，不可不尽心讲求"。⑤ 他大声疾呼："谋国者务建经世之远略，而毋徒苟目前之安"。⑥

二 湖湘经世学风的渲染熏陶

曾国藩在《原才》一文中曾说："风俗之厚薄奚自乎，自乎一二人心所向而已"⑦。曾氏虽论风俗，但学术传承、思想演变亦大抵如此。刘蓉经世思想的形成，自然离不开湖湘经世学风的渲染熏陶。湖南学术宗奉自宋代以来，以理学著称。不过，在湖南理学的发展过程中，湖湘学风从未将义理之学与经世致用断然割裂。从胡安国、胡闳、张栻等理学家创立湖湘学派开始，一直"留心经济之学"。明末清初的王夫之，更是"言必征实""义必切理"，批判理学存在的空疏荒诞的严重弊端，为现实社会提供"实用"的思想武器。即便是考据学盛行的乾嘉时代，"独湖湘之间被其风最

① 张灏：《宋明以来儒家经世思想试释》，载《近世中国经世思想研讨会论文集》，台北"中央研究院"近代史研究所，1984，第 4 页。
② 刘蓉撰，杨坚校点《刘蓉集》（二），岳麓书社，2008，第 4550 页。
③ 刘蓉撰，杨坚校点《刘蓉集》（二），岳麓书社，2008，第 76 页。
④ 刘蓉撰，杨坚校点《刘蓉集》（二），岳麓书社，2008，第 79 页。
⑤ 刘蓉撰，杨坚校点《刘蓉集》（二），岳麓书社，2008，第 78 页。
⑥ 刘蓉撰，杨坚校点《刘蓉集》（二），岳麓书社，2008，第 41 页。
⑦ 曾国藩：《曾国藩全集·诗文》（一），岳麓书社，1994，第 181 页。

稀"。① 鸦片战争前后，由于阶级矛盾和民族矛盾的日益尖锐，湖湘学派"经世致用"的功能更是急剧放大。湖南"一举成为经世派的大本营"②涌现出一大批讲求"经世"之学的人士，如陶澍、邓显鹤、欧阳厚均、贺长龄、贺鹤龄、唐鉴、魏源、曾国藩、胡林翼、左宗棠、郭嵩焘等。道光年间，受贺长龄之托，魏源撷取和编辑清初以来 200 年间的经世文稿而成的《皇朝经世文编》一书，对湖湘学风影响甚大，"三湘学人，诵习成风，士皆有用世之志"③。上述湖南"经世"人士中，欧阳厚均是刘蓉求学岳麓书院时的山长，贺长龄、唐鉴是他内心倾慕的良师，曾国藩、胡林翼、左宗棠、郭嵩焘是他交往甚多的密友。成长在如此浓厚的经世氛围中，刘蓉经世思想的产生自然在情理之中。

三 经世思想的矛盾

清嘉道年间，湖湘经世学派举起"经世致用"的大旗，以匡时救国为己任，为近代湖湘文化的勃兴奠定了思想基础。特别是湘军兴起后，出现了曾国藩、胡林翼、左宗棠、彭玉麟、刘蓉、郭嵩焘等一批中兴名臣，形成了"中兴将帅，什九湖湘"的蔚然态势。从某种意义上来说，经世思想在近代"湖南省运大盛"中居功至伟。不过，包含经世理念的儒家文化在面对"三千年未有之大变局"时，功能钝化，内在机制运转不畅。这一点在刘蓉身上表现得比较突出。前文曾提及刘蓉难以引起世人关注的原因之一是他的经世事功相较于同时代的曾国藩、左宗棠、胡林翼等略有逊色。给刘蓉建树事功带来阻碍的是其经世思想中的矛盾之处。

（一）"不乐仕进"与"致用"的矛盾

儒家思想一开始便是一种有体有用之学，"用"意味着经世或者经世致用，强调积极应对社会现实的入世态度。不过，如何才能入世却是困扰着许多读书人的症结所在。"经世"一词最早出现在《庄子·齐物论》："春秋

① 钱穆：《中国近三百年学术史》，商务印书馆，2005，第 638 页。
② 黄长义：《儒家心态与近代追求》，《求索》1996 年第 3 期，第 114 页。
③ 黄濬：《花随人圣庵摭拾》（上），中华书局，2008，第 308 页。

经世，先王之志。"后来在其演变过程中，"经"字发展为"治"和"理"之意，"经世"意为"治世"和"理世"。这反映出儒家一种特殊的入世人生观：一个理想的人生是从政以领导社会。① 无论是先秦时期周游列国主张"如有用我者，吾其为周乎"的孔子，还是北宋怀抱"为天地立心，为生民立命，为往圣继绝学，为万世开太平"的张载，皆有从政以实现自己人生价值的理想和经历。若要"经世"，先需"仕宦"的道路指引是与古代社会集权专制的政治结构和小农生产的经济结构相契合的。

然而，刘蓉虽力求程朱之学，"务通知古今因革损益、得失利病，与其风俗及人才所以盛衰"，主张"经世致用"，但更钟情于"用其学术以兴起教化，维持天下之敝，不乐贬道以求仕进"②。刘蓉以学术为先的志趣虽不至于与当时的社会现实格格不入，却很难产生共鸣，经世事功因而"行之弗远"。为了解刘蓉的思想变化过程，有必要对其功名生涯做一简单交代。1851 年，35 岁的刘蓉才在湘乡县令和父亲刘振宗的督促下参加科举考试，补县学生员。此时，时势的发展已很难让他安坐书房讲求"为己之学"了。1852 年，太平军围攻长沙，刘蓉为保护桑梓，奔赴湘乡县城襄办防堵事宜。1853～1855 年，刘蓉入曾国藩幕府襄办军务，其间仍不改初衷，多次婉拒曾国藩荐举为官的好意。其弟刘蕃战死后，刘蓉大受打击，回到家乡，不再复出。1860 年，刘蓉入骆秉章幕府，并随骆氏于 1861 年入川，正式开始了仕宦生涯。刘蓉最后决定出山步入仕途：一方面是素怀经世之志，虽不乐仕宦，但不愿埋没"中兴之资"，又"苦为朋友牵率，谬厕戎行"③；另一方面是因为湘军当时的发展十分成功，朋友多功成名就，对其有一定的吸引力。

在学术与治术的选择上，刘蓉显得小心翼翼，他非常担忧学术上的不足所导致治术上的才力不逮而不愿贸然出仕。晚年赋闲在家的刘蓉撰《遂初园记》一文进行了反思："君子之学也，将博求古人之道而躬践之，其有得焉，则乐以终身而不知而他。其仕也，将推己之至足者以及与人，使天下安其利。其不得焉，则退以藏吾用，不欲枉道以殉也。吾不敢信吾学之

---

① 张灏：《宋明以来儒家经世思想试释》，载《近世中国经世思想研讨会论文集》，台北"中央研究院"近代史研究所，1984，第 6 页。

② 刘蓉撰，杨坚校点《刘蓉集》（二），岳麓书社，2008，第 383～384 页。

③ 刘蓉撰，杨坚校点《刘蓉集》（二），岳麓书社，2008，第 175 页。

成，贸焉以仕，而莫行吾志，故思返吾初，以求其所不足者而自奋焉。"此文一定程度上总结出了刘蓉仕途生涯"来也匆匆，去也匆匆"的原因，也未尝不是他不忘学术初心的夫子自道。刘蓉仕途的不得意与其性格也有某种关联，他方正刚严，"只宜在书斋里埋头做学问，出而问世界，则周旋应接，实非所长"。① 正所谓"知子莫若父"，父亲刘振宗对儿子的认识倒是慢慢清楚起来，他曾叮嘱刘蓉："汝非用世之才，惟当努力穷经为事，或冀有成。"② 同时期为官的吏部尚书瑞常也称："刘蓉秉性朴实，惟吏治尚未熟习，自负间有过高，而办理军务有胆有识。"③ "吏治尚未熟习"，主观上是因为刘蓉钟情学术，不乐仕进，不愿谙熟政治治术，客观上是因为仕途太短来不及操练。语云："性格决定命运"，信乎！

（二）"卫道"与"救时"的矛盾

清朝自中叶以后，渐露衰微之象，思想界因此出现经世致用之动向，"企图解决'内兼外'的核心议题，亦即结合内在道德、知识的追求与外在事功上的成就"。④鸦片战争后，清王朝面临着内忧外患的困局。特别是西力侵逼所致的"三千年未有的大变局"更是超出了当时许多人的历史经验，在如何应对"来自大门口的陌生人"以挽救颓势时，思想界出现了分歧。一种是沉迷传统之学，深恐"以夷变夏"，不喜更张；另一种是因时变通，主张有限度地学习西方。如果说刘蓉在对内上以平定太平天国石达开一部而让人刮目相看，那在对外上相比同时代主张理学经世而致力洋务事业的曾国藩、左宗棠等则几乎毫无建树。

刘蓉对西方列强侵略所带来的威胁缺乏清醒的认识，他据历史经验认为："自古夷狄之患，多起西北，而东南未之闻也。"因而得出结论说："方今天下之事，有不足忧者，有大可忧者。不足忧者，已行之患，英夷是也。"⑤基于这种历史经验，刘蓉更多从传统中寻找答案，所谓"药方只贩古时丹"。制约刘蓉对西方认识的因素有二：其一是学术上的专守门户。刘蓉

① 刘蓉撰，杨坚校点《刘蓉集》（二），岳麓书社，2008，第 7 页。
② 刘蓉撰，杨坚校点《刘蓉集》（二），岳麓书社，2008，第 175 页。
③ 刘蓉撰，杨坚校点《刘蓉集》（二），岳麓书社，2008，第 381 页。
④ 黄克武：《近代中国的思潮与人物》，九州出版社，2013，第 181 页。
⑤ 刘蓉撰，杨坚校点《刘蓉集》（二），岳麓书社，2008，第 44 页。

治学"以宋儒程朱为归，力排汉学之穿凿，亦不取陆王之禅悟"。① "以程朱为归"无疑是有助于学术的专和精，但若因此而拒绝其他学派，却会让自身缺少包容气度，很难做到"有容乃大"。纵观刘蓉的阅读历史，除程朱理学书籍外，其他传统学派书籍似乎很难入其法眼，更不用说有关西方知识的书籍了。因此，当主张"汉宋兼采"的曾国藩冲破自身道统的束缚发出"师夷智"的时代先声并践行洋务事业时，怀抱经世之志的刘蓉在历史上却意外失声了。其二是认识西方的路径和自身经历所限。清朝统治者建立政权后，为防止人们反抗，实行闭关政策，由于这一政策的限制，人们对西方世界几乎一无所知。加之文化虚骄下的心理惯性，封建士大夫很难产生洞明西方的冲动。在刘蓉短暂的政治生涯中，较多的经历是与太平天国等农民起义军队在战场上相互厮杀，而厮杀的地点又在四川、陕西等内陆地区，既缺少近距离观察了解西方的场景和机会，又难有时间和精力去思考如何应对西方的冲击。因此，刘蓉基于维护学术、文化之道统，讲求经世致用，在处理国内危机上取得了一定的成功，但面对西力东侵、西学东渐却无能为力。

---

① 钱基博：《近百年湖南学风》，中国人民大学出版社，2004，第 51 页。

骆秉章与晚清湘军集团

——以《挽言录》为中心

李超平[*]

摘　要： 骆秉章先后担任湖南巡抚和四川总督，是他人生中最为重要的经历，但由于其奏稿、书信、年谱等未系统整理，相关研究并不深入，其历史定位也并不明确。本文从《挽言录》入手，追溯骆秉章的历史事功，借以透析其在湘军集团中的朋僚圈，廓清其晚年的交际情况，并尝试对其在湘军集团中的角色和地位问题进行校正。

关键词： 骆秉章　湘军　《挽言录》　朋僚

骆秉章生于乾隆五十八年（1793），原广东省花县人，正好与洪秀全出自同县。但他们却分属两个阵营：一个是太平天国的天王，以推翻清朝为己任；一个是朝廷非常信任的一品重臣，以剿灭太平天国为后半生的使命，这在晚清历史中非常罕见的。同治六年农历十一月十七日（1867 年 12 月 12日），骆秉章因病于四川总督任上逝世，终年 74 岁。清廷追赠其太子太傅，入祀贤良祠，谥"文忠"。

骆秉章是道光十二年的进士，无论是年龄还是科考资历方面，都是曾国藩等人的前辈。最终，因为太平天国的战火蔓延至湖南，骆秉章不但直接在长沙指挥调度与同乡敌人洪秀全的战斗，还与曾国藩相识、相交，并最终结成了较为稳固的利益同盟：既掌控了湖南局势，为曾国藩的湘军提供了稳固的后方支援；也以非常宏阔的大局观组织对江西、广西、贵州、四川、云南乃至陕西诸省的军事救援，有力策应了曾国藩的东南战局。但长期以来，学界对骆秉章的研究并不深入，对其在湘军历史中的定位也没有一个相对确切

＊　李超平，湖南人文科技学院区域文化研究基地特聘学者，兼任曾国藩与湘军文化研究会副秘书长。

的结论。如罗尔纲先生认为骆秉章的成功只是借助湘军余光而已，而龙盛运先生虽然在《湘军史稿》中认识到了骆秉章在湘军集团中的特殊地位，但并没有具体展开阐述。贾熟村先生则在其《试谈骆秉章与湘军》[①] 一文提出了骆秉章就是湘军真正领袖的观点，但这并未得到学界普遍的认可。

骆秉章于道光三十年担任湖南巡抚，两年后因防守不力革职留任，咸丰三年再次实授湖南巡抚，直至咸丰十年六月奉调入川，主政湖南的时间长达十年，刚好贯穿了湘军的创设与兴起过程。也因此，不少湖南士人经这位广东老者的识拔而崛起，如王鑫、左宗棠、刘蓉、刘岳昭、周达武等人。相应地，这些人也协助骆秉章在湖南、四川两省成就了一番政绩，由此与胡林翼、左宗棠、彭玉麟等一班湖南人跻身于中兴名臣之列。

当骆秉章在成都去世的时候，清军已攻克天京，太平天国运动基本平息。这位三朝老臣的去世，既惊动了遥远的京城，更引发了成都城大规模的吊唁潮，商人罢市，满城缟素，表达对这位底定西南的总督大人的深切缅怀。随后，骆秉章的奏稿、自叙年谱陆续刊行，是后世研究其一生事功的重要资料。其中，18 卷本《骆文忠奏议（湘中稿）》中，就收录了骆秉章去世后，各界人士敬献的悼文、诗章及挽联[②]。撰文、联致祭亲友，是中国传统文化的一个重要内容。最高形式是皇帝御赐的祭文，再者是亲朋、僚属及普通民众所献给的文章、诗歌和挽联等。如曾国藩去世后，不光有来自同治皇帝的祭文，也有挚友刘蓉为诗百首以表达深切的缅怀，连与其长时间不和的左宗棠也专门献上了挽联表达内心的敬意，后来幕僚朱孔彰还撰《江南曾文正公祠题咏百首》以志纪念。骆秉章自然也有自己的朋僚圈，只是没有曾国藩那样引人瞩目，外界亦知之甚少，《挽言录》或许能基本体现骆秉章晚年的交际状况。

一　《挽言录》简况

《挽言录》于同治十年冬由骆秉章门生陈兴钺编就，其中除御赐祭文、

---

① 贾熟村：《试谈骆秉章与湘军》，《岭南文史》1993 年第 1 期。

② 本文引用的底本，由骆秉章之子天保于光绪四年刊刻，山阴（即浙江绍兴）汪璟（汪精卫叔父，寄籍广东番禺县）应天保之请作序。

行状外，共收录了门生、朋僚的祭文及祭诗 8 首，挽联 48 副，此外还有下属同乡、本城及部分县州士民的挽联 70 副。

首篇祭文是门生、云南巡抚贾洪诏所撰《同治七年三月初九日，前任云南巡抚贾洪诏在本城书院致祭吁门骆先师文》，从内容来看，他于道光庚子会试时入骆秉章之门，多年来关系密切。其间贾氏还曾与上司产生龃龉，骆秉章施加了援手他才得以免祸。自然，贾洪诏对恩师有一番高度评价，尤其是针对其在湖南和四川两个时期的诸多作为：

> 其在军督师也，临事而惧斤斤尺寸。在楚南用兵十年，知人善用，奖拔人才，能超擢将帅，棋布星罗，而又筹饷协济救援四邻，克成掎角之势，力挫凶逆之锋，朝廷军威由此益振，天下全局由此不摇。其平蜀也，一入川境，信赏必罚，将得其人，操得其柄，所向无不披靡。边酋乞降，诸逆授首。石达开蹂躏十余省，实为发逆渠魁，绕窜黔滇，仍欲窥蜀。我师全局在握，先事筹防，面面兜围，该逆无可逃，以故大渡河之捷，遂获生擒，全局得宁。

贾洪诏是湖北均州（今丹江口市）人，道光二十年进士，长期在云南任职，同治二年被骆秉章荐为云南巡抚。贾洪诏在云南颇著循声，解职归里后掌教郧山书院多年。故祭文的标题中提及"在本城书院"，此外，文中提到"某位共事之人上《以回攻回，事半功倍折》"，这位"共事之人"其实就是时任云贵总督、湖南长沙人劳崇光。贾洪诏还作了挽诗百首悼念骆秉章，也是该《挽言录》所仅见。此外献祭文的还有成都府华阳县属东昇街士民、成都城东门地区绅民、犍为县文生袁葆琨。乐山县生员吴昌言则于骆秉章灵柩离川途中作文路祭。

献诗作相祭的是锦江书院肄业生员叶达（成都人），4 首；广东惠州人吕汝杰，6 首。

门生、朋僚献挽联共计 48 副，献者名录统计如下：

序号	姓名	籍贯/出身	科名	身份
1	刘岳昭	湖南湘乡县	军功	云贵总督
2	蒋益澧	湖南湘乡县	军功	广东巡抚

续表

序号	姓名	籍贯/出身	科名	身份
3	曾璧光	四川洪雅县	道光三十年进士	贵州巡抚
4	黎培敬	湖南湘潭县	咸丰十年进士	贵州布政使
5	林肇元	广西贺州	军功	贵州按察使
6	田兴恕	湖南镇竿	军功	前贵州提督
7	刘培元	湖南长沙县	军功	记名提督
8	何绍基	湖南道州	道光十六年进士	前四川学政
9	左宗植	湖南湘阴县	道光十二年举人	左宗棠二兄
10	梁肇煌	广东番禺县	咸丰三年进士	贵州学政
11	崇实	满洲镶黄旗	道光三十年进士	成都将军
12	江忠濬	湖南新宁县	军功	四川布政使
13	钟峻	浙江海宁县	不详	四川盐茶道
14	钟骏声	浙江杭州	咸丰十年状元	四川学政
15	富森保	满洲正蓝旗	不详	成都副都统
16	周达武	湖南宁乡县	军功	贵州提督
17	刘植廷	江南人	不详	候补同知
18	毛隆辅	江西丰城县	监生捐知县	丹棱知县
19	陈希华	–	–	达字营记名提督
20	冯崐	陕西咸阳县	道光二十四年举人	署四川按察使
21	成耀星	湖南湘乡县	军功	耀字营升用提督
22	何庆恩	广西灌阳县	道光二十四年举人	彰明县知县
23	赵霶	安徽太平县	–	大邑县知县
24	孙濂	贵州贵筑县	道光二十一年进士	成都府知府
25	刘希向	–	–	锦江书院监院
26	刘琪枝	贵州贵筑县	同治四年进士	即用知县
27	刘仰祖	–	–	德阳县知县
28	毛湘庵	湖南湘乡县	军功	绥宁协副将
29	联昌	–	–	松藩协镇
30	许荫堂	–	–	总兵衔补用副将
31	蔺朝学			参将
	黄万胜	湖南湘乡县	军功	游击
32	林占魁	–	–	游击

序号	姓名	籍贯/出身	科名	身份
33	张尔遴	甘肃永登县	同治二年进士	前华阳县知县
34	钟昌勤	湖南平江县	道光三十年进士	宁远知府
35	沈宝锟	-	-	-
36	童槭	四川新津县	咸丰二年进士	锦江书院掌院
37	胡寿昌	-	-	名山县知县
38	陈兴钺	广东南海县	-	县丞
39	明耀光	-	-	中军副将
40	廖葆恒	-	-	大足知县
	廖葆和	-	-	眉山知州
	吴宝林	-	-	-
41	刘芳	-	-	内阁中书
42	张人瑞	四川华阳县	-	华阳县举人
43	阮恩泽	-	-	直隶州候补知县
	刘敬业	-	-	-
44	叶毓荣	四川华阳县	同治四年进士	工部郎中
45	黄湘	-	-	-
46	张玉文	-	-	彝字营营务处
47	沈青淦	-	-	东月城盘查检
48	傅翼	江西金溪县	-	四川荣县知县

上述 52 人中，籍贯明确者为 30 人，其中有 13 人为湖南籍，占比为 43.3%；其中湘乡县 5 人，占比为 16.6%，在湖南籍中的占比则为 38.5%。显然，无论从人数还是从职衔来看，湖南人尤其是湘乡人是这些致唁者中的主体。但总体上来看，其僚属群体还是一种来自五湖四海的格局，层次分明。

二 《挽言录》中骆秉章的湘军朋僚

石达开逼近四川时，萧启江是骆秉章倚重的主力，于咸丰十年（1860）春先期抵达成都，但旋即于四月二十七日（农历）病逝。清廷本拟委任左宗棠入川堵截，但咸丰十年六月二十日，湖广总督官文和湖北巡抚胡林翼联名奏复，认为左宗棠难以胜任，仍应配合曾国藩规复苏、浙，密荐由刘长佑替代。但最终结果是，咸丰十年六月二十七日，上谕骆秉章于"湖南绅士素为熟悉，择其晓畅军务者酌量带往，并添募湖南练勇，以资剿办"。①

咸丰十一年三月十四日，骆秉章从荆州进川，而随同的刘岳昭一军则临时交官文、胡林翼调遣，先应对湖北军情，直至次年才入川。刘岳昭是萧启江的旧部，也是一个资历并不特别深厚的云贵总督。他于咸丰六年投入湘军萧启江部赴江西作战，参与攻打萍乡、万载、宜春，升知县；次年冬升同知；后从攻抚州，擢知府，加道员衔；石达开部进入湖南后，他与太平军赖裕新部战于柳家桥，解宝庆围；1860 年入广西，以道员记名，加按察使衔；1861 年，往援湖北；1862 年，与石达开激战，擢云南按察使，升布政使；1863 年调赴贵州平苗；1866 年任云南巡抚；1868 年，授云贵总督。骆秉章于四月初十日行抵夔州，十七日抵万县，并于二十五日奏报军情，报告其所带湘军仅五千余人，加上萧启江留川旧部，合计一万二千余人。骆秉章入川时，除有萧启江的旧部刘岳昭、黄淳熙等率军外，还调用了刘蓉、朱孙诒、彭洋中等文职人员担任助手。这些人中除朱孙诒、黄淳熙是曾任湘乡知县的江西人外，其余都是湘乡人。萧启江原隶罗泽南，后自领一军，号果字营，归骆秉章调遣，他病逝后，所部逐渐由胡中和、刘岳昭、周达武、江忠濬等人分领，各自发展。如贵州提督、宁乡人周达武早先为李续宾旧部，后隶刘岳昭，逐渐独当一面，所部号章武军。

江西鄱阳人黄淳熙曾任湘乡知县，后受骆秉章命领军三千人，号果毅营。入川时为湘军先锋，咸丰十一年五月在四川二郎场中伏阵亡。他的前任湘乡知县朱孙诒，因与罗泽南、王鑫、刘蓉等创办湘乡勇而知名，一度受骆秉章的赏识而随同入川，擢其为浙江盐运使衔，因与刘蓉争夺总理营务处一事而失意，旋即离川，不久卷入由编修蔡寿祺发起的弹劾刘蓉风波之中，与骆秉章、刘蓉等彻底决裂。

彭洋中为道光八年举人，随骆秉章入川后负责通省厘务，卓有政绩，擢潼川知府，因积劳卒于任上。

刘蓉是一名经朱孙诒识拔的湘乡秀才，早年曾协助曾国藩创办湘军，

---

① 《寄谕钦差大臣官文等著骆秉章即驰赴四川督办军务》，载中国第一历史档案馆编《清政府镇压太平天国档案史料》第 22 册，社会科学文献出版社，1996，第 435 页。

任幕僚，并在罗泽南军中担任过营官。后受左宗棠、胡林翼的推荐而随骆秉章入川，咸丰十一年亲自指挥擒获石达开，因为能干，倍受骆秉章赏识，由知府快速升迁至布政使，同治二年七月授陕西巡抚。同治四年因蔡寿祺弹劾而夺官，十月复职，再因在西安灞桥阻击西捻军失败而被免官归里。刘蓉的《养晦堂诗文集》中，收录有三封致骆秉章的信，其中第一封信即写于离开成都赴陕的途中，亦即同治二年七月之后。起首就说："锦城叩别，倏忽经旬。念追随杖已历三年，一旦远去德辉，能无怅惘？况承挚爱逾恒，尤难恝置。此其所日往来于怀而不能自释者。"① 应当说，这些话都是肺腑之言，表达了其内心的感激。

广东巡抚蒋益澧早年也是罗泽南的部将，因与李续宾不谐而受排挤，后为骆秉章揽入麾下，再受左宗棠提携，官至广东巡抚，其有效解决了曹冲土客械斗的顽症，得到了骆秉章的赞赏。

前贵州提督田兴恕彼时也已经去职，他向骆秉章致祭是难能可贵之举。田氏早年是湖南镇竿（今湖南吉首市）兵，咸丰二年援守长沙时，曾担任敢死队员夜袭太平军军营，放火焚烧后遭敌军追击，泅水逃生，为骆秉章所奇赏，令充哨官，逐步成长为总兵、提督，隶萧启江麾下，最先受骆秉章的派遣，于咸丰九年起率所部虎威营援贵州，于咸丰十一年授钦差大臣，署理贵州巡抚。《清史稿》载：

> 兴恕年甫二十有四，骤膺疆寄，恃功而骄，又不谙文法，左右用事，屡被论劾，乃罢兼职，以韩超代之。同治元年，罢钦差大臣。会法国教士文乃尔传教入黔，因事龃龉，兴恕恶其倔强，杀之，坐褫职，赴四川听候查办。经遵义旺超，值云贵总督劳崇光为贼所困。兴恕骤马冲入，大呼："田某在此！"贼惊溃，翼崇光出。寻论罪遣戍新疆，行至甘肃，总督左宗棠奏请留防秦州。②

田兴恕至同治十二年致仕，故骆秉章去世时他尚在陕甘左宗棠部。大书法家何绍基、左宗棠的二兄左宗植，都是骆秉章的在湖南主政时的旧交。

---

① 刘蓉：《致骆吁门宫保书》，载《湖湘文库·刘蓉集》第2册，岳麓书社，2008，第159页。
② 赵尔巽等撰，《清史稿》卷420《田兴恕传》，中华书局，1977，第12142~12143页。

江忠濬是湘军先驱新宁江忠源的次弟。早在咸丰三年，就受骆秉章的调遣，率楚勇协同朱孙诒、罗泽南所率的湘乡勇援守江西南昌，江忠源在安徽庐州阵亡后，江忠濬改隶萧启江，后任四川布政使，骆秉章等同是其间接上司。黎培敬、周达武、曾璧光等人，因为没有更确切的资料，故暂时只能认为他们是出于僚属、晚辈的情谊而致挽联的。

三 《挽言录》之外骆秉章的湘军朋僚

骆秉章辞世的时候，萧启江、黄淳熙、彭洋中都已经不在人世，朱孙诒已经交恶，所以都没有出现在《挽言录》里。有一些重要朋友没有出现在这份《挽言录》中，却是需要加以留意的，如曾国藩、左宗棠、刘蓉、郭嵩焘。

曾国藩正北上觐见。从《曾国藩全集》来看，自同治元年至同治六年，他一共给骆秉章写了三封信，分别是同治元年、二年和四年。他在同治元年三月十八日的复信中尊称骆秉章为"老前辈大人阁下"："久疏音敬，饥渴良深。顷奉二月十三日惠书，眷逮殷拳，不遗在远。"[1] 他所谓的"久疏"是什么概念？他们前次联系的年份已是咸丰九年、十年。咸丰九年四月二十九日曾国藩致骆秉章："江西往年仰仗大力，重于山岳，去年报礼轻于秋毫。大君子心存天下，知不以系于怀。来自凯章而外，更有劲兵可以相助否？无任盼祷。"[2] 此信为请求调兵防守江西景德镇，应对浙江嘉兴失守后造成的危局，在双方的几次沟通之下，骆秉章调动了刘岳昭、张运兰等人。至咸丰十年七月二十三日，曾国藩获悉骆秉章将赴四川，也特意写信询问情况："湘中弁勇，朝取夕取，网罗殆尽。刻下不特将领难得，即招募精壮勇丁，亦觉难以集事。不知现带若干人前往，是否多带现成营头，抑系新募数营？至以为系。"[3] 事实上，他甚至上奏请求留骆秉章暂缓入川，因为湖南和江西都需要他的看护和调度。八月初五日，曾国藩就此与胡林翼复信商量："留骆帅暂不入蜀之奏，待向极谨慎，本不敢为此冒昧之请，无奈

① 曾国藩：《复骆秉章》，载《曾国藩全集·书信（四）》，岳麓书社，2011，第 144 页。
② 曾国藩：《复骆秉章》，载《曾国藩全集·书信（四）》，岳麓书社，2011，第 548 页。
③ 曾国藩：《复骆秉章》，载《曾国藩全集·书信（四）》，岳麓书社，2011，第 676 页。

浙江危在旦夕，江西、皖南亦危在数月，不得不留骆帅，兼留湖南防兵。"① 随即又于次日复信骆秉章就奏留湖南之举进行解释，认为"湖南防兵一经抽动大枝，恐湘省有警，则鄂、皖军士各怀归心"。② 八月十九日，他再次复信骆秉章，诉以皖南危殆之况，请求将拟带入蜀之兵改援南赣，理由是"安皖安江，即以安湘"。③ 最终，骆秉章还是入川了，而左宗棠则独立领军，开创了湘军新的格局。这一年，因为军情紧急，曾国藩一共写了八封信，随后两人再无直接联系，直至同治元年三月。至于同治二年和四年各写的一信，主题只有一个：请求垫资买米调拨东南、请借谷粮。唯一的区别是，前信是在南京攻克之前，后信是在南京攻克之后。

左宗棠在陕甘征战。他相知于骆秉章，崛起于骆秉章援蜀、浙赣危急之际，左宗棠与骆秉章的私谊之深是毋庸置疑的，时至同治六年春，两人仍有书信往还。左宗棠叹"关陇筹饷难于筹兵，筹米难于筹饷"，除对骆秉章给予的支持表示了感谢外，仍期待骆秉章有"应协之谊""度外之施"。④ 2012 年，学者陶用舒在《骆秉章对湘军的贡献》一文中，提及了左宗棠有挽联致骆秉章，即：

> 公为诸葛一流，尽瘁鞠躬，死而后已；
> 我侍文忠数载，感恩知己，生不能忘。

但遗憾的是，他没有在文中注明此联的具体出处，此联也并没有收入湖南岳麓书社 2009 年版《左宗棠全集》（15 册）中，故本文暂不沿用。

刘长佑刚从直隶总督任上去职还乡。他是江忠源的旧部，咸丰六年升知府，归骆秉章调遣，萧启江单独领军后即隶属于他。咸丰九年（1859）率萧启江驰援湖南宝庆，随后追至广西，后升任广西巡抚。同治元年（1862）擢两广总督（未到任），次年转任直隶总督，至同治六年（1867）七月，因疏于防范盐民张六起义，危及京畿而撤职。同治十年重新起用，再任广西巡抚。尽管他没有挽联，但是《骆文忠奏议》中收入了他的《题骆文忠遗像》，

① 曾国藩：《复胡林翼》，《曾国藩全集·书信（二）》，岳麓书社，2011，第 69 页。
② 曾国藩：《复胡林翼》，《曾国藩全集·书信（二）》，岳麓书社，2011，第 694~695 页。
③ 曾国藩：《复胡林翼》，《曾国藩全集·书信（二）》，岳麓书社，2011，第 720 页。
④ 曾国藩：《答骆吁门宫保》，《左宗棠全集·书信（二）》，岳麓书社，2009，第 22 页。

内有"縠推群彦""湘江泽被""不竞不絿"等赞语。

刘蓉远在湖南湘乡家中赋闲，可能存在信息闭塞的问题，未见他与骆秉章的通信。此外刘蓉的文、诗收录也非常不完整，不排除有双方信函散佚之可能。

郭嵩焘在长沙城南书院及思贤讲舍讲学。他于同治五年（1866）在广东巡抚任上罢官回籍，这很大程度上是因闽浙总督左宗棠的几次弹劾起了作用。对于郭嵩焘的去留，骆秉章的态度是不言而喻的，这不仅仅有左宗棠的因素，也有郭嵩焘自己的因素。目前有据可查的是，咸丰三年五月，郭嵩焘建议骆秉章开办湖南全省厘捐，这是两人产生交集的初始记载。六月十八日，因南昌告急，奉命与夏廷樾、罗泽南、朱孙诒等率湘勇 1400 人驰援江忠源。这个"奉命"，显然是奉巡抚骆秉章、督办团练大臣曾国藩等之命。迟至咸丰八年十二月初二日，咸丰帝召见，郭嵩焘以"讲求吏治为本"回答皇帝的提问时，称骆秉章、胡林翼等为"办事认真之人"①，这似乎说明他对骆秉章并不陌生。咸丰十年三月，郭嵩焘辞任翰林院，返回湘阴老家，十月初四，在乡接骆秉章托刘蓉转来之信，论英法联军入都事。郭嵩焘在当天的日记中留存了他复信的内容，其中有云："夷人之变，其祸成于僧格林沁，而实士大夫议论迫之。"②但此信并未收入他的全集中。当骆秉章奉命入川督办军务时，郭嵩焘有建议挽留之举，十二月十二日日记中述及接黄子恒信，此君责备他"疏留吁门中丞"。③ 到咸丰十一年三月十五日，郭嵩焘在致左宗棠信中评论骆秉章获任四川总督时道及："此老德威所积，非人所易几也。"④ 但是，郭嵩焘于同治二年担任广东巡抚后，在处理花县骆氏家族的坟葬纠纷时，招致远在四川成都的骆秉章的不满，因为这也涉及他的私人利益。最终，朝廷采纳了骆秉章的意见，广东方面以后不能再援引省章裁判葬坟案，须一律以国家定规为准。在郭嵩焘日记中，他于同治三年五月三十日给骆秉章寄去一信，这正是此案争论期间，但他没有提及信中内容，此后再无两人往还之记录。郭嵩焘日记中也没有提及这个案子及与骆秉章书信磋商的情况，似乎刻意回避了此事。骆秉章于同

---

① 《郭嵩焘日记》第 1 卷，湖南人民出版社，1981，第 202 页。
② 《郭嵩焘日记》第 1 卷，湖南人民出版社，1981，第 403 页。
③ 《郭嵩焘日记》第 1 卷，湖南人民出版社，1981，第 419 页。
④ 《郭嵩焘日记》第 1 卷，湖南人民出版社，1981，第 444 页。

治六年十一月十七日病逝于成都之后，郭嵩焘也没有在其日记中有所提及。

由于骆秉章没有日记和书信集中刊行，所以对于当时骆秉章一方的情况，外界所知甚少。2008 年，上海图书馆历史文献研究所编《历史文献》杂志披露了骆秉章致朱学勤的 31 通信札，其中就有部分内容涉及祖茔一案。如第一封信："粤东所办之事皆细侯主持。弟前在湘南曾延请细侯入幕，昨与胡小蘧星使谈及，亦言在江西所见其办文案笔墨殊不清楚，此非弟一人之私言……细侯由词林起家，其识见卑陋如此，观其所办之事，其糊涂任性不一而足，并有人言其食鄙者，或非无因……承询湖南人材，据弟所见，如彭玉麟、刘坤一、席宝田、杨昌濬、刘典，皆可独当一面，然求如左季翁者，实不多得也。"① "细侯"本是东汉并州牧郭伋之字，此处隐指广东巡抚郭嵩焘。从"前在湘南曾延请细侯入幕"之语结合第六封信的内容来看，郭嵩焘曾入骆秉章幕府数月应是在左宗棠离幕后、刘蓉入幕之前，但是郭廷以先生所纂《郭嵩焘年谱》及杨锡贵先生所整理的《郭嵩焘年表》都没有提及。虽然看起来两人交往较深，但骆秉章事后对郭嵩焘的评价并不高，有"不特奏章不合体裁，即拟一示稿亦不能用，是以请其往宝庆劝捐"之语。

甚至于第四封信更是给予了恶评："郭署粤抚，怨声载道，天视自我，民视天德，自我民德观于民心，如此则自有公论矣。"② 第六封信则谈及郭嵩焘其他事情："细侯四月时出示禁止，谓风化攸关是矣，旋出示捐银十四万两，准六店收票，不准大小衙门书差索费，是何政体。鸩酒解渴，岂知毒即随其后耶……并闻勒蔡通事捐银十万两，伊不肯捐，即坐以黄金陇余党之罪，至于刑毙，则酷甚矣。"③ 此信对郭嵩焘勒捐广东富户之举说得比较具体，也从一个侧面看出骆秉章对家乡广东政局的关注之深，但看起来郭嵩焘没有对此多加留意。

《郭嵩焘全集》中没有收录郭嵩焘致骆秉章的信，或许是因为主编者梁

---

① 《骆秉章致朱学勤》，载上海图书馆历史文献研究所编《历史文献》第 12 辑，上海古籍出版社，2008，第 74 页。

② 《骆秉章致朱学勤》，载上海图书馆历史文献研究所编《历史文献》第 12 辑，上海古籍出版社，2008，第 84 页。

③ 《骆秉章致朱学勤》，载上海图书馆历史文献研究所编《历史文献》第 12 辑，上海古籍出版社，2008，第 95 页。

小进先生曾指出的郭嵩焘的书信大量散佚。在骆秉章去世后的次年即同治七年四月二十五日，郭嵩焘于致郭柏荫的信中，几处谈及了骆秉章。如："骆文忠所用以转移吏治、振兴士气，以赞成中兴之业，而自致其声名比高于衡、霍，历久而士民思之不能忘。岂有他术哉？亦惟曰通上下之情而已。①"再如："故夫圣贤之论治与史册所著为循吏，必以求通民情为要义。而在吾楚，且时将恃以防壅蔽之渐，而杜奸乱之萌，常使民气疏通，以不至积成疮痏。而当骆文忠时，一二贪污之吏，大惧官民之气通，不利其所为，创为绅士跋扈之说，以致其私憾。仓少坪廉使至倡言之京师，遂乃达之朝廷、传之天下。湖南士绅侧足而立，人怀自危之心。然承骆文忠之旧，规模俱在，但见其裨益循良、为功地方，无能有以相屈也。②"从"骆文忠"的称谓来看，郭嵩焘对骆秉章的评价总体上是偏正面的。

骆秉章对继任者蒋益澧的好感却与之形成鲜明对照。第八封信（节录）：

> 子文履任后，粤省来信者言其新政大有可观，如禁止赌博、清查门牌、禁开闱姓、发还收缴银两、择免各行牙帖等事，均已实力举行。将来土、客一案亲往督办，能持平办理，使土、客相安，实粤省福星。以视旧令尹在粤三年，怨声载道者，相去何啻天壤。③

第九封信（节录）："得悉粤东曹冲客匪被官军屡次击败，歼毙不少。该匪俯首投诚，十余年积患一旦消除，蒋中丞实为粤省造福。"④

第十封信（节录）："子文初到粤时，民情爱戴，土、客之案亦已办结，可谓极力振作，诚如来谕，有始有卒，则真豪杰之士也。"⑤

子文，本是三国时期扬州蒋歆之字，此处隐指接替郭嵩焘的广东巡抚

---

① 郭嵩焘：《致郭柏荫》，载《湖湘文库·甲编·郭嵩焘全集》第 13 册，岳麓书社，2013，第 218 页。
② 郭嵩焘：《致郭柏荫》，载《湖湘文库·甲编·郭嵩焘全集》第 13 册，岳麓书社，2013，第 218 页。
③ 《骆秉章致朱学勤》，载上海图书馆历史文献研究所编《历史文献》第 12 辑，上海古籍出版社，2008，第 82~83 页。
④ 《骆秉章致朱学勤》，载上海图书馆历史文献研究所编《历史文献》第 12 辑，上海古籍出版社，2008，第 99 页。
⑤ 《骆秉章致朱学勤》，载上海图书馆历史文献研究所编《历史文献》第 12 辑，上海古籍出版社，2008，第 87 页。

蒋益澧，他虽受知于左宗棠，但获擢巡抚之事未必没有骆秉章的因素在内。

迄今为止，骆秉章的散佚私信非常少见，由此也使得其完整的朋僚圈并不明确。骆秉章致朱学勤的这31通私信，使得朱学勤这位隐秘的朋友首次被发现，且同时我们也发现骆秉章晚年使用了"持敬老人"的自号。

朱学勤（1823～1875），字修伯，浙江仁和人，为咸丰三年癸丑科进士，官至大理寺卿，也是道光末东南士大夫中的三大藏书家之一。朱学勤的特殊之处是曾入值军机处，参与中枢事务，具备信息灵通的优势。骆秉章这些信都写于四川总督之任上，双方在信中沟通了不少时政问题，这无疑得益于朱学勤的职务之便，使得骆秉章虽远居蜀地，仍能及时洞悉朝野政局。但即便如此，我们也没有发现朱学勤写给骆秉章的信文。

苏廷魁是骆秉章的亲家，同治元年任河道总督，同治九年才辞职，《挽言录》和苏廷魁文集中都没有任何涉及骆秉章的文字。

同治十二年，刘典的弟弟刘倬云为早年与骆秉章反目的朱孙诒编撰了一本叫《宰湘节录》的小册子（收入《湘军文献丛刊》），内有《游东台山记》（刘蓉）、《送都转朱石翘先生回江序》（刘典）、《诰封太淑人伯母张太淑人八十寿文》（曾国藩）、《召伯〈甘棠图〉题奉石翘老夫子大人钧政》（罗泽南）、《湘勇原流记》（彭洋中）五篇文章，其中刘蓉所作《游东台山记》叙及朱孙诒于咸丰六年重至湘乡，蒋益澧、刘蓉、朱宗程等多名官绅一道陪游东台山，而文章落款就提到此文是刘蓉作、郭嵩焘书，后又专门刻印，不仅收入《宰湘节录》，还连同《湘勇原流记》收入了朱家族谱之中。光绪二年九月，刘锡鸿为此册补作了一篇序言，略谓：

> 石翘先生负经世才……尹湘乡时，粤西乱作，先生以国家承平日久，营兵多不可恃，乃创团练乡兵之法，不惟保全境土，而成就人材，肇造老湘营，卒平大难，自是又以知兵闻。内外诸公钦其名而荐于朝者，盖指不胜屈。吾师花县骆文忠尤倚重之，疏荐不一而足……吾师卒从先生议，决策西征。以此与幕府不和，遂潜构蜚语以耸动吾师，致有"可小知不可大受"之奏。客有谓吾师者曰："朱某化民成俗，除暴安良，可治一乡一邑，即可以治天下国家，大小以事言，非以位言也。子何以'不可大受'目之？"吾师颇悔，屡欲斡旋，已无及矣。夫吾师非信谗之人，先生本无召谤之理，偶因军事力争，竟至蜚言动听，

潜移是非于不觉，使先生闲旷多时……吾欲为吾师表明心迹，不能无
言，特补序之。

这是曾经担任出使伦敦副使的刘锡鸿自曝其受业于骆秉章，此前鲜为
人知。光绪二年，他被朱孙诒大力推荐给郭嵩焘，一同出使英国伦敦，最
终又在伦敦和郭嵩焘势同水火，双双去职，直接断送了郭嵩焘的济世抱负。
郭嵩焘曾自认为："朱石翘晚年与楚人构难，独于鄙人始终无间言。丙子京
师赞成刘锡鸿偕行，则石翘之力为多。楚人为所龃龉，而未尝一受其累，其
为累鄙人，固已至矣。"① 刘锡鸿虽然以骆秉章的门生自居，但也没有见其
致送挽联。

四 骆秉章的历史定位

平心而论，骆秉章身后并未备极哀荣，他生前也未留下什么财产，更
乏鸿篇巨制，这一方面可能与他远在蜀地、远离政治中心有关，另一方面
与他的一生廉洁、专注自身使命有关。事实上，当初曾国藩能顺利攻克南
京，获取盖世之功，骆秉章在其中的协同、配合作用是非常巨大的，须知
一个稳固的后方基地，源源不断的粮饷、兵员供给，是曾国藩能潜心经略
东南的重要保障。此外在大政方针层面，双方也保持着良好的沟通，并遵
循着一种默契。如骆秉章调任川督之后，曾国藩因忙于坚守祁门，双方联
系几乎中断。直到同治元年三月十八日，曾国藩才复信骆秉章，在对"久
疏音敬"表示歉意的同时，也就关于有人提出"五省合筹"之议表达了立
场，即他并不支持让骆秉章裁减在川湘军兵力②。

那些未进入曾国藩指挥体系的一小部分人，也是在骆秉章这里找到了
自己的位置，并各有作为。早如湘乡王鑫，他因诸多理念不合而与曾国藩
分道扬镳之后，在骆秉章的大力扶持下别立老湘营，其营制与湘军迥异，
战斗力最强，所部刘松山、刘锦棠、魏光焘等后起之秀，日后成为左宗棠
西征的主要力量，该部直到甲午战争时期在辽宁牛庄与日寇血战才终结。

---

① 《湖湘文库·甲编·郭嵩焘全集》第 13 册，岳麓书社，2013，第 141 页。
② 曾国藩：《复骆秉章》，《曾国藩全集》第 25 册《书信（四）》，岳麓书社，2011，第 144 页。

晚如湘阴左宗棠。他以师爷的身份代替骆秉章发号施令，调度有方，与骆相处和谐，为其日后的腾飞打下坚实基础，这也是彼时的官场特例。咸丰十一年年初，左宗棠在答新任湘抚毛鸿宾信中用较长篇幅对骆秉章进行了评价。于公而言："吁门先生之抚吾湘，前后十载，德政既不胜书，武节亦非所短，事均有迹可按而知。而其遗爱之尤溥者，无如剔漕弊、罢大钱两事。其靖末行之乱，不动声色，而措湖湘如盘石之安，可谓明治体而识政要，非近世才臣所能及也。"[①] 于私而言："宗棠以桑梓故，勉佐帷筹，九载于兹，形影相共，惟我知公，亦惟公知我。"[②] 至于湘乡刘蓉，更是骆秉章打破常规选用的人才，这一选用颠覆了由科举入仕的传统路径，既成就了刘蓉由底层逆袭到巡抚的传奇人生，也为其他类似身份的人提供了难得的成功示范，他们基本保持了良好的合作关系。

骆秉章朋僚圈最大的特点无疑是其立足于湖南，辐射广东、广西、贵州、云南、四川、陕西七省的军政影响力。从积极的角度看，这些区域或是湘军的战略后方，或是曾国藩的主流力量无法直接掌控的地方。骆秉章的紧密协同，对底定东南、规复西北都是至关重要的策应与支撑。而从消极的角度看，骆秉章及其提携的湘系力量虽显得边缘化，但无疑与曾国藩之主流湘系集团有微妙的分庭抗礼的关系，尤其刘长佑和刘岳昭先后被提拔至云贵总督的高位，不免使得曾国藩集团的巨大军政影响力有所抵消，凝聚力有所下降。"湘军"一词的内涵经历了先由湘乡人为主组建、再由湖南人扩充的两个阶段，核心是湖南人组建、湖南人统领。它还是一个广义的概念，曾国藩与罗泽南最早率领的湘军和水师、王鑫的老湘营、左宗棠的新楚军都是其组成部分，此外，援黔的田兴恕、援滇的刘岳昭、援川乃至援陕的刘蓉也均属此范畴。以籍贯而言，骆秉章是广东人，非湘省人。以职务而言，骆秉章是代表朝廷主政湖南、四川的最高军政长官，他的各种支持湘军、识拔人才之举，从本质上来说是其职责所系。他并非湘军的直接组建者，所以未将其纳入湘军统帅的范畴似也无可厚非。以历史的经纬而言，他是湘军集团的一个积极合作者和热心扶植者，也是曾国藩、左宗棠、胡林翼、刘蓉的可靠后援。

① 左宗棠：《答毛寄云中丞》，载《左宗棠全集·书信（一）》，岳麓书社，2009，第386页。
② 左宗棠：《答毛寄云中丞》，载《左宗棠全集·书信（一）》，岳麓书社，2009，第386页。

论郭嵩焘对王船山历史地位的发掘

王兴国[*]

摘　要： 郭嵩焘是我国近代著名的思想家、政治家、外交家，他一生十分推崇王船山，最早对王船山在中国思想史上的地位做出全面的评价。郭嵩焘青年时期就系统地阅读船山著作，重视船山著作的刊刻出版，并修建船山祠。之后又向光绪帝上奏《请以王夫之从祀文庙疏》，郭嵩焘对王船山在中国学术史上地位的深刻认识，是与他对船山著述的深入学习和研究分不开的。

关键词： 王船山　船山学　船山遗书　郭嵩焘

郭嵩焘（1818～1891），湖南湘阴人，我国近代著名的思想家、政治家、外交家。他一生十分推崇王船山，最早对王船山在中国思想史上的地位做出全面的评价。

一

据郭嵩焘自己的记载，他至少从 1852 年即 34 岁时起，就系统地阅读船山著作。他在《礼记质疑自序》中说："咸丰壬子，避乱山中，有终焉之志。读船山《礼记章句》，寻其意旨。"[①] 咸丰壬子即 1852 年，这年太平军攻入湖南，郭氏兄弟与左宗棠兄弟一道躲在本县玉池山避兵。他读的《礼记章句》是湘潭王氏守遗经屋于 1842 年刊刻的《船山遗书》。这说明，郭氏在守遗经屋《船山遗书》出版至多十年之后即开始阅读。此套遗书主要收入船山的经学著作，同时还有《读通鉴论》。根据郭嵩焘的日记和文集的记载，在同治五年（1866）金陵本《船山遗书》出版之前，他除了系统地

---

[*]　王兴国，湖南省文史研究馆馆员、船山学社社长、湖南省社会科学院研究员。
①　郭嵩焘：《郭嵩焘全集》第 3 册，岳麓书社，2012，第 1 页。

阅读过这套《船山遗书》之外，还读过衡阳学署于道光二十八年（1848）刊刻的《船山遗书子集五种》。因为郭氏在咸丰年间的日记中多次引用《老子衍自序》中论老子的三失和《俟解》中论习气的话，而只有衡阳学署本中同时包含这两种书。金陵本《船山遗书》出版后，郭嵩焘在得到曾氏兄弟的赠书之后，又于同治七年自费加刷二部①。这说明郭氏对船山著作的重视。

金陵本《船山遗书》出版之后，王船山的主要著作都已先后问世，这时要进一步引起人们对船山的重视，就必须加强对船山的宣传。而宣传的最好方式之一，就是为他建祠立庙。恰好在同治九年（1870）郭嵩焘掌教城南书院，于是他利用这个机会，征得巡抚刘崐的支持，在书院内的南轩（张栻）祠旁，修建了一座船山祠。在这年十月初十的日记中，郭氏谈到了立祠之深意：

> 吾以山长倡建船山先生祠，一二无识之议论，屈挠之有余。不知周（敦颐）、程（颢、颐）、朱（熹）、张（载）之祭，皆由门弟子奉祀于学以为之基，朱子文集亦屡及之。楚人好议论，而学识猥陋大率如此，可笑可叹。②

这里说的"祭"指公祭，即由政府或公共团体为向英灵、逝者表示致敬、缅怀、哀悼所举行的祭奠。公祭有不同的等级，包括学祀、乡祀和文庙祀。学祀即书院祭祀，往往书院的山长即可决定，而乡祀则要府以上政府机关批准，文庙祀则要由朝廷批准。但要做到乡祀和文庙祀，首先要做到"奉祀于学"，所以郭氏说"周、程、朱、张之祭，皆由门弟子奉祀于学以为之基"。这里的"祭"是指乡祭和文庙祭，而"基"则是指以学祀为将来的乡祀和文庙祀打基础。

郭嵩焘在船山祠修好后，围绕此祠先后写过几篇文章，实际上是为船山在中国思想史上的地位做出综合的评价。在《船山先生祠安位告示文》中，郭氏写道：

---

① 王夫之：《船山全书》第16册，岳麓书社，1996，第602页。
② 郭嵩焘：《郭嵩焘日记》第2卷，湖南人民出版社，1981，第622页。

> 惟吾夫子，笃生衡阳。悟关、闽之微言，寻坠绪之渺茫。当明季之厄运，隐船山以徜徉。校诸子之得失，补群经之散亡。其立身大节，皭然不滓，与河汾、叠山以颉颃。而其斟酌道要，讨论典礼，兼有汉、宋诸儒之长。至于析理之渊微，论事之广大，千载一室，抵掌谈论，惟吾朱子庶几仿佛，而固不逮其精详。盖濂溪周子与吾夫子，相去七百载，屹立相望。揽道学之始终，亘湖湘而有光。其遗书五百卷，历二百余年而始出，嗟既远而弥芳。咸以谓两庑之祀，当在宋五子之列，而至今不获祀于其乡。如嵩焘之薄德，何敢仰希夫子而为之表章！意庶以乡贤之遗业，佑启后进，辟吾楚之榛荒。①

让我们来分析一下这段话。

“悟关、闽之微言，寻坠绪之渺茫。”关是指以张载为代表的关学，闽是指以朱熹为代表的闽学，这两派都是宋明理学中的重要派别。这句话是说船山深入领悟了宋明理学的精深微妙的理论，在渺茫的学术海洋中寻找其湮没了的源头。

“校诸子之得失，补群经之散亡。”这是说船山在学术上所从事的主要工作，是比较、研判诸子百家在理论上的得失，对儒家的经典散失的义理进行增补和发掘。

“其立身大节，皭然不滓，与河汾、叠山以颉颃。”河汾，指隋末思想家王通（503～574），字公达，南朝大臣。他开创的河汾之学在中国思想史上的主要贡献是重新发明和发展了先秦儒家的道高于君的道统思想，开启了唐代中叶和宋代的新儒学。叠山，指谢枋得（1226～1289），字君直，号叠山，信州弋阳（今江西省上饶市弋阳县）人。南宋末年著名的爱国诗人，文章奇绝，学通六经，淹贯百家。担任六部侍郎，带领义军在江东抗元，被俘不屈，在北京殉国。这句话是说，船山的志节高尚，纯净洁白不受任何污染，与王通和谢枋得不相上下。

“斟酌道要，讨论典礼，兼有汉、宋诸儒之长。”汉、宋诸儒，指汉学家和宋学家，前者长于考证，后者长于义理。这句话是说，船山在思考哲

① 郭嵩焘：《郭嵩焘诗文集》，岳麓书社，1984，第 538 页。

理或研究典章制度时，吸收了汉学和宋学两家之长，既善于说理，又善于考证。

"至于析理之渊微，论事之广大，千载一室，抵掌谈论，惟吾朱子庶几仿佛，而固不逮其精详。""千载一室"，出自明人张元凯《东览篇》"考槃一室已千载"。考槃，直译为成德乐道，喻义为隐居。朱子指朱熹。这句话是说，船山分析理论的渊博和精微，论述史事和时事的广阔和博大，犹如隐居一室，眼观千载，击掌而谈，这种水平只有朱熹与之相似，但朱氏不及船山之精确和详尽。

"盖濂溪周子与吾夫子，相去七百载，屹立相望。揽道学之始终，亘湖湘而有光。"周子，指周敦颐。周氏生于 1017 年，船山生于 1619 年，二者相去六七百年。揽，指包揽。亘，空间和时间上延续不断。这句话是说，周敦颐和王船山在历史上相距六七百年，魏然屹立，遥遥相望。他们包揽了宋明道学的始终，一个是其开山祖，一个是其总结者，他们在湖湘文化的历史上也是光辉万丈。这句话是这篇告示文中最关键、最重要的一句话，它明确地指认了周敦颐和王船山在中国思想史上的重要地位。这一观点得到当代学术界的公认。"其遗书五百卷，历二百余年而始出，嗟既远而弥芳。"王氏守遗经书屋《船山遗书》刊刻于 1842 年，金陵本《船山遗书》刊刻于 1866 年，它们距船山诞辰的 1619 年是二百余年，而距其逝世的 1692 年则有一百余年，也可谓越陈越香了。

"咸以谓两庑之祀，当在宋五子之列，而至今不获祀于其乡。"两庑，此处特指文庙大成殿东西两侧的房子，为先贤从祀之处。宋五子指周敦颐、程颢、程颐、邵雍、张载，他们都在历史上先后为朝廷批准从祀于文庙。这句话是说，人们都认为，在文庙的祭祀中，王船山可以跻身于北宋五子之列，可是至今连乡祀都没有享受到。

"如嵩焘之薄德，何敢仰希夫子而为之表章！意庶以乡贤之遗业，佑启后进，辟吾楚之榛荒。"此处的"夫子"指船山。这句话是说，我郭嵩焘德薄能鲜，不敢仰望船山先生并为之表彰。我不过是希冀以船山这位乡贤遗留的业绩，佑助启发后人，使湖南这块荒僻之地得到开发。

通过以上分析可见，郭嵩焘的这篇《船山先生祠安位告示文》虽然其直接目的是要"安"船山的"神位"，但更重要的是安了船山在中国思想史的"地位"。

郭嵩焘还在有关船山祠等的文章中，对船山学术思想做了简要的概述。他在《船山祠碑记》中说：

> 其学一出于刚严，闳深肃括，纪纲秩然，尤心契横渠张子之书。治《易》与《礼》，发明先圣微旨，多诸儒所不逮。于四子书研析尤精，盖先生生平穷极佛老之蕴，知其与吾道所以异同，于陆王学术之辨，尤致严焉。其所得于圣贤之精，一皆其践履体验之余，自然而忾于人心。至其辨析名物，研求训诂，于国朝诸儒所谓朴学者，皆有以导其源，而固先生之绪余也。①

所谓"其学一出于刚严，闳深肃括，纪纲秩然，尤心契横渠张子之书"，是说船山学术根底纯正，究理深入，条理清晰，尤其是对张载的《正蒙》一书理解特别深邃。这句话与《船山祠祭文》中所说的"惟先生根柢六经，渊源五子。养气希踪于孟氏，正蒙极诣于横渠"的意思是一致的。

"治《易》与《礼》，发明先圣微旨，多诸儒所不逮"，是说明船山在治经方面的成就。在《船山祠祭文》中，郭氏对"诸儒所不逮"有更明确的说明："于《易》《礼》尤极精求，视陈、项更标新旨。"陈指陈澔（1260~1341），字可大。南康路都昌县（今江西都昌）人，宋末元初著名理学家、教育家，朱熹四传弟子。他最有影响的著作是《礼记集说》，乃明清两代学校、书院、私塾的"御定"课本，科考取士的必读之书。项指项安世（1129~1208），字平父（一作平甫），其先括苍（今浙江丽水）人，后家江陵（今属湖北）。官至户部员外郎、湖广总领。所著《周易玩辞》一书在宋末元初颇为盛行。此书宗法程颐《易传》，而又折中诸家，断以己意，适足以补《程氏易传》尽略象数之失，一时俊彦如陈振孙、徐之祥、马端临、虞集之辈皆盛相推挹，为之作序刊刻。郭嵩焘认为，船山对《周易》和《礼记》的研究上，比陈澔和项安世的新意更多。

"于四子书研析尤精，盖先生生平穷极佛老之蕴，知其与吾道所以异同，于陆王学术之辨，尤致严焉"。这是说明船山一遵孔孟正统，反对佛老和陆王的虚玄之学。在《湘阴县图志》中，郭氏说船山"辨正陆王得失，

---

① 郭嵩焘：《郭嵩焘诗文集》，岳麓书社，1984，第 512~513 页。

精于陆氏陇其"。① 陆陇其（1630～1692），字稼书，浙江平湖人，学者称其为当湖先生。是清代初期尊崇朱熹理学、力辟陆王心学的重要思想代表。他痛切地指出明代的覆灭皆因阳明心学的兴盛流行以及程朱理学的沉沦衰微，断然地认为今之为学当尊崇程朱理学，力黜阳明心学。只有这样才能达到是非明而学术一、人心正而风俗淳。郭氏认为，船山对陆王的辨析比陆陇其更加精密。

"至其辨析名物，研求训诂，于国朝诸儒所谓朴学者，皆有以导其源，而固先生之绪余也。"这段话是说，船山在考据训诂方面也取得了巨大成就，并且开清代考据学（朴学）之先河，但这些不过是他学术成就的次要部分。

二

光绪二年（1876），也就是在城南书院修建船山祠六年之后，郭嵩焘在朝廷署礼部左侍郎，向皇帝上了一道《请以王夫之从祀文庙疏》。这道奏疏是按照咸丰十年大学士军机大臣遵旨定议："从祀文庙，以阐明圣学、传授道统为断。"所以郭氏的奏疏就是以这个调子叙述船山的学术成就：

> 我朝经学昌明，远胜前代，而暗然自修，精深博大，罕有能及衡阳王夫之者。夫之为明举人，笃守程朱，任道甚勇。值明季之乱，隐居著书。康熙时，学臣潘耒进呈其书，曰《周易稗疏》，曰《书经稗疏》，曰《书经引义》，曰《诗经稗疏》，曰《春秋稗疏》，曰《春秋家说》，皆采入《四库全书》。《国史·儒林列传》称其神契张载《正蒙》之说，演为《思问录》内外二篇，所著经说，言必征实，义必切理，持论明通，确有据依。亦可想见其学之深邃。而其他经史论说数十种，未经采取甚多。其尤精者《周易内传》《读四书大全》，实能窥见圣贤之用心而发明其精蕴，足补朱子之义所未备。生平践履笃实，造次必依礼法，发强刚毅，大节凛然。张献忠据衡州，闻夫之积学高行，索之甚急，踪迹得其父为质。夫之引刀毁割肢体几遍，舁往易父。献忠

---

① 曾国藩：《曾国藩全集·诗文》，岳麓书社，1986，第278页。

见其创甚，释之，父子皆得脱。更莅吴三桂之乱，避地深山，流离转徙，读书讲道，未尝暂辍，卒能洁身自全。艰贞之节，纯实之操，一由其读书养气之功，涵养体验，深造自得，动合经权。尤于陆王学术之辨，析之至精，防之至严，卓然一出于正，惟以扶世翼教为心。①

奏疏中申明船山几种经典稗疏及《书经引义》（《尚书引义》）、《春秋家说》被收入《四库全书》的事实，并引述《四库全书》对船山经学著作的评价"言必征实，义必切理"，还特别强调，"其尤精者《周易内传》《读四书大全》，实能窥见圣贤之用心而发明其精蕴，足补朱子之义所未备"，从而具体地说明了船山"阐明圣学"的巨大成就。奏疏还突出地强调船山的"大节"，既不应张献忠之召，又不为吴三桂写劝进表。而其神契张载《正蒙》之说，于陆王学术之辨，析之至精，防之至严，则是说明他扶世翼教之诚，传授道统之忠。

郭嵩焘这个奏疏上于光绪二年八月二十日，这年底他奉命任出使英国大臣。此时王夫之从祀案还在礼部讨论。次年，远在伦敦的郭嵩焘风闻礼部议驳，在不满之余，更担心此次驳斥将会给以后的请祀造成障碍，因为根据各部的惯例，"凡奉旨议驳之件，部臣辄援引原案，以为格于成例，不复查议"②，所以又于当年十二月九日从伦敦发出一封奏折，重申王夫之应予从祀的各种理由，并请将王夫之从祀一案"饬部存案"，暂时搁置，嗣后论定。在第二封奏折中，郭嵩焘直斥徐桐对他个人的偏见是礼部议驳的根本原因："署礼部左侍郎徐桐以臣出使西洋，为清议所不容，所请应从驳斥，昌言于众，远据曾国藩序文内'醇驳互见'之言议驳。"所以郭氏在这篇奏疏中再一次申述了船山的学术成就：

> 窃见王夫之发明程朱遗旨，博大精深，元、明诸儒，罕能及者。尤究心张子之书，以礼为宗，以复性为本，以刚毅正大为学，穷极讨论，本末完备，体用兼赅。原任刑部侍郎臣吴廷栋称："于性理所得最深，推王夫之为朱子以后一人。"

----

① 郭嵩焘：《郭嵩焘全集》第 4 册，岳麓书社，2012，第 798～799 页。
② 郭嵩焘：《郭嵩焘全集》第 4 册，岳麓书社，2012，第 837 页。

吴廷栋（1793～1873），字彦甫，号竹如，安徽霍山人。道光五年拔贡，授刑部七品小京官，后迁郎中。廷栋少好宋儒之学，入官益植节厉行，蹇蹇自靖。郭嵩焘引用吴廷栋的话，是为了表明，不只是湖南人说船山好，外省人也说他好。

所谓"曾国藩序文"，是指曾氏的《王船山遗书序》。序中有句话："虽其著述大繁，醇驳互见，然固可谓博文约礼，命世独立之君子已。"① 针对"醇驳互见"一语，郭氏这篇奏疏中指出：

> 臣尝与曾国藩辩论王夫之遗书"醇驳"之旨，曾国藩亦以吴廷栋之言为允当。而谓"醇驳互见"，在考证之疏密，无关学术之精微，即朱子经说，国朝诸儒纠正其失，有证之经传，确然见朱子之疏略，而固无损其大端。宋儒蔡沈《书传》，元儒陈浩《礼记集说》，所释只一经，一皆循用孔安国、郑康成旧说，稍加疏畅，列在学宫，并得从祀。王夫之经说繁多，疏证推衍，或间有缺误，而如《周易内传》《读四书大局（全）》，实能羽翼经传，示人以规矩准绳之极则，方之诸儒，尤为纯实。②

郭嵩焘上折请饬部存案以后，又"分咨礼部及湖督及南抚（湖南巡抚）"③，动用一切资源来挽回。但是无济于事，上谕认为"从祀典礼关系綦重，部臣议准议驳，自有公论。郭嵩焘因廷臣议驳明儒王夫之从祀文庙，辄以私意揣测，疑为故意驳斥，并请饬部存案，语多失当，殊属非是。原折着掷还"。④ 这次被驳，背后主其事者是署礼部左侍郎徐桐。掷还的日期，《德宗实录》系于"光绪四年二月壬寅"，但是《翁同龢日记》在同年八月初五日有如下记载："是日巳刻，内阁会议张伯行、王夫之从祀庙廷，张清恪准，王船山驳，皆礼部主稿。"日记中还有小字注解："驳稿略摭《四库提要存目》中语，断为不足羽翼圣经，继承运统"，同日的《王文韶日记》

---

① 曾国藩：《曾国藩全集·诗文》，岳麓书社，1986，第 278 页。
② 郭嵩焘：《郭嵩焘全集》第 4 册，岳麓书社，2012，第 836～837 页。
③ 郭嵩焘：《郭嵩焘日记》第 3 卷，湖南人民出版社，1982，第 57 页。
④ 郭嵩焘：《郭嵩焘全集》第 4 册，岳麓书社，2012，第 838 页。

也证明了这一点。① 这说明，郭嵩焘第二次上疏的确是"以私意揣测，疑为故意驳斥"，所以"语多失当"。尽管如此，但却反映郭嵩焘对船山充满了感情。所以光绪六年（1880）四月十三日当他听友人说宋儒广辅已经在一年前经浙江巡抚梅小岩之奏，入祀文庙时，他说，广辅之言"皆浮浅无甚精意。一经浙抚奏请，部臣无肯议驳者。因忆及光绪二年署礼部左侍郎，奏请王船山先生从祀两庑，而请饬南抚查开其事迹并其遗书。寓书乡人，属具呈另行题奏。而为李辅堂（桓）所持，事寝不行。徐桐〔荫〕轩方任礼部尚书，立意议驳。船山之学，胜于庆源（广辅）奚止百倍，即王夔石（文韶，时任湖南巡抚）之声光，亦百倍胜于梅小岩。吾楚人不务表章先达，竟无一能主其事者。闻浙抚此奏，为之垂涕竟日。"②

既然朝廷不批准船山从祀文庙，郭氏在家乡闲居时便创立思贤讲舍，专祀船山先生。讲舍在光绪七年（1881）九月初一日船山生日这一天开讲。郭嵩焘在这一天的讲会上说："禁烟公社与思贤讲舍相附丽。初定章程岁凡四集，以屈子（原）、周子（敦颐）及船山先生及曾文正公生日，略志景仰先贤之意。今岁开立思贤讲舍，专祀船山先生，即日开馆，及九月朔日祭期，为春秋两次会讲，以后当遂为定例。"郭氏还将从衡阳船山祠摹拓而来的船山像悬挂在思贤讲舍，并写了《船山先生像赞》：

> 濂溪浑然，其道莫窥，幸于先生，望见端崖。
> 约礼明性，达变持危，阐明正学，是曰先知。
> 二百余年，星日昭垂，私心之契，旷世之师。③

值得注意的是，由于郭嵩焘等人的努力，在郭氏有生之年，船山虽未能从祀文庙，但却入祀了乡贤祠。据王闿运在《船山书院记》中说，1885年，彭玉麟向朝廷报告已将衡阳船山书院迁至东洲，请求指示衡州分巡道将书院应办事宜议定举行，并且请求将南城的书院"旧址改作船山祠宇，饬有司春秋致祭"时，当年七月十八日，湖南巡抚准礼部咨开五月二十四

① 段志强：《顾炎武、黄宗羲、王夫之从祀孔庙始末新考》，《史学月刊》2011 年第 3 期。
② 郭嵩焘：《郭嵩焘日记》第 4 卷，湖南人民出版社，1983，第 43 页。
③ 郭嵩焘：《郭嵩焘诗文集》，岳麓书社，1984，第 544 页。

日本部覆奏："王夫之既入乡贤，例由地方官春秋致祭，改建祠宇，未免重复。至所建船山书院，应如所奏，责成衡州分巡道主持。"这一批复可以确证船山已经入祀乡贤祠。王氏在《邗江王氏族谱序》中说："郭嵩焘尤好之（指船山学说），建思贤讲舍于省城祀船山，又请于朝，谓宜从祀文庙，议格不行。及入为兵部侍郎，再请之，礼部依例行文衡阳，始祀之乡贤，继则从祀孔子。"郭嵩焘奏请将船山从祀文庙只有一次，时间是光绪二年（1876）。这说明，船山入祀乡贤是在郭嵩焘的奏请从祀文庙不久。

三

郭嵩焘对船山在中国学术史上地位的深刻认识，与他对船山著述的深入学习和研究是分不开的。限于篇幅，此处不拟详论。往下，我们想着重介绍一下郭氏是如何"师船山之言以立身"的。郭嵩焘在同治九年（1870）的日记尝言："玩圣人'吾非斯人之徒与而与谁与'一言，有多少包涵，多少运量，使人褊急狭隘之心，至此全无所容。船山处乱世，几欲离人而立于独，气象又别。师船山之言以立身，体圣贤之心以应物，其庶几乎。"写这段日记时，郭氏正以城南书院山长的身份，修建船山祠。联系前面介绍的他有关船山祠的文稿，可以看出，郭氏不仅认为船山的著作学术价值很高，而且还对人的身心修养有益。所以郭氏自觉地将船山思想运用到自己的生活和工作之中，以之作为观察问题和处理问题的方法论指导。

其一，用船山思想观察人物。郭氏曾多次引用船山在《俟解》中说的一段话："末俗有习气，无性气。其见为必然而必为，见为不可而不为，以婷婷然自任者，何一而果其自好自恶者哉？皆习闻习见而据之，气遂为之使者也。习之中于气，如瘴之中人，中于所不及知。而其发也，血气皆为之溏涌。故气质之偏，可致曲也，嗜欲之动，可推以及人也；惟习气移人，为不可复施斤削。"在咸丰十一年（1861）四月十二日的日记中，他在引用了此段话之后说：

以此观天下之人才，考求士大夫之议论，其超出习气之外者，能几人哉。①

同年七月二十日日记又记，左宗植向他介绍衡阳驱逐洋人以及省城长沙人会议不准洋人入城，以此为"士气"。"吾谓夷人顷所争，利耳，并无致死于我之心。诸公所谓士气，乃以速祸而召殃者也。"他再次引用船山这段话，接着指出：

> 伟哉言也。自汉以来，惟宋人道学之禁，由小人狃侮君子，然害不及于其身，而道益明，君子无损也。汉人则多尚气节而不明理，而其气之盛，自足以贯金石、感鬼神，而不可磨灭。明人多托以为名，而气嚣焉。其反也，而馁以至今日。朝廷之上，靡焉气尽。而为士者，习闻汉、明以来之气节而浮慕之，乃以其随波而靡者谓之士气。言者悻然，闻者茀然，问以事之本末，理之是非得失，茫然莫能知也。庄生之言曰：与物相刃相靡，其行尽如驰而莫能止，可不谓大哀耶？君子辨乎此，然后可与论事，可与论道。②

这些话告诉我们，立身处世，不要为一时的所谓"士气"所左右，要有自己的主见。咸丰十一年三月十四日，郭氏日记记道："船山先生云：'气之泓（急也）也，其中消也，如老疾者之喘气，本不盛而出反促也。'明以来之所谓气节也，皆气之消也。非知道之君子，谁与辨之。"③ 这段话与前面所说的意思大体上是相同的。

在同治四年（1865）五月十三日，郭氏在日记中记道：

> 与澄帅（瑞麟，字澄泉）论事不合，至加以舐排攘斥。褊性如此，不宜仕宦允矣。横渠（张载）言："士君子处治朝则德日进，处乱朝则德日退。"与诸公处，又安望德之进哉！船山先生曰："君之举臣，士之交友，识暗而力柔者，绝之可也。"以徇私见好为局度，以冥行妄断

① 郭嵩焘：《郭嵩焘日记》第 1 卷，湖南人民出版社，1981，第 450 页。
② 郭嵩焘：《郭嵩焘日记》第 1 卷，湖南人民出版社，1981，第 470 页。
③ 郭嵩焘：《郭嵩焘日记》第 1 卷，湖南人民出版社，1981，第 443 页。

为力量，急入于迷途而不知返，吾未如之何也已矣。"①

郭氏日记中所引船山的这段话，出自《读通鉴论》卷四《汉宣帝》。写此日记时，郭氏任署理广东巡抚，时两广总督是瑞麟，两人之间矛盾闹得很尖锐。所以郭氏有此说。同年七月二十一日的日记又记："督辕（指瑞麟）以鄙人出省御贼（指抗击太平军余部）。大触忌讳，再四不可，议论离奇，司道等至传以为笑。"郭氏在再次引证船山上述那句话之后接着说："识暗而情愈僻，力柔而毒愈深，澄老当之。"②

其二，用船山思想制驭夷狄。在同治元年（1862）四月间，郭嵩焘在日记中抄录了王船山《诗广传》中不少论述，其中有一条是："善御夷者，知时而已矣。我成未定，靡使归聘，守也。岂敢定居，一月三捷，战也。采薇之诗，迭言战守，而无成命，斯可以为御夷之上策矣。"这里讲的"成命"指既定的方案。就是说，对付夷狄没有固定的方案，一切都以时机为转移。两天之后，郭氏又在日记中记道：

> 沅浦（曾国荃）寄示冯敬亭（桂芬）《驭夷宜知夷情议》。敬亭所知者，今日之夷情也。其于理势相因之数，利害倚伏之原，古今立国自强之大略，则尚未之及也。三年前有知此义者，犹可控御夷人，使不致横决。今日只是将就而已。举世尽恍然于夷情之不能越也，而于事固已无济矣。③

郭嵩焘是当时中国最了解洋务的人，朝廷大臣都以"精透洋务"来称赞他。而郭氏洋务思想的一个重要特点，就是吸收王船山的哲学思想，反复强调要以理制胜：

> 天下事，一理而已。理得而后揣之情，揆之以势，乃以平天下之险阻而无难。汉、唐以来，控御夷狄之规模有得有失，而理、势、情

---

① 郭嵩焘：《郭嵩焘日记》第 2 卷，湖南人民出版社，1981，第 247 页。
② 郭嵩焘：《郭嵩焘日记》第 2 卷，湖南人民出版社，1981，第 293 页。
③ 郭嵩焘：《郭嵩焘日记》第 2 卷，湖南人民出版社，1981，第 28 页。

三者必稍能辨其大概，然后可以制一时之胜而图数十年之安。南宋以后，议论胜而士大夫之气嚣，此道遂绝于天下数百年。天下大势之功效，亦略可睹矣。①

船山在《诗广传》中说过："顺逆者，理也，理所制者，道也；可否者，事也，事所成者，势也。以其顺成其可，以其逆成其否，理成势者也。循其可则顺，用其否则逆，势成理者也。故善取者之虑民，通乎理矣；其虑国，通乎势矣。"② 从前面郭嵩焘对《诗广传》的重视，我们不难理解他对船山理势观把握的纯熟。

其三，运用船山思想观察和处理各种事务。这突出地表现在对"几"的重视。

"几"这个概念在周敦颐和王船山的著作中用得比较多。船山说："几者，动静必然之介，伸必有屈，屈所以伸，动静之理然也。"③ 又说："天下不可易者，理也；因乎时而为一动一静之势者，几也。"④ 郭嵩焘继承了他们的思想，十分重视"几"。他说：

> 尝论天下事只坐一"几"字。非徒大政之行，大变之生，知几之君子所必争也，一事之成毁，一言之从违，与夫人心一日之向背，皆有几焉。几一滞而百端为之壅塞。周子屡言几，诚哉其知天人之变而妙理势之通者也。⑤

郭氏认为，具体来说，知"几"有以下好处：首先，有助于增强人的预见性。他尝言："朱子（熹）谓天理人欲之分只争些子，故周子（敦颐）言几。争辩之不可不早也，故横渠（张载）言豫。圣人之治天下，几而已矣。黎民于变时雍，几也。俾予从欲以治，四方风动，几也。……圣人研

---

① 郭嵩焘：《郭嵩焘诗文集》，岳麓书社，1984，第 149 页。
② 王夫之：《船山全书》第 3 卷，岳麓书社，1992，第 421 页。
③ 王夫之：《船山全书》第 12 卷，岳麓书社，1992，第 212 页。
④ 王夫之：《船山全书》第 10 卷，岳麓书社，1992，第 527 页。
⑤ 郭嵩焘：《郭嵩焘诗文集》，岳麓书社，1984，第 153 页。

几以成天下之务，豪杰审几以赴事机之会。知几其神乎，不知此者难矣。"①
"豫"通预，《荀子·大略》："先患虑患谓之豫，豫则祸不生。"郭嵩焘所
谓"横渠言豫"正是此义。其次，有助于个人进退出处，身心修养。咸丰
十年（1860）郭嵩焘在致曾国荃兄弟的信中，谈到自己奉旨赴山东检查税
务很有成效，但受到官僚们"群起而挠之"时，写道："于是观化审时，以
有悟于盈虚消息之理，而慨然奉身以退。周子知道之用者，曰诚曰几。天
下有大几焉，一事有一事之几焉。愚者昧之，相与持其成毁得失之迹，以
议其后，君子弗尚也。此兄之志也。"② 所谓"有悟于盈虚消息之理"，就是
善于观察和分析形势，及时把握天下之"大几"，在政治上做到能进则进，
不能进则"慨然奉身以退"。最后，有助于增强人们处理问题的识力。郭氏
曾说："处天下事，以识为本。识有二，有大局之远识，有一事之深识。大
局之远识，周子之所谓几也；一事之深识无他，明乎理与势而已。"③ 对于
此理，他还曾引用船山《诗广传》中的话以说明："君子之事天，知其理，
迎其几，观其通，敬其介；小其心，勿张其志；知其日益，弗惧其日远。"④
在他看来，君子之事天，并不是消极的、被动的，只要"知其理，迎其
几"，便有可能充分发挥自己的主观能动性。

2018 年是郭嵩焘 200 周年诞辰，2019 年则是船山诞辰 400 周年，谨以
此文为两公寿诞颂。

① 郭嵩焘：《郭嵩焘日记》第 1 卷，湖南人民出版社，1981，第 499 页。
② 郭嵩焘：《郭嵩焘日记》第 1 卷，湖南人民出版社，1981，第 411 页。
③ 郭嵩焘：《郭嵩焘日记》第 1 卷，湖南人民出版社，1981，第 506 页。
④ 郭嵩焘：《郭嵩焘日记》第 2 卷，湖南人民出版社，1981，第 31 页。

近代外交两巨星

——郭嵩焘与陈兰彬比较研究

王　杰[*]

摘　要：晚清时局之艰辛，外交之困顿，百代犹未闻。光绪元年（1875），清廷新旧更替伊始，外交国策呈现开新气象，首次向欧美派遣使臣，郭嵩焘和陈兰彬成为中国历史上第一批派驻欧美的公使，为曾经闭关自守、外事被动的清朝政府，翻开了与西方列强正式交往的新篇；使臣二人筚路蓝缕，不辱使命，由此齐名海内外。本文将郭嵩焘和陈兰彬做一初步比较研究，阐释了两位外交家的先驱形象，揭示近代中国走向世界的艰辛历程，为现代外交提供历史的镜鉴，以进一步增强中国与世界对话的文化自信。

关键词：郭嵩焘　陈兰彬　近代外交

晚清时局之艰辛，外交之困顿，百代犹未闻。光绪元年（1875），清廷新旧更替伊始，外交国策呈现开新气象，首次向欧美派遣使臣："光绪建元，郭嵩焘、陈兰彬诸任分使英美，是为中国遣驻使之始。"[①] 由是，生于忧患、抗争于忧患的郭嵩焘和陈兰彬，成为中国历史上第一批派驻欧美的公使，为曾经闭关自守、外事被动的清朝政府，翻开了与西方列强正式交往的新篇；使臣二人筚路蓝缕，不辱使命，由此齐名海内外。

陈兰彬 1816 年生于广东吴川，郭嵩焘 1818 年生于湖南湘阴，相差两岁，乃同辈人，两人又同出于南方邻省乡间；他们都是传统文化熏陶之儒士，科举出身，郭氏 1847 年中进士，比陈氏早 6 年。他们的入世经历极为相似，诸如考中进士、入翰林院、办团练、参与军务和洋务、出使欧美、任职总理衙门等。但是两人的洋务思想、外交思想及事功、对于后世的影

---

　　* 王杰，广东省社会科学院研究员。
　　① 赵尔巽等撰《清史稿》卷212《交聘年表上》，中华书局，1977，第8781页。

响，有所不同。

本文试图将郭嵩焘和陈兰彬做一初步比较研究，以阐释两位外交家的先驱形象，揭示近代中国走向世界的艰辛历程，为现代外交提供历史的镜鉴，以进一步增强中国与世界对话的文化自信。

一　出道经历相似：科举入仕，洋务经世

开风气之人物，必有过人之能力与胆识。郭嵩焘与陈兰彬的人生经历极为相似，两人皆进士出身，入翰林院，跻身于朝廷的精英阵营，很快两人都从翰林院大步走出，协办团练，参与军务；同在"从军"过程中，接触西方"器物"，开眼看世界，不断开新传统的经世理念，在向慕西方的"物质文明"和"精神文明"的同时，积极参与洋务实践，进而有机会被赏识，走出国门，成为第一批出使欧美的外交官。概言之，两人从文到武，从"军务"、"洋务"转向"外务"，从乡间到朝廷乃至走向世界，这些"急""曲"的转变、"中""西"纵横的阅历、传奇的事功，在同时代的传统文人和士大夫之中是十分罕见的，由此可窥视两人有着独特的能力与胆识。

郭嵩焘（1818～1891），字伯琛，号筠仙，湖南湘阴人。道光十七年（1837）举人，二十七年（1847）进士，授翰林院庶吉士；二十九年（1849）因父母去世，丁忧在籍守制。咸丰二年（1852）随曾国藩办团练，七年（1857）以军功特授翰林院编修，八年（1858）入值南书房，九年（1859）赴天津协助僧格林沁办理海防。同治元年（1862）任苏松粮储道，次年改授两淮盐运使，旋署广东巡抚，五年（1866）开缺回籍。光绪元年（1875）授福建按察使，旋以侍郎后补充出使英国大臣，又改署兵部左侍郎，行走于总理衙门；次年出使英国，四年（1878）兼使法国，翌年任满回国，归里讲学著述。① 简言之，郭嵩焘的人生轨迹是从科举，入翰林，参军务，办洋务，使欧洲，最后辞职归里讲学著述。

陈兰彬（1816～1895），字荔秋，广东吴川人。道光十七年（1837）获优贡生，授翁源训导不就，入京师国子监；二十六年（1846）再度赴京求

① 郭嵩焘：《郭嵩焘全集》第 1 册，岳麓书社，2012，第 2～9 页。

学，又游历西北；咸丰元年（1851）顺天府举人；三年（1853）进士，授翰林院庶吉士，充国史馆纂修，旋经直隶总督桂良奏调，赴直隶军营，奖给六品翎顶；六年（1856）改刑部主事江西司行走、山东清吏司主稿；八年（1858）由两广总督黄宗汉奏调办理夷务；十年（1860）丁母忧还乡，高文书院山长。同治二年（1863）参与剿灭陈金钉，以军功升四品衔，赏戴花翎；守制满，入京补原官；三年（1864）丁父忧回籍；六年（1867）守制满，回京供职；八年（1869）由直隶总督曾国藩调用；次年任上海机器局兼上海广方言馆总办；十一年（1872）任出洋肄业局总办，率第一批官费学童赴美肄业；十二年（1873）赴古巴调查华工受奴役与迫害情事；十三年（1874）奉调回国，协助总理各国事务衙门与西班牙的谈判。光绪元年（1875）以三四品京堂候补赏二品顶戴担任出使美日秘三国大臣，次年（1876）授太常寺卿；四年（1878）补宗人府府丞，赴美国履任，设驻华盛顿使署和驻旧金山领事馆；五年（1879）赴西班牙履任，设驻马德里使署和驻古巴岛领事馆，擢都察院左副都御史；六年（1880）设驻夏威夷国商董，代办外交事宜；七年（1881）奏请改驻夏威夷国商董为领事；八年（1882）任满回国，任总理各国事务大臣，先后署兵部右侍郎、充壬午科乡试较射大臣；九年（1883）先后任癸未科会试复试阅卷大臣、武会试较射大臣、署礼部左侍郎；十年（1884）因病开缺，回籍讲学著述。① 陈兰彬的人生轨迹，与郭嵩焘极其相似，同是科举入翰林，协办军务，参与洋务，出使欧美，期满回国任职，晚年告病还乡讲学著述。

从早期人生阅历来看，两人皆考中了进士，入职翰林，若是安于现状，亦可安逸一生，但是两人思想趋新，均选择参与正在兴起的"洋务"事业，让人生增添了新的挑战，进而成就了一番"流芳千古"的功业。

郭嵩焘与陈兰彬于何时何地相识，待考。目前，从关于郭嵩焘的史料中，寻觅出他们结识是在陈兰彬丁忧期间。其时，陈氏居乡，正逢陈金钉率起义军进攻高州，占据了信宜等地，声势浩大，整个高州府为之震惊，人心惶惶，百姓逃亡他乡，农作和商贸几至废弛。陈兰彬挺身出谋划策，协助官军成功剿灭了陈金钉起义军。郭嵩焘此间任广东巡抚，因陈金钉起事而闻知陈兰彬之名。郭氏于同治二年九月十八日上奏《官军迭破高州贼隙匪

---

① 陈兰彬：《陈兰彬集》第 1 册，广东人民出版社，2018，第 2 页。

党斩献首逆投诚折》曰："昆寿于收队后，登将军岭瞭看，见贼依险设防，巢穴甚固，若由外攻入，必至多伤士卒，不如乘贼震慑之时，诱其内应。先是，有主事陈兰彬，教授陆达务，举人李崇忠、梁玉琳，职员陈观泰等，屡诣护高州镇施溥、高廉道秀英、前高州府蒋立昂处面称：嵩坡、石骨各巢内有被胁之匪李安、余巧珍、何九二等，原系信宜、茂名殷户，被掳胁从，向因无路可归，今愿立功赎罪等语。是夜，李安于贼中放火为号，经昆寿派令把总陆能富、谢廷安、钟美玉、陈成邦带领兵勇，衔枚驰赴，从外杀人，李安由内杀出，内外夹击，贼猝不及防，斩毙甚众，余匪拼命逃逸，遂将嵩坡克复。拔出难民一千二百余名，酌给饭食，移扎安良堡，听候调遣。"① 又在同年十月十五日上奏的《收复信宜县城解散匪党折》提及了陈兰彬的功绩："而贼将郑金闻楚军万余人将次到境，甚为胆寒，遂密约刘超袭杀陈逆，率众来归。嗣于九月十五日献出信宜县城。自是以来，大井东岸之匪均知失势，亦各幡然归顺。昆寿等初尚虑其人数过多，或贻后患，当传绅士陈兰彬等面商。据称：该匪等大半系茂名、信宜农民，从前被匪逼胁，并非甘心从逆，今幸首恶就诛，恩准招抚，伊等怀德畏威，保无他变。昆寿等允其所请，遂饬副将方耀及代理信宜县知县陈廷耀入城安抚。该首民等伏地流涕，金谓得见官军，复睹升平之世，本籍被胁之民，欢然归里，共庆更生。其籍隶广韶各府及广西、湖南者，分别给与验票、川资，委员弹压，分路遣散，并令郑金等另派头目，沿途照管。……蓝翎刑部候补主事补缺后升用员外郎陈兰彬，侦探贼情，深中窾要，连年办理防剿，督团击贼，此次招抚尤得其力，拟请先换五品顶戴，并赏换花翎。"② 郭嵩焘奏折获准，据《同治实录》十一月初五日（1863 年 12 月 15 日）载上谕："以克复广东信宜县城，予提督昆寿优叙，赏在籍主事陈兰彬五品顶戴花翎。投城贼目郑金更名绍忠，刘超更名维义，并赏职衔有差。"③ 其后，郭嵩焘在同治四年二月二十四日上奏《粤省新捐军需经费第五次开单请奖疏》提道："刑部候补主事陈兰彬捐银一千八百七十五两，请加七级，给予

---

① 郭嵩焘：《官军迭破高州贼隘匪党斩献首逆投诚折（同治二年九月十八日）》，载《郭嵩焘全集》第 4 册，岳麓书社，2012，第 23～24 页。

② 郭嵩焘：《收复信宜县城解散匪党折（同治二年十月十五日）》，载《郭嵩焘全集》第 4 册，岳麓书社，2012，第 29～31 页。

③ 《穆宗毅皇帝实录》第 2 册，《清实录》第 46 册，中华书局，1985，第 751 页。

祖父母、父母从二品封典，将本身妻室应得封典，貤封胞叔婶。"①

郭嵩焘在同治五年三月十二日的日记中，录载高廉道英秀谈及陈兰彬富有学识："英芝山、陆存斋先后至省。英君言高州绅士陈兰彬之外，尚有举人张元亨者，亦绅士中之有学识者也。"② 英秀大有举荐之意，因陈兰彬时在丁忧守制，故英秀举荐了张元亨。另外，丁日昌与郭嵩焘、陈兰彬都有交际，或有居中介绍之可能。同治二年，广东提督昆寿西行高州围剿陈金釭起义军，丁日昌随行协助，陈兰彬作为本地士绅经常出入其军营出谋划策，两人此间相识。其后，丁日昌凯旋省城，与署理广东巡抚郭嵩焘往来政务，存在举荐陈兰彬的可能。同治三年十二月初六日，两江总督曾国藩记录了此时署理苏松太兵备道丁日昌到访，并举荐了陈兰彬，"丁雨生说：……陈兰斌，广东人"。③ 至于郭嵩焘本人，则认为陈兰彬"书生"出身，却是甚为务实。其日记有载："（同治十一年）六月初一日甲寅，出门酬应，因过筦叔，度其必归家也，至则筦叔甫下车，得一叙谈。诣曾劼刚，见陈俪秋上曾文正一禀，盖方出使西洋，闻文正之丧，缕述所办情形，焚告文正之灵也。考究所办情形，烦费过多，终恐于事无补，盖犹书生之见矣。"④ 陈兰彬对家乡的"父母官"郭嵩焘，自是认可有加，其致函朱学勤赞曰："故乡父老叠次驰函问策，策将安出？嗟乎！安得如郭筠仙、蒋香泉稍有生气者复为广东大吏也！"⑤

郭嵩焘与陈兰彬出仕有相似的经历，事业发展却大不相同，在近代史上的知名度也大相径庭。这或与两人的性格、洋务实践、洋务理念的差异相关。关于两人洋务理念的差异，着实值得探讨。限于篇幅，恕未能展开。

二　使臣风貌相彰：使命担当，筚路开先

郭嵩焘以出使欧洲而闻名，陈兰彬则是出使欧美而饮誉。作为清廷的

① 郭嵩焘：《粤省新捐军需经费第五次开单请奖疏（同治四年二月二十四日）》，《郭嵩焘全集》第 4 册，岳麓书社，2012，第 314 页。
② 郭嵩焘：《郭嵩焘全集》第 9 册，岳麓书社，2012，第 204 页。
③ 曾国藩：《曾国藩全集》第 18 册，岳麓书社，2011，第 118 页。
④ 郭嵩焘：《郭嵩焘全集》第 9 册，岳麓书社，2012，第 533 页。
⑤ 陈兰彬：《致朱学勤函（同治九年五月十九日）》，载《陈兰彬集》第 3 册，广东人民出版社，2018，第 30 页。

第一批使臣，他们勇于担当、筚路开先的使命与风貌是一样的；其忍辱负重，艰难开拓外交事业，努力建树朝廷形象的事功是相通的。而由于两人的出使任务、正副使的协作、使团成员的挑选和任用、出使日记、外交成果等方面有许多不同之处，在具体的出使情状中却呈现出迥异的表征（见表1）。

表 1　郭嵩焘、陈兰彬出使对比

	郭嵩焘使团	陈兰彬使团
驻扎国名	英国、法国	美国、日斯巴尼亚国、秘鲁
驻扎国数	2	3
所属地域	欧洲	北美洲、欧洲、南美洲
任命时间	光绪元年七月二十八日（1875 年 8 月 28 日）	光绪元年十一月十四日（1875 年 12 月 11 日）
出发时间	光绪二年十月十七日（1876 年 12 月 2 日）	光绪四年正月二十八日（1878 年 3 月 1 日）
抵达时间	光绪二年十二月初八日（1877 年 1 月 21 日）	光绪四年九月初六日（1878 年 10 月 1 日）
卸任（奏折日期）	光绪五年正月初四日（1879 年 1 月 25 日）	光绪七年十月初四日（1881 年 11 月 25 日）
回国（抵沪日期）	光绪五年三月初五日（1879 年 3 月 27 日）	光绪八年二月初五日（1882 年 3 月 23 日）

郭嵩焘与陈兰彬先后使外，其出使背景和目的完全不一样。郭嵩焘出使英国的背景是英国传教士马嘉理在云南被杀，清政府遣使道歉，并驻扎英国，易于两国沟通协调。李鸿章致函总理衙门，汇报与英国驻华公使商讨之结果，第一条是要遣使赴英道歉，第二条是遣使要众所周知："嗣接李鸿章来函，据称：初七等日与梅辉立、威妥玛先后会晤，该使等谓有六条均须办到，滇事易结，和局可保。一、须速派一二品实任钦差大员至英国通好，说明滇案朝廷并无他意。二、遣派使臣必请明发谕旨，使中外共知。"[1] 总理衙门在遣使奏折中也写得明白："兹因英国翻译官马嘉理在滇省边界被戕一案事，阅半年有余，云南巡抚尚未查办明确，该国使臣威妥玛

---

[1] 《总署奏英使在津向李鸿提出滇案六条借端要挟片　附略二件》，载《清季外交史料》第 1 册，湖南师范大学出版社，2015，第 42 页。

欲求中国办理各节，业经臣等于密片内详细声叙。查出使各国一事，本属中国应行举办，现在威妥玛既以马嘉理被戕一案，力求中国派员到彼国以为修好起见，臣等公同商酌，应无庸过为峻拒致令藉词启衅。……又奉上谕：候补侍郎郭嵩焘、候补道许钤身著充出使英国钦差大臣，许钤身著赏给二品顶戴。"① 这些信函和奏折，字里行间都清晰表述，出使英国是"谢罪之行"，并不是什么好差事。郭嵩焘多次借故请辞不准，终归领旨受命。郭嵩焘在日记中记录了光绪二年七月十九日觐见慈禧太后时的情景，不免流露了勉强之心态："（郭）答：臣本多病。今年近六十，头昏心忡，日觉不支，其势不能出洋，自以受恩深重不敢辞。及见滇案反覆多端，臣亦病势日深，恐徒使任过，孤负天恩，不敢不先辞。（慈禧）问：此时万不可辞。国家艰难，须是一力任之。我原知汝平昔公忠体国，此事实亦无人任得。汝须为国家任此艰苦。又顾柏王言：他于此实是明白，又肯任劳任怨，实亦寻他几个不出。又谕云：旁人说汝闲话，你不要管他。他们局外人，随便瞎说，全不顾事理。……谕：这出洋本是极苦差事，却是别人都不能任。况是已前派定，此时若换别人，又恐招出洋人多少议论，你须是为国家任此一番艰难。慈安太后亦云：这艰苦须是你任。"② 郭氏的出使，表现的是对使命的担当。

与郭嵩焘使团的目的不同，陈兰彬出使美、日、秘三国，主要使命是保护美洲华侨，维护华工权益。自鸦片战争后，国门洞开，沿海百姓或主动出洋谋生，或被"卖猪仔"出洋，惨遭虐待，境况惨过黑奴。李鸿章在奏请遣使的奏折中强调："伏查华民在东西南洋各岛人数不下百万，春间王大臣等议办海防，本有招致各岛华人之议，但平时既无相为维系之心，则有事何以动其尊亲之念。今若于秘鲁、古巴各岛，分别遣使设官，拯其危急，从此海外华民皆知朝廷于绝岛穷荒，尚不忍一夫失所，忠义之心不禁油然而动，有裨大局，诚非浅鲜。"③ 另一份奏折中又呼呼："秘鲁各岛，臣

① 《总署奏请派驻英国公使片　附上谕》，载《清季外交史料》第 1 册，湖南师范大学出版社，2015，第 46~47 页。

② 郭嵩焘：《郭嵩焘全集》第 10 册，岳麓书社，2012，第 45 页。

③ 《直督李鸿章等奏请设驻秘鲁使臣保护华工片（光绪元年七月初十日）》，载《清季外交史料》第 1 册，湖南师范大学出版社，2015，第 29 页。

等请分遣使臣，所以保护既往之华人也。"① 陈兰彬使团前往华工较多、受虐境况严重的美、日、秘三国。此前，陈兰彬曾于同治十二年前往日斯巴尼亚（即西班牙）的殖民地古巴岛调查华工受虐情状，容闳亦于同治十三年前往秘鲁查访华工情况，并写成报告。总理衙门根据两人关于两国的调查报告，与西班牙和秘鲁两国谈判，商定保护华工条款。鉴于其时外交人才短缺，陈兰彬使团承担了出使美国、西班牙和秘鲁三国的外交任务。这三个国家，横跨大西洋欧美两大陆，在海运依旧不发达的年代，来回奔波已经不易，尤其是在美洲排华的恶劣国际环境下，陈兰彬设立领事保护华人，交涉排华案件，控诉霸权、伸张正义，其所面临的困境和肩负的责任，远远超过了郭嵩焘。总理衙门曾评价陈兰彬"识见远大，志趣纯正，人亦能耐劳苦，办事切实不浮"，② 可谓恰如其分。

另外，两人递交的国书也说明出使目的不同。郭嵩焘向英国递交的不是一般的国书，而是《大清国皇帝致大英国后帝惋惜马嘉理国书》，文曰："大清国大皇帝问大英国大君主五印度大后帝好。朕诞膺天命，寅绍丕基，眷念友邦，永敦和好。光绪元年正月间，贵国翻译官马嘉理持有护照，由缅甸至滇省边境被戕，并将同行副将柏乐文击阻。朕特派湖广总督李瀚章前赴滇省秉公查办，并降旨令各直省督抚通饬所属地方官，遇有执持护照之人入境，照约妥为办理。经李瀚章查明奏请，将都司李珍国等分别治罪。二年六月，朕又特派文华殿大学士、直隶总督、一等肃毅伯李鸿章，为便宜行事大臣，前赴山东烟台，会同贵国钦差大臣威妥玛，将前案筹办完结。经李鸿章复奏，贵国钦差大臣威妥玛以为，惩其既往，不若保其将来。朕特降旨，著照所请，将李珍国等应得罪名加恩宽免。仍谕令各直省督抚懔遵上年谕旨，照约保护，并著总理衙门拟定告示咨行各省遵办，以期中外相安。惟马嘉理持照入滇边境，惨遭被害，不但有关生命，并致几伤和好，朕深为惋惜。兹特简钦差大臣，署礼部左侍郎、总理各国事务大臣郭嵩焘，前赴贵国代达衷曲，以为真心和好之据。朕知郭嵩焘干练忠诚，和平通达，办理中外事务甚为熟悉。务望推诚相信，得以永臻友睦，共享升平，谅必

① 《直督李鸿章等奏请保护秘鲁华工谨防诱拐片（附上谕）》，载《清季外交史料》第 1 册，湖南师范大学出版社，2015，第 29 页。

② 总理衙门：《呈出使及办理中外文务陈兰彬等员履历单（光绪元年五月十四日）》，载《录副奏片》，中国第一历史档案馆藏。

深为欢悦也。光绪二年八月初六日。"① 陈兰彬递交的国书，是正常的外交国书，文曰："大清国大皇帝问大亚美利驾合众国大伯理玺天德好！贵国与中国换约以来，睦谊攸关，凤敦和好。兹特简赏戴花翎二品顶戴太常寺卿陈兰彬，出使为驻扎贵国都城钦差大臣，以二品顶戴道员容闳副之，并准其随时往来。朕稔陈兰彬等忠诚笃实、沉毅有为，办理交涉事件，必能悉臻妥协。朕恭膺天命，寅绍丕基，中外一家，罔有歧视。嗣后愿与贵国益敦友睦，长享昇平，朕有厚望焉。光绪四年正月二十五日。"② 如是一详一简两份国书，乃两个使团不同使命之见证。

由于出使背景和目的不同，郭嵩焘与陈兰彬使团的构成和任用也有很大差异。遣使伊始，外交人才匮乏："查中国遣使各国，本早拟办理之事，惟因一时未得其人，是以未能即行举办。"③ 总理衙门让南北洋大臣和各地疆臣举荐外交人才，但收获不多。"总理各国事务恭亲王奕䜣等奏，为美利加等国现有交涉议办事件，拟请先其所急，派员出使，以资得力事。窃前因保举出使人才，将陈兰彬等九员呈请简用，并奏准由各督抚大臣，及饬在廷王大臣等，遴选奏保在案。迄今仅据山东抚臣丁宝桢奏保薛福成、黎庶昌两员，此外均未据奏复。即臣等所指各员中，尚有应令随时练习之处，未敢率请简派。揆度情形，凡有约各国，应行遣使交涉事件者虽多，不能不审其缓急，逐渐酌量举行。前因云南边界戕毙英国翻译官马嘉理一案，臣郭嵩焘及许钤身已奉有出使英国之旨。……至李鸿章议复海防事宜折片所称，日本国及泰西各国应行遣使之处，一时尚未得人，应由臣等于择定人员后，再行奏明办理。再，办理交涉事件人员除丁宝桢奏保二员外，内外臣工尚未据复奏。因就臣衙门前次单开各员，择其熟谙美、日、秘等国情事者，惟陈兰彬一员，又续经选访容闳一员，敬拟二员，请旨遵行。"④ 经过一年的挑选，最后确定成行名单。比如出使英国副使，原是许钤身，

---

① 《大清国皇帝致大英国后帝愦惜马嘉理国书（光绪二年八月初六日）》，载《清季外交史料》第 1 册，湖南师范大学出版社，2015，第 133～134 页。

② 《光绪四年九月初三日陈兰彬递呈美国国书》，载《中美关系史料》（光绪朝一）下册，台北"中央研究院"近代史研究所，1988，第 347 页。

③ 《直督李鸿章等奏请设驻秘鲁使臣保护华工片（光绪元年七月初十日）》，载《清季外交史料》第 1 册，湖南师范大学出版社，2015，第 45 页。

④ 《总署奏请派员出使美日秘国保护华工折 附上谕（光绪元年十一月十三日）》，载《清季外交史料》第 1 册，湖南师范大学出版社，2015，第 64 页。

后改刘锡鸿。许钤身又改为出使日本正使，何如璋为副使，旋改何如璋为
正使，张斯桂为副使。至于出使美、日、秘三国大臣的人选，李鸿章举荐
容闳出任驻美公使，但是被总理衙门否定，改为副使，明确由陈兰彬出任
正使。由于权责问题，第一批出使欧美的三个使团，都设置正副使，但是
都出现了正副使矛盾，只是郭嵩焘与刘锡鸿的矛盾比较严重，而陈兰彬与
容闳、何如璋与张斯桂虽有矛盾，但还比较克制，没有多大波澜。陈容矛
盾未激化，大概跟两人合作留美幼童事有关，且陈兰彬性格沉稳，比较包
容。郭嵩焘与刘锡鸿的矛盾，主要原因是副使刘锡鸿系郭氏所荐，理应知
恩，但刘氏在英期间对郭氏进行攻击，致郭氏不得不反击，造成两人互相
奏参的场面。第一批使团任满卸任后，清政府便撤销了副使，往后的驻外
使团便避免了这种矛盾的发生。郭嵩焘、陈兰彬使团正副使情况如表 2
所示。

表 2　郭嵩焘、陈兰彬正副使情况

			郭嵩焘使团	陈兰彬使团
正使情况	姓名		郭嵩焘（1818～1891）	陈兰彬（1816～1895）
	籍贯		湖南湘阴	广东吴川
	学历		进士（翰林）	进士（翰林）
	年龄		57（1875 年任命时）	59（1875 年任命时）
	职衔	任前	署兵部侍郎，在总理衙门行走	四品衔刑部郎中
		任期	署礼部侍郎（光绪二年八月）兵部左侍郎（三年三月）兼出使法国大臣（四年正月）	二品顶戴候补三四品京堂（光绪元年十一月十四日）太常寺卿（二年七月二十二日）宗人府府臣（四年二月二十一日）都察院左副都御史（五年八月初一日）
		卸任	告病还乡	在总理衙门行走（光绪八年三月初二日）
副使情况	姓名		刘锡鸿（？～1891）	容闳（1828～1912）
	学历		举人	耶鲁大学本科
	籍贯		广东番禺	广东香山
	年龄		48	62
	职衔	任前	刑部员外郎，四五品京堂候补	三品衔同知
		任期	三品衔候补，赏加二品顶戴	二品顶戴，以道员用
		卸任	出使德国大臣，二品顶戴	江苏候补道

筹备出使事宜，最重要一环就是挑选出使人才。郭嵩焘是临危受命，从光绪元年七月底获任出使英国大臣，至光绪二年十月中旬自北京出发，仅准备了 15 个月便匆忙出行。相对而言，陈兰彬准备时间比较充足，从光绪元年十一月中旬获任，到光绪四年正月自北京出发，中间有 27 个月时间，故能精心慎重挑选使团成员。两个使团成员情况如表 3 所示。

表 3 郭嵩焘、陈兰彬使团成员

		郭嵩焘使团	陈兰彬使团
	人数	30 余人（含家属和仆从）	25 人（不含家属和仆从）
	总领事		陈树棠（美国旧金山）、刘亮沅（日国古巴）
	参赞	黎庶昌（伦敦）	容增祥（华盛顿）、吴嘉善（马德里）、黎庶昌（马德里）、陈嵩良（华盛顿）、曾耀南（华盛顿）、朱和钧（马德里）
	领事	胡璇泽（新加坡）	傅列秘（美国旧金山，美国人）、陈善言（古巴马丹萨）、陈国芬（檀香山）
使团随员	翻译	张德彝（英文）、凤仪（英文）、马格里（英，苏格兰人）、禧在明（英，爱尔兰人）	蔡锡勇（英文）、黄达权（英文）、薛树辉（英文）、谭乾初（英文）、吴礼堂（法文）、廷铎（法文）、吕祥（西班牙文）
	随员	李荆门、刘孚翙、姚彦嘉（办理支应官）、黄宗宪（监印官）	徐承祖、严士琦、黄宗宪、刘观成、陈为焜、张斯栒（随员兼英文翻译）、沈金午、何慎之（随员兼英文翻译）、刘宗骏、赖鸿逵、王国逊、陈模、金延绪（学习随员）、杨荣忠（学习随员兼翻译）、容闳、曾海
	武弁	郭斌、罗云翰、周长清、纪端、贺志斌、龚绍勤	杨名泰、李大伦
	洋员		柏立（美国人）、禄赛（法国人）、马治（英国人）
	其他	郭嵩焘如夫人梁氏、仆从 10 余人	（待考）
	未成行	汪树堂、罗世琨、曾兰生、张自牧	陈瑞南、莫宴均、林振源、刘光廉

郭嵩焘使团中的英文翻译张德彝和凤仪有过出使经验。张德彝是京师同文馆第一届学生，1866 年随赫德、斌椿游历欧洲，1868 年随蒲安臣出使欧美，1870 年随崇厚出使法国，"计自设馆以来，出洋四次，彝皆躬逢其

始，嘻！亦奇矣!"① 凤仪也是从京师同文馆毕业的，曾随赫德、斌椿出使。使团还任用了两位在华的英国人马格里和禧在明作为翻译。郭嵩焘使团参赞黎庶昌是曾国藩的幕僚，有丰富的洋务经验。郭嵩焘奏调为官多年的同乡张自牧为参赞，旋被人弹劾而未成行。郭嵩焘曾致函李鸿章，欲邀其翻译曾兰生出使。曾兰生（1826~1895）是在新加坡出生的中马混血儿，祖籍广东潮州，1835年在美国人创办的教会学校学习，1842年赴美国留学，1846年入汉密尔顿学院，1848年回国在广州协助美国传教士办学，1853年赴上海经商，1866年赴福州船政学堂任英文教习，1872年随陈兰彬携带幼童赴美留学，出任肄业局翻译，1875年被李鸿章聘为翻译，直至去世。② 李鸿章与西方人士交际颇多，故拒绝了郭嵩焘调用此时颇为得力的曾兰生。

郭嵩焘出使两年后，准备充分的陈兰彬使团终于成行。陈兰彬参与洋务的经历颇为丰富，于1858年由两广总督黄宗汉奏调办理外务，1869年由直隶总督曾国藩调用，1870年任上海机器局兼上海广方言馆总办，1872年任出洋肄业局总办，率领第一批官费学生赴美肄业，1873年赴古巴调查华工受奴役与迫害情事，1874年奉调回国，协助总理各国事务衙门与西班牙谈判。陈兰彬在20多年的洋务经历中，结识了不少洋务人才，故使团中人才颇为干练。以翻译为例，郭嵩焘使团4位翻译，全是英文翻译，陈兰彬使团翻译达10人，分英语、法语和西班牙语三种。其中英语翻译蔡锡勇和廷铎是京师同文馆毕业生。驻旧金山总领事馆翻译黄达权，即黄胜，是容闳马礼逊学校校友，曾赴美留学，亦长期在香港报业任职，与王韬、伍廷芳等创办了香港首份中文报刊《中外新报》以及《循环日报》，又与王韬合译了《火器略说》，是使团中熟悉世界时局的难得人才。驻古巴马丹萨领事陈善言毕业于香港圣保罗书院，曾在香港殖民政府任职，又任《德臣报》副主笔，香港报人。随员庄士琦曾随蒲安臣使团出使欧美。驻旧金山总领事陈树棠是轮船招商局香港分局局董，有丰富的洋务经验。陈兰彬奏调的陈瑞南，被两广总督刘坤一奏留办理赈务，未能出使，他是香港商人，曾与王韬等组建"中华印务总局"，创办《循环日报》。陈兰彬还任用郭嵩焘卸

---

① 张德彝：《随使英俄记》，湖南人民出版社，1986，第272页。
② 冯国平、宾睦新、沈荣国：《首位中国留美大学生曾兰生述评》，《江苏师范大学学报》（哲学社会科学版）2018年第2期，第9~17页。

任回国后留下的外交人才张斯栒、黎庶昌、黄宗宪等人。张斯栒乃是陈兰彬从曾纪泽驻英使馆借调，俟陈兰彬任满后，张氏又回英任职。黎庶昌于光绪二年随郭嵩焘出使，随后被曾纪泽留用，光绪六年，黎庶昌任期届满，决意回国，经陈兰彬力邀，派任驻西班牙参赞，代理公使事。一年后，黎庶昌调任驻日本国公使。黄宗宪也是随郭嵩焘出使随员，陈兰彬任用黎庶昌参赞西班牙，亦聘用了黄宗宪。黄氏在黎庶昌赴日本后，于光绪八年任满回国。陈兰彬任命美国人傅列秘为驻旧金山领事、聘用美国人柏立作为驻华盛顿使馆洋员。陈兰彬赴西班牙递交国书时，又聘用法国人禄赛和英国人马治作为使团洋员，便于对外交涉。光绪二年郭嵩焘出使前，赴京觐见，曾见过陈兰彬使团成员，在日记中满是羡慕之意："（光绪二年八月）廿二日，礼部加班奏事，入东华门，至传心殿小坐。米使西化偕其水师提督任君至总署谒恭邸，诸公并会。适陈俪秋、唐静星、陈瑞南（桂士）、黄平甫（达权）并移居总署，相就一谈。又有陈芰卿（树棠）现在天津，亦约同出洋者。俪秋得人盛矣。而兆民所恃为开办宏远公司局者，亦只在此数君，使人健羡。俪秋荐平甫之子曰黄泳清，在英国学馆多年，然询其笔墨，固远不逮蔡锡勇也。"[①]

有趣的是，两使团曾为"争夺"外交人才伍廷芳，"磨擦"出一些"火花"。伍廷芳毕业于香港圣保罗书院，任港中高等审判厅翻译员，又留学伦敦林肯法律学院攻读西方法律，于 1877 年获法学博士学位并考取大律师资格。1876 年郭嵩焘出使英国，伍廷芳曾主动求见，两人相谈甚欢。郭氏日记道："初十日，新会伍秩庸（廷芳）来见，专以学律来此，为讼师已三年矣。其人尚文雅，为西洋装，而蓄发约长丈余，云为回家后尚可结辫也。黎召民曾语知其人。"[②] 刘锡鸿日记亦录记："（光绪二年十二月）初十日，新会人伍廷芳来谒（一名伍秩庸），盖赴英学律，三年已成，考取律师者（英国审案，必延请律师数人辩证是非），年约三十，明白俊爽。伍廷芳来见之次日，余与正使商，欲以翻译处之。伊卑视翻译，不肯就。至是，参赞黎君、文案刘君均言熟悉此地情形者少，伍廷芳才实可用。因令以意往

---

① 郭嵩焘：《郭嵩焘全集》，岳麓书社，2012，第 261～262 页。
② 郭嵩焘：《伦敦与巴黎日记》，岳麓书社，1984，第 100 页。

留，仍固辞。"① 一周后，郭嵩焘派黎庶昌等人前去留用伍廷芳，"（十七日）晚属莼斋、和伯往伍秩庸处，设法留之。其人所欲过奢，恐未易魇其心也"。② 据此，可以窥见郭嵩焘有招募伍廷芳之心，但双方在职位和薪酬上差距悬殊，未能谈妥。其实，伍廷芳在拜访郭嵩焘之前，已经收到陈兰彬的电报邀请，并许诺领事一职，准备回国与陈氏同赴美国。郭嵩焘在犹豫了半个月后，才决定任用伍廷芳，却得知伍廷芳已经离开英国，郭氏以为伍廷芳直接赴美候任，于是发电报去美国纽约截留伍廷芳，但是已经得不到伍廷芳的音讯，又怀疑容闳留用了伍氏，于是怪罪于陈兰彬。"（光绪三年正月）初十日，发电报至美利坚招伍秩庸回伦敦，得纽约信局回报云：已他往。其理事名费赤尔。伍秩庸实往金山容春圃所居，名乞富埔，刘和伯发电报纽约以冀其转递，其误甚矣。然要皆陈俪秋贻之累也。"③ 与此同时，郭嵩焘干脆上奏朝廷，请将伍廷芳派至英国任用："出使英国大臣郭嵩焘、副使刘锡鸿奏：窃维英人寄迹中华视他国为多，故其交涉事务亦倍纷繁。间遇案件，或应由驻扎使臣向其外部辩论，非得熟习英律之员相为赞助，无以中其肯要。臣等出都时路过天津，闻有粤人伍廷芳，在英学律数年，经英人考验拔取律师。及到伦敦后，适伍廷芳来见，言数日前接出使美国大臣陈兰彬电报，许以充当领事，令其迅速回粤相候，正在料理启行。臣等观其人明白俊爽，尚有可用，曲意留之。经遣人往商，见其所欲过奢，臣等到英伊始，呈递国书尚无期日，一切未暇深考。又以经费宜节，不敢多有支销，以致因循，未能定议，听从启程而去。其后察看英国办案别有例法，相需实殷，因查伍廷芳所习者英律，各国律法互有异同，置诸美、日、秘三国，正恐迁地弗能为良。陈兰彬出洋多年，于华人之熟悉洋务者，早已收罗殆尽，度亦无所需于伍廷芳一人。英国本少华民寄居，伍廷芳外，更无有通其语言，兼谙其律例者。陈兰彬心念国家大局，亦必不肯专顾一隅，有所较论。应请饬下陈兰彬：无论伍廷芳行抵何处，令速回英，借资襄助。伍廷芳以熟习律法，不甘小就，应否即派充三等参赞官，俾得尽其志意，并候圣裁，谨奏。光绪三年五月十二日，奉旨：着照所请。该衙门

---

① 刘锡鸿：《英轺私记》，湖南人民出版社，1981，第49～50页。
② 郭嵩焘：《伦敦与巴黎日记》，岳麓书社，1984，第103页。
③ 郭嵩焘：《伦敦与巴黎日记》，岳麓书社，1984，第119页。

知道。"① 郭嵩焘和陈兰彬争夺外交人才之事，因此"闹"得满廷皆知。然而，此波未平，彼波又起。常与洋人打交道急需"西学"人才的李鸿章，斯时也加入"抢人"的队伍中，其致函总理衙门强调："近日各口交涉事件，日繁一日，前拟通商例律，讫未议办。遇事狡赖，无理取闹。折之中国律例，则彼诿为不知，悍然不顾。思有以折服之，非得一熟谙西律之人不可。顾物色多年，未得其人。日昨津海关道黎兆棠带粤人伍廷芳来见。久闻其人熟悉西洋律例。曾在英国学馆考取上等。于其来谒，虚衷询访，俱能指陈寂要。虽住香港及外国多年，尚恂恂然有儒士风，绝无外洋习气，尤为难得。前出使英、美之郭侍郎、张太常争欲罗致之，盖有由亦。此等熟谙西律之人，南北洋须酌用一二，遇有疑难案件，俾与洋人辩论。凡折以中国律例而不服者，即以西律折之。所谓以彼之矛刺彼之盾也。惟闻伍廷芳在香港作大师状，岁可得万余金，若欲留之，亦必厚其薪水。黎道曾微探其意，非每年六千金不可，为数似觉太多。然留之俾为我用，钧署各口有事，均可令其前往襄办；无事则令在津学说官话，与通晓汉文者翻译西例。若能辨正一事，有裨大局，所值当不止数千金。现在日本外务省延雇美国律师，即前充天津领事之施博威，岁费万金，想亦有见于此。伍廷芳究系中国人，与雇用西人有间，且勿庸订明年分，写立合同，进退绰有余裕。查中国通晓西律，尚未有人，无从翻译。前派学生出洋学习，每岁费且巨万。如今将西律译出，则通晓政体、见解敏捷之人，一览自能了然，从此西律人人能通。而西人亦无从欺蔽，于办理交涉案件，不无裨益。即将来拟定中外通商律例，亦藉有援据考矣。如承允许，其薪水一切，当会商南洋筹款给发。"② 总理衙门批复同意后，李鸿章随即致函南洋大臣、两江总督沈葆桢，商定招募伍廷芳经费事："粤人伍廷芳，精习英国律例及公法，筠仙、荔秋争罗致之，昨来谒晤，恂恂有儒士风雅，不欲就外洋参赞，因缄商总署，请留南北洋差遣，遇有疑难案件，俾与洋酋辩论。凡折以中律而不服者，即以西律折之。总署复缄，深为许可，属会商尊处并筠老，即奏咨办理。召民询商，伍君岁须薪俸六千两，兼令翻译西例公法，于交

① 《使英郭嵩焘等奏保荐伍廷芳折（光绪三年五月十二日）》，载《清季外交史料》第 1 册，湖南师范大学出版社，2015，第 188~189 页。

② 李鸿章：《复总署请用伍廷芳（光绪三年九月初一日）》，载《李鸿章全集》第 32 册，安徽教育出版社，2008，第 134 页。

涉要件有裨，请津、沪两关岁各筹给三千金，南北各口有事，皆可前往襄助。已属召民转商芝田，祈卓裁核示为荷。"① 李鸿章贵为朝廷重臣，又重金有加，伍廷芳自然选择了李鸿章。从郭嵩焘、陈兰彬和李鸿章争夺伍廷芳一事，可以窥视郭嵩焘使团人才不如陈兰彬，否则郭氏日记中也不会表露出对陈兰彬的怨言，更不会在奏折中明言"陈兰彬出洋多年，于华人之熟悉洋务者，早已收罗殆尽，度亦无所需于伍廷芳一人。英国本少华民寄居，伍廷芳外，更无有通其语言，兼谙其律例者。陈兰彬心念国家大局，亦必不肯专顾一隅，有所较论。应请饬下陈兰彬：无论伍廷芳行抵何处，令速回英，借资襄助"。

三　思想性格相异：显性直言与隐性持重

出使期间，朝廷要求使臣撰写日记，一是记述所驻国家风土民情、政治势态，二是表述使外之经历与感悟，并上交朝廷刊印，以利国人周知世界各地情形。同治五年，总理衙门在派遣斌椿使团的奏折中就有收集沿途情事的要求，"即令其沿途留心，将该国一切山川形势，风土人情，随时记载，带回中国，以资印证"。② 斌椿撰写《乘槎笔记》就是其时遵命完成的"作业"。在郭嵩焘、陈兰彬和何如璋三个使团先后确定行期后，光绪三年十一月初一总理衙门上奏，明确提出使外各国大臣随使咨送日记的指示，"出使一事，凡有关系交涉事件及各国风土人情，该使臣当详细记载，随时咨报。数年以后，各国事机中国人员可以洞悉。即办理切，似不至漫无把握。臣等查外洋各国，虚实一切，惟出使者亲历其地，始能笔之于书。况日记并无一定体裁，办理此等事件，自当尽心竭力，以期有益于国。倘一概隐而不宣，窃恐中外情形永远隔阂，而出使之职亦同虚设。可否饬下东西洋出使各国大臣，务将大小事件逐日详细登记，仍按月汇成一册咨送臣衙门备案查核，即翻译外洋书籍、新闻纸等件内有关系交涉事宜者，亦即

---

① 李鸿章：《复沈幼丹制军（光绪三年九月十六日夜）》，载《李鸿章全集》第32册，安徽教育出版社，2008，第141页。
② 《总理各国事务恭亲王等奏（同治五年正月初六日）》，载《筹办夷务始末（同治朝）》第4册，中华书局，2008，第1621~1622页。

一并随时咨送，以资考证"。① 可见，清廷派遣的第一批驻外使臣，留心收集海外信息，亦是一项重要工作。郭嵩焘的《使西纪程》、刘锡鸿的《英轺私记》、陈兰彬的《使美纪略》、何如璋的《使东述略》等，便是此类工作日记。

郭、陈二氏日记的刊行，引发了不同的反响，并给他们带来不同的命运。郭嵩焘因《使西纪程》的思想锋芒招致不少攻击，陈兰彬的《使美纪略》则未引发大多的非议。陈氏的《使美纪略》多是实情记录，绝少议论，是非曲直，由朝廷自行决断，读者自己判断；而郭嵩焘的日记，议论颇多，己见频出，虽然初心很好，却招来未见者和异见者甚至对手的抨击。

郭嵩焘之《使西纪程》，思想开放，言论偏激，敢于直言西中文化之优劣，对于西方器用的肯定评价颇多，亦有许多对西方制度的赞颂之词，"彬彬然见礼让之行焉，粗知彼土富强之基非苟然也"。②"西洋立国，有本有末。其本在朝廷政教，其末在商贾非民主之国，则势有不行。西洋所以享国长久，君主兼主国政故也。"③"猥曰东方一隅为中国，余皆夷狄也，吾所弗敢知矣！"④ 这些言论和观点在思想文化依然比较保守的清代官场，引发了很大的争议。翰林院编修何金寿读过日记，直接上疏弹劾郭嵩焘，指斥郭氏"有二心于英国，欲中国臣事之"。为了平息保守官员的议论，慈禧太后一改郭嵩焘出使觐见时的态度，谕旨严厉申斥郭嵩焘，并下令毁弃《使西纪程》模板，禁止流传。李慈铭在该年日记中也记录了此事："（光绪三年六月十八日）阅郭嵩焘侍郎《使西纪程》……记道里所见，极意夸饰，大率谓其法度严明，仁义兼至，富强未艾，寰海归心。……迨此书出，而通商衙门为之刊行，凡有血气者无不切齿。于是湖北人何金寿以编修为日讲官，出疏严劾之，有诏毁板，而流布已广矣。嵩焘之为此言，诚不知是何肺肝，而为之刻者又何心也？"⑤ 郭嵩焘在多年后致函李鸿章提及此事说道："初议至西洋，每月当成日记一册，呈达总署，可以讨论西洋事宜，竭

---

① 葛士濬：《皇朝经世文续编》，文海出版社，1966，第 2724～2725 页。
② 郭嵩焘：《伦敦与巴黎日记》，岳麓书社，1984，第 29 页。
③ 郭嵩焘：《郭嵩焘奏稿》，岳麓书社，1983，第 345 页。
④ 郭嵩焘：《郭嵩焘日记》第 3 卷，湖南人民出版社，1982，第 815 页。
⑤ 李慈铭：《越缦堂日记》第 10 册，广陵书社，2004，第 7453 页。

所知为之。得何金寿一参，一切蠲弃，不复编录，此却可惜耳。"① 此事对其他使臣日记的影响可想而知，所以郭氏之后不再向总理衙门递交日记。陈兰彬和何如璋的日记大多是关于"西器"、军事要塞、风土人情的详细描述，西方制度大多是简述，而不发议论，文字明显谨慎隐晦。陈兰彬汇集了使团人员日记，择其精华，故日记并无日常生活记录："数月来缀述寥寥，因取陈郎中嵩良、曾主事耀南、陈丞善言、蔡丞锡勇数人所散记，合并参订，存兹崖略，固多疏漏，仍不敢谓中无舛讹也。"② 诚然，陈兰彬虽然是"首次"出使，却是"故地重游"（1872 年曾率幼童留美），西方政教对其不再是奇闻；对异国文明，不再惊诧！而是瞩目最摩登的事物，比如电话；朝廷亟须关注的信息，比如各地经济、军事情报；华侨境遇、风土人情、矿产，以及邮局、铁路、机器、农业、军械等前沿技术。薛福成曾在光绪十六年三月十三日的日记中提及郭嵩焘之事，并询问陈兰彬和黎庶昌，获得两人的肯定，"昔郭筠仙侍郎，每叹羡西洋国政民风之美，至为清议之士所诋排，余亦稍讶其言之过当。以询之陈荔秋中丞、黎莼斋观察，皆谓其说不诬。此次来游欧洲，由巴黎至伦敦，始信侍郎之说"。③ 由此可见，陈兰彬对郭嵩焘的"惊世"言论也是打心里认可的，只是有鉴于郭嵩焘之境遇，以及朝廷"清议"之厉害，乃只跟信得过的人表达对郭嵩焘的同情和支持。出使日记乃是工作性质的日记，发表个人见解固然正常，亦属必要。但是，考虑到日记公开出版，朝野参阅，影响广远，面对风气未开之时势，慎言谨行，便成了陈兰彬"识时务"的"高着"。郭嵩焘、陈兰彬二人的日记概况如表 4 所示。

表 4　郭嵩焘、陈兰彬日记概况

名称		《使西纪程》	《使美纪略》
日期	开始	光绪二年十月十七日 （1876 年 12 月 2 日）	光绪四年正月二十八日 （1878 年 3 月 1 日）
	结束	光绪二年十二月初八日 （1877 年 1 月 21 日）	光绪四年九月初六日 （1878 年 10 月 1 日）

① 郭嵩焘：《致李鸿章函》，载《郭嵩焘全集》第 13 册，岳麓书社，2012，第 460 页。
② 陈兰彬：《使美纪略》，载《陈兰彬集》第 3 册，广东人民出版社，2018，第 236 页。
③ 薛福成：《薛福成日记》下册，吉林文史出版社，2004，第 538 页。

续表

名称	《使西纪程》	《使美纪略》
合计天数	51 天	245 天
字数	二万多	三万三千多
出版情况	光绪三年 京师同文馆印刻	光绪十七年 上海著易堂铅印本

薛福成在光绪十九年八月初三日给早期的 17 位外交官排了名次，曾纪泽第一，郭嵩焘第二，郑藻如和黎庶昌第三、第四，陈兰彬第五，"余尝评论光绪初年以来出洋星使，究以曾惠敏公为第一。……郭筠仙侍郎次之。侍郎虽力战清议，以至声名败坏，然其心实矢公忠。且他人必无此毅力，无此恋气，故居第二。郑玉轩、黎莼斋又次之。玉轩、莼斋，皆君子人也；居心稍悫，所值又非可以见功之地，以至无大建树，故居第三、第四。陈荔秋又次之。荔秋虽亦不失为君子，而胆量更小于郑、黎，实非干事之材，故居第五。许竹簀、洪文卿又次之。故居第六、第七。刘芝田、汪芝房又次之……故居第八、第九。李伯行、张樵野又次之……故居第十、第十一。何子峨又次之……故居第十二。崔惠人又次之……故居第十三。李丹崖又次之……故居第十四。刘云生又次之……故居第十五。崇地山宫保又次之……故居第十六。徐承租又次之……故以殿焉。"①

郭嵩焘与陈兰彬出使欧美之时，正值中国处于"弱国无外交"之际，为了争取中国在外交上的世界地位，可谓和衷共济。由于当时英国乃"日不落帝国"，加拿大是其属地，靠近美国，华人颇多，华人往来加拿大和美国之间也不在少数，因此一些侨务需要两位公使协调与合作。陈兰彬曾咨郭嵩焘请英国免派加拿大华人人头税，据郭氏日记载："十月初三日（10 月28 日），接出使美国大臣陈兰彬咨文及英属哦多利（Victoria）准华商联禀，请英国免派华人税银。英国属地加拿大域多利埠于本年六月规定华人每年纳税四十元，尚未批准。华商延律师交涉，而税吏远行催收，因联禀请求保护。"② 陈兰彬任命檀香山华人富商陈国芬为驻扎该国商董，其后升任领事，亦是参照郭嵩焘任命新加坡华人富商胡璇泽为驻新加坡商董代办领事

---

① 薛福成：《薛福成日记》下册，吉林文史出版社，2004，第 826 页。
② 郭廷以编《郭嵩焘先生年谱》下册，台北"中央研究院"近代史研究所，1971，第 796 页。

事宜的先例。

四　事功类型相歧：思想家与实干家

如果就两人的事功类型做比较，相对而言，郭嵩焘不失为执着的思想家，陈兰彬则是地道的实干家。

应该指出，立言比立功更难！历史来到晚清时代，矛盾集中于朝廷统治阶级的老大自居、闭塞僵化；传统文化盲目虚骄、孤芳自傲。在如是氛围的压抑下，人们"屏息低头，毫不敢轻举妄动。两眼下视黄泉，看天就是傲慢；满脸装出死相，说笑就是放肆"。① 放目朝野，吏治生态故步自封，社会气息万马齐喑，此乃面对亘古未有"变局"而进行社会变革的巨大阻力。

郭嵩焘对历史的贡献，"不在于他当过翰林、巡抚、驻外公使，有过什么政绩，而在于他开了近代思想解放的先河。他是晚清社会，尤其是封建官吏中罕见的思想解放派"。② 他不怕背上离经叛道的罪名，公然否定封建君主专制"天朝上邦大国"尽善尽美的神话。他清醒地认识到封建桎梏盘根错节的顽疾，呼吁改造中国是一个长期而艰辛的过程，大力提高民族文化素质，彻底改造旧的"人心风俗"，既刻不容缓，又须久久为功。郭氏敢想、敢说、敢干，这是何等的"放肆"！这种近似"目空一切"的锋芒，无疑触犯了满朝守旧的"天条"，引来上行下效的"众憎"。③ 他的"不识时务"就埋下了"祸根"。郭嵩焘出使任满回国，面对着朝野众多非议，境遇十分尴尬，告病归里，曾被当地士绅要求不能登陆，死后清廷拒绝按规矩为他赐谥和宣付史馆立传。直到义和团运动时，一些人出于对洋人的义愤，甚至还在迁怒郭嵩焘，主张掘其棺以鞭其尸。④

毋庸讳言，在 19 世纪 70 年代，能够像郭嵩焘这样看到西方共和制先进性的人，实属凤毛麟角。如果按照孙中山的观点，那就是先知先觉。回顾

① 鲁迅：《忽然想到（五至六）》，载《华盖集》，人民文学出版社，1973。
② 曾永玲：《郭嵩焘大传》，辽宁人民出版社，1989，第 373 页。
③ 按，郭嵩焘"看重个人独立的人格，不愿违心地逢迎上司，即使在至尊的天子面前，也不卑不亢，从容奏对"。同时，"他思想偏激，自视过高，不讲究方法，爱负气用事，有时出语伤人，有一副士大夫的坏脾气，这些妨碍了他正确思想的宣传"。参见曾永玲《郭嵩焘大传》，辽宁人民出版社，1989，第 374～375 页。
④ 王兴国：《郭嵩焘研究著述要》，湖南大学出版社，2009，第 1 页。

历史，先知先觉者多数是孤独和悲哀的。因为他们的思想观点超出了那个历史时期多数人的认识水平。孤独是正常的，不孤独成不了先行者。郭嵩焘的性格、人品、才识以及那段特殊的英国经历，注定了他的悲剧命运。这也是那个社会和时代的缩影，是近代中国两难选择的一种反映。①

与郭嵩焘性格相比，陈兰彬"持重趋新孚老成"，② 他以实干家品性，兢兢业业，不断发现问题，解决问题。1878 年陈氏于华盛顿建立公使馆不久，便洞察移民美国的事务非常棘手，因此竭力要求设立领事馆去处理移民相关事务，至 1883 年，驻旧金山和纽约领事馆开始办公，并为在夏威夷的华人选派了一位由中国驻美公使馆管辖的"商务监督"。陈氏的护侨工作卓有成效，这与他赴任公使之前付出的辛劳是分不开的。陈氏曾于 1874 年 3 月抵达古巴，随后一个月，足迹遍及 8 个城市华工的集中之地，普遍考查工所、卖人行、官方监狱及 14 个糖厂，收集了 14 卷资料，包括 1176 份证词、85 份请愿书、1665 份中国劳工签名。他耳闻目睹受虐华工令人震惊的情形，做出关于古巴华侨受奴役、迫害、鞭笞的报告，给清政府提供了与古巴殖民地西班牙当局交涉谈判的第一手证据，为签订改善华工待遇的《古巴华工条款》做出了突出的贡献。李鸿章在光绪元年五月初一《复前两江制台何》函中写下了感慨之言："筱宋仁兄同年大人阁下：去秋接奉手示，洋洋数千言，筹虑倭事，如烛照数计，无远弗届，江湖廊庙，耿耿忠诚，钦佩无似。……荔秋古巴之役，辛苦万状，总署调回议事，请以区海峰主政往代。海峰前来津晤谈，知为令侄婿，壮盛英敏，毅然远行，加以历练，必成伟器。业经奏准，约秋初带第四批幼童赴美，长者应不责其唐突耳。"③ "挥金如土是耶非，海舶奢华见已稀。闻道金山更靡贵，浣衣工价过成价。"这是陈兰彬对美国奢华生活的描述——他的诗中也洋溢着细心与

---

① 李喜所：《精彩与无奈：陈兰彬与晚清出洋官员的两难选择》，载王杰主编《使美先驱陈兰彬——纪念陈兰彬出使美国一百三十周年学术研讨会论文集》，河南大学出版社，2016，第 72 页。

② 参见拙作《持重趋新孚老成——论陈兰彬的文化性格》，载王杰主编《使美先驱陈兰彬——纪念陈兰彬出使美国一百三十周年学术研讨会论文集》，河南大学出版社，2016，第 112~134 页。

③ 李鸿章：《复前两江制台何》，载《李鸿章全集》第 31 册，安徽教育出版社，2008，第 235 页。按，何璟（1816~1888），字伯玉，号小宋、筱宋，香山小榄人。与李鸿章是道光二十七年同科进士，称同年。何氏于同治十一年两江总督曾国藩去世后，以江苏巡抚署理总督，故称前制台。

务实的精神与品格。"陈兰彬的出使诗，是纪实诗，又是抒情诗。纪实中有感情，抒情则忠于事实。"①

需要指出的是，时人或后辈曾对陈兰彬的处事风格略有微词，容闳说："盖陈之为人，当未至美国以前，足迹不出国门一步。故于揣度物情，评衡事理，其心中所依据标准者，仍完全为中国人之见解。即其毕生所见所闻，亦以久处专制压力之下，习于服从性质，故绝无自由精神与活泼之思想。"② 这恰恰是因为容氏缺少国门以内的见识。应该看到，不管是思想家还是实干家，都面临那个时代的两难选择。这或许也是我们理解陈兰彬人生的一个切入点。

郭、陈两人思想家与实干家的性格之别，无形中"造化"了两人迥异的人生结局。比较而言，陈兰彬使美任满归国，在朝廷任职数年。告病还乡后，讲学于高文书院，主持编撰了《吴川县志》《高州府志》《石城县志》等地方志书，在乡里颇具名望，辞世得"文毅"之谥号，由于史料未充分发掘，陈兰彬身上"顽固守旧派"的偏见仍有待澄清，还其人生之真实。

"流传百代千龄后，定识人间有此人。"③ 这是郭嵩焘隐居乡里时写下的诗句，他坚信历史必然会还其公道！一百多年后，历史给出了公正的评价！郭嵩焘被誉为"洋务先驱""洋务先知"！学界对陈兰彬的研究，与郭嵩焘相比，相去世远。《陈兰彬集》于他诞生202年后的2018年5月出版。尽管他的家乡举办过两次（2008，2016）学术研讨会，对其生平与事功的发掘仍是冰山一角。某些思想狭隘、断章取义的偏激言论依然大行其道！拨云见日仍需时日，"定识人间有此人"之研究任重而道远！

---

① 方志钦：《越洋持节远行吟——陈兰彬出使诗赏析》，载王杰主编《使美先驱陈兰彬——纪念陈兰彬出使美国一百三十周年学术研讨会论文集》，河南大学出版社，2016，第112~134页。

② 容闳：《西学东渐记》，岳麓书社，1985，第137页。

③ 郭嵩焘：《戏书小像》，载《郭嵩焘全集》第14册，岳麓书社，2012，第232页。

两次鸦片战争中的郭嵩焘

梁小进[*]

摘　要： 在近代湖南政界和思想文化界，郭嵩焘是唯一亲身参加了两次鸦片战争的重要人物。第一次鸦片战争时期，他满怀爱国热情，入浙江学政罗文俊幕，身临战地，参加了反抗英国侵略的战争。战后，他开始对清政府面临外来侵略时的应对措置进行反思。第二次鸦片战争时，郭嵩焘入值南书房，曾提出造战船和学习西方语言文字的主张。后入僧格林沁天津军幕，协助办理防务。他曾视察大沽炮台、北塘海口，检查要塞工程，制定《临敌章程》，并在激战中驰至大沽前线。郭嵩焘在两次鸦片战争时期的经历，表明他是一位真正的爱国者和清醒的思想者。他的思想和主张，开启了洋务运动的先声，为我国近代爱国主义的发展提供了有益的思想基础。

关键词： 郭嵩焘　鸦片战争　洋务思想

中国近代杰出的洋务运动思想家、外交家和第一位驻英国法国公使郭嵩焘，是近代湖南政界和思想文化界唯一亲身参加了两次鸦片战争的人物。两次血与火的经历，使郭嵩焘亲眼看到落后的中国与西方的巨大差别，开始认真思考中国如何应对此"三千年未有之变局"的严重问题，并提出中国应当如何面对外来侵略、如何处理对外关系特别是中西关系的基本思想和主张，从而形成了他洋务和外交思想的基础。

清道光二十年五月（1840年6月），英国悍然发动侵略中国的战争，史称第一次鸦片战争。六月初二（6月30日），英国侵略军自广州沿海北上，侵扰闽、浙沿海，继于六月初八（7月6日）攻陷浙江定海，随后北上天津。

此时，年仅23岁的郭嵩焘正在北京。是年三月，他第二次参加会试，

＊　梁小进，长沙学院长沙文化研究所教授，湖南省文史馆馆员。

六月榜发，再度落第。科场失意的郭嵩焘，得到新任浙江学政罗文俊的邀请，决定赴浙入幕。九月初八（10 月 3 日），郭嵩焘离京赴浙，于十月十九日（11 月 12 日）抵达浙江，进入罗文俊幕府。罗文俊为广东南海人，字泰瞻，号萝邨。家贫苦，好读书，常夜随母"纺灯中课读"①。道光二年中进士。补翰林院侍讲学士、侍读学士，后任山西、陕甘学政。道光二十年八月初十（1840 年 9 月 5 日）以通政司副使任浙江学政。

郭嵩焘之所以"敢冒锋镝"，前往正处于战争状态的浙江，其原因似应有二。一为血气方刚"壮士从戎"的爱国精神所致。郭嵩焘离京赴浙途中，曾作有《出都杂感》诗十二首，字里行间，均透露出他的这一感情。其二有云："万里岛夷浮水至，一星参伐傍霄明。旅葵不入王都贡，坐见烟尘四海清。"其九云："关河略界唐封远，越嶲虚传汉节过。准拟看潮东海畔，楼船无数正横戈。"② 所述所议，都是侵略者"浮水"来犯，浙东沿海战云密布，我"楼船无数正横戈"的情景，表现了他对于战争、对于国家大事的热切关怀。然而，青年郭嵩焘并没有置身事外，其四即云："防秋士马西风惨，横海蛟鼍白昼昏。磨盾从戎真自许，好谈形势向鲛门。"鲛门系镇海县（今浙江宁波市）一岛，为海口之锁钥。原来作者之入幕浙江，是要以壮士"自许"，"磨盾从戎"，奔赴抗英前线。

早在道光十六年（1836）郭嵩焘读书于岳麓书院时，就结识了曾国藩和"少负奇气……不事科举"的刘蓉，三人"雅志相期，孤芳自赏"③。其后，又得识江忠源、罗泽南二人，"已晓然知有名节之说，薄视人世功名富贵，而求所以自立"④。可知，青年时代的郭嵩焘已非平庸碌碌之辈，而是一位以高雅自许、讲求气节、关心天下的热血之士。是年十一月初，曾国藩收到郭嵩焘《出都杂感》诗后，亦作有《寄郭筠仙浙江四首》，其二云："碣石逶迤起阵云，楼船羽檄日纷纷。螳螂竟欲当车辙，髋髀安能抗斧斤？但解终童陈策略，已闻王歙立功勋。如今旅梦应安稳，早绝天骄荡海氛。"⑤，对郭嵩焘的爱国情怀表示赞许和鼓励。

① 罗崇禧等：《萝邨府君行述》，载《绿萝书屋遗集》，清光绪刻本，附录第 2 页。
② 郭嵩焘：《郭嵩焘全集》第 14 册《诗集卷二》，岳麓书社，2012，第 18～19 页。
③ 刘蓉撰，杨坚校点《刘蓉集》第 2 册《文集卷七》，岳麓书社，2008，第 171 页。
④ 郭嵩焘：《郭嵩焘全集》第 15 册《文集卷二十六》，岳麓书社，2012。
⑤ 曾国藩：《曾国藩全集》第 14 册《诗文》，岳麓书社，2011，第 4 页。

郭嵩焘赴浙入幕的第二个原因，当为家庭与个人生计的驱使。郭嵩焘家在其曾祖父时"本为巨富"，然至其父分家时"已日趋虚乏"。至道光十一年（1831）以后，因连年大水，家益贫困。故郭嵩焘曾自述"自少贫贱，常刻苦自励，衣服饮食不敢逾量"，"年十八入邑庠，则已岁为奔走衣食之计"①。其第二次赴京会试，即颇形拮据，曾屡次向曾国藩借贷。据曾国藩《过隙影·己亥杂录》和《辛丑账簿》记载，其道光二十年、二十一年两年，借予郭嵩焘银二次，为之用银和代付钱二次，共计银四十六两零四分、钱十千文②。因此，在落第之后，郭嵩焘也不得不为衣食奔走。其时，好友曾国藩、刘蓉也为之而惋惜。曾国藩有诗怀其"更怜吴会飘零客，纸帐孤灯坐夜阑"。刘蓉曾致书郭嵩焘云："以承欢无具，谋道未遑，北走幽燕，南游吴越，远晨昏之奉，徒兴行役之嗟。《诗》曰哀此劳人，尤朋旧所同戚矣。"③

郭嵩焘到达浙江之时，战事一度中止，北上英军南返，定海的英国占领军也开始撤退。郭嵩焘在学政幕中治文书，又曾随罗文俊按试各府，先后到杭州、金华、衢州、桐庐、处州（今丽水）等地，并曾写诗多首，吟咏各地的风景名胜。

道光二十一年正月初五日（1841 年 1 月 27 日），清廷以英军攻陷广州沙角、大角，下诏宣战，战事再起。七月，英军在广州得手后再度北进，攻陷厦门，大举进犯浙江。八月，英军再陷定海，又陷镇海、宁波；十一月，继陷余姚、慈溪、奉化，浙东沿海狼烟滚滚，形势严重。时郭嵩焘在幕，当曾前往战地。后来他曾说道："当庚子、辛丑间，亲见浙江海防之失，相与愤然言战守机宜，自谓忠义之气不可遏抑。"④ 在此期间，他曾作有《丰乐镇书壁》诗六首，可知其当年踪迹与心情。丰乐镇在全国有多处，但均为内地如安徽、湖北、四川、甘肃、贵州等省份。而郭氏所指，显然为东南沿海战地省份，且系郭氏亲履之处。其在诗前跋语中说："壁间诗六首，盖悼亡之作。末署牧庄，意其字也，姓氏里居不可详。西夷内犯，略其家，其妻投水以死。诗辞婉咽，恻恻动人。既读哀之，依韵以墨其后，

---

① 郭嵩焘：《郭嵩焘全集》第 15 册《文集卷二十六》，岳麓书社，2012。
② 《湘乡曾氏文献》第 7 册，台湾学生书局，1966，第 4196、4000、4009 页。
③ 刘蓉撰，杨坚校点《刘蓉集》第 2 册《文集卷三》，岳麓书社，2008，第 60 页。
④ 郭嵩焘：《郭嵩焘全集》第 14 册《文集卷三》，岳麓书社，2012，第 298 页。

庶来者之有知与。"① 其诗有云："三年沧海有奔鲸，烽火喧阗彻夜惊。复道金缯归浩劫，枉从狐鼠乞残生。""烈火烟埃人散乱，空城荆棘雨淋浪。"没有抗敌卫国之志，没有身临其境的经历，是写不出这样的诗句的。

道光二十二年（1842）冬，已回到湖南的郭嵩焘，又应聘入辰州府知府雷成朴（字震初）幕。来到僻处湘西的辰州，郭嵩焘还在思索着几年前的经历。他曾先后给罗文俊、幕友唐治等寄出诗作，回忆在浙江抗英前线的经历："近觅南湖堪隐几，曾游东海掉行船。浮生出入风尘里，数载惊皇矢石前。""两载愁西虏，悬军碣石开。""仓皇兼矢石，次第望归来。""三年心耿耿，持此欲何求。"②

更为重要的是，郭嵩焘还在深入思考这一事件发生的原因。道光二十三年（1843），郭嵩焘曾与沅陵县知县张景垣交往，张与"语禁烟事本末，恍然悟自古边患之兴，皆由措理失宜"。张景垣为山东高苑人，字晓峰，其人当于鸦片战争始末有所知晓。郭嵩焘经其介绍，"恍然悟自古边患之兴，皆由措理失宜"，即对于清政府在面临外来侵略时的应对措置产生反思。

年轻的郭嵩焘之所以产生这一思想，当与其幕主罗文俊有关。据罗氏之子追述，罗文俊"抵任后，值夷氛猖獗，攻陷濒海郡邑，省垣戒严。时公按试处州，闻报忠愤填膺，矢志若临难，必以身殉。独夜抚剑危坐，作《祝剑词》……一时研案几裂，声泪俱下"③。但罗氏对战争之起始亦有自己的看法。当林则徐"总制两粤，其抚夷禁烟颇严急。公尝以书规之曰：雅片一物流毒已数十年，而欲一朝除之；洋舶入粤，以烟易茶，岁获数千万金，而欲一手扫之，过急则生变，过刚则必裂物之情也。且夷焰日横，肉视中国，方伺吾隙而逞其欲。今戢其桀骜，略就范围，是畏我也。畏我而不稍假之，是与之隙，而成之要挟之伎也，夷患其自此始乎"。④ 郭嵩焘当年即在罗氏身边，朝夕相处，必然有所耳闻，受其影响。

此后，随着时间的推移，中外交涉日深，郭嵩焘接触"夷务"愈多，眼界日益开阔，思考愈益深刻，随后就经历了第二次鸦片战争。

郭嵩焘在辰州府幕经历了二年，后仍不懈地奔走科场之路，终于道光

---

① 郭嵩焘：《郭嵩焘全集》第 14 册《诗集卷二》，岳麓书社，2012，第 20 页。
② 郭嵩焘：《郭嵩焘全集》第 14 册《诗集卷二》，岳麓书社，2012，第 28～29 页。
③ 罗崇禧等：《萝邨府君行述》，载《绿萝书屋遗集》，清光绪刻本，附录第 3～4 页。
④ 罗崇禧等：《萝邨府君行述》，载《绿萝书屋遗集》，清光绪刻本，附录第 6 页。

二十七年中进士。旋因父母去世，在籍守制。咸丰三年（1853），奉旨"督办捐输团练事宜"，随后即在湘协助曾国藩办理筹饷事务。

咸丰六年（1856）十月，英国联合法国，发动侵略中国的战争，史称"第二次鸦片战争"。次年，郭嵩焘奉诏入京，任翰林院编修。咸丰八年，入值南书房。此时，战争已历经二年，英法侵略军攻陷广州，又沿海北犯，攻陷天津大沽口，清政府被迫与英、法、俄、美四国签订《天津条约》。但战争烟云并未消散，海防仍是迫在眉睫的问题。郭嵩焘在京期间，经常与何秋涛、周正甫、龙湛霖等友人讨论时事，而于"夷务"尤为关心，提出了不少颇具价值的见解。他对于来自西方的著作和国人研究西方各国的著述甚为关注，其《日记》中即载有《俄罗斯书目》《西洋制器全书》《华夷译语》及《瀛寰志略》《海国图志》等数十种，并曾借何秋涛《北徼汇编》（即《朔方备乘》）、《平定罗刹方略》等书来读。

在京期间，咸丰帝曾三次召见郭嵩焘，命他"常与僧格林沁谈谈军务"①。僧格林沁为蒙古科尔沁亲王，时任钦差大臣督办天津军务，又任御前大臣。当因咸丰帝之命，咸丰八年十二月初六日（1859 年 1 月 9 日），僧格林沁遂邀请郭嵩焘至御前大臣直庐，"询以练兵、筹饷、制器械三事，属为说以进"。

咸丰九年正月二十四日（1859 年 2 月 26 日），郭嵩焘向清廷奏上《挽回世运、端本圣心、推陈致理之原折》。他首先指出国家世运日坏、"未有转机"，其因即在"上下之情太格，名实之数太淆，欺罔之风成为积习"。一方面，"皇上一人独任其劳，而诸臣退安于逸……无有倚畀信任之大臣"；另一方面，"吏治隳坏，销磨善气"，"朝廷以名相求……督抚之能以实应者，天下几人？"因此，"皇上"应"通上下之情"、"核名实之数"，"挽回世运，存乎皇上一心之用而已"②。郭嵩焘还在附片中阐述"海防与驭夷之道"，指出"今日海防，当筹数十年守御之计"，建议在天津添设战船，"用我之所长以制敌"；"制御远夷之道……必务疏通其情"，建议访求通夷语者，"资送来京""使转相传习……以施控制之略"③。这是郭嵩焘最早就国家的内政外交正式向朝廷提出自己的政见。在国家大政方针上，其见解虽

---

① 郭嵩焘：《郭嵩焘全集》第 8 册《日记一》，岳麓书社，2012，第 173 页。
② 郭嵩焘：《郭嵩焘全集》第 4 册《奏稿》，岳麓书社，2012，第 3 ~ 5 页。
③ 郭嵩焘：《郭嵩焘全集》第 4 册《奏稿》，岳麓书社，2012，第 5 ~ 7 页。

仍为传统的政治观念，但一针见血，直陈根本，即"存乎皇上一心之用"，这是需要极大政治勇气的。当时，兵部尚书陈孚恩即"力属勿具折言事，盖恐误触忌讳……而于身则有损"。同值南书房潘祖荫则大为叫绝："自涤生司马三流弊疏后，仅见此文，亦今之《广陵散》矣。"① 将此折比之咸丰元年（1851）曾国藩的《敬陈圣德三端预防流弊疏》。曾国藩此疏，即是陈述圣德、针砭时弊，并劝诫咸丰帝预防其弊。两者如出一辙。郭嵩焘所陈"海防与驭夷之道"，一是造战船，二是学习西方语言文字以"通悉夷情"。他建议的"战船"，虽非行驶海洋之轮船，但提出了在水上与敌作战的构想，比后来曾国藩、左宗棠试造轮船建议的提出早了八年。而组织学习西方语言文字的主张，也比后来京师同文馆的设立早了三年。

咸丰九年正月初五（1859年2月7日），咸丰帝准僧格林沁奏请，命郭嵩焘赴天津僧格林沁军幕，协助办理防务。二十六日（2月28日），郭嵩焘启程离京。抵津后，即随同僧格林沁视察大沽炮台，至北塘视察海口；又偕同检查各要塞工程，观看各炮台演习；为僧格林沁拟订"临敌章程十一条""六营章程十二条"，可谓劳累奔波、辛勤备至。后僧格林沁上奏清廷："郭嵩焘自到防以来，随同奴才布置一切，昼夜辛勤，于剿抚各事均为熟悉。"② 在此过程中，郭嵩焘对天津海口各要塞的建设、军队的部署等提出了不少建议，但也与僧格林沁以及前来视察的怡亲王载垣等"意见稍有未合"。后其弟郭仑焘曾说，时"王锐意诱击夷人，兄心忧之，屡陈古今御夷之策，推求得失缓急，明其控御之宜，以是忤王意"。③

是年五月中旬，英、法、美三国公使率舰队自上海北上，抵达大沽海口，拟去北京与清政府交换《天津条约》批准书。清朝廷要求其在北塘登陆，经天津赴京。但英、法公使坚持通过大沽，并要求撤除大沽口外防御工事。五月二十五日（6月25日），英、法舰队在大沽口突然发动攻击。僧格林沁指挥清军奋起抵抗，大败英军。郭嵩焘在激战中驰至，僧氏大为感动，后赞其"见利不趋，见难不避，天下安有此人"！

大沽之战后，英、法撤军而去，美国公使华若翰表示愿自北塘进京。

① 郭嵩焘：《郭嵩焘全集》第8册《日记一》，岳麓书社，2012，第183页。
② 《僧格林沁奏办理抚局当刚柔相济折》，载《筹办夷务始末》第4册《咸丰朝卷四十》，中华书局，1979，第1523页。
③ 郭仑焘：《萝华山馆遗集》卷一，载《郭昆焘集·郭仑焘集》，岳麓书社，2011，第14页。

六月初九（7月8日），郭嵩焘随直隶总督恒福与华若翰在北塘会见。随后郭嵩焘奉命赍僧格林沁《办理抚局当刚柔相济折》赴京递奏，"面陈梗概"。是年九月，又奉僧格林沁命赴山东烟台清查沿海税务。在此后的两个月中，郭嵩焘周历山东沿海烟台、威海、文登、胶州、日照等各口，清查税务，添设厘局，整顿厘章，后因烟台厘局被毁案遭僧格林沁参劾，诏命交部议处。十二月十五日（1860 年 1 月 7 日），郭嵩焘自济南启程回京，其协助僧格林沁办理海防之差务也至此结束。

综上所述，两次鸦片战争期间，郭嵩焘满怀激情，奔赴反侵略战争前线，"愤然言战守机宜""屡陈古今御夷之策"，表现出强烈的爱国热情，展示了一位爱国者的形象。

更为重要的是，作为一位思想者，郭嵩焘在亲历反侵略战争的过程中，曾进行认真的研究和思考。如果说在第一次鸦片战争时期，郭嵩焘还只是初次经历，接触的层面也较为有限，其认识和思考还较为粗浅，那么在第二次鸦片战争中，他所接触的已经到了国家最高层面，其认识也更为全面和深入。他指出"今日海防，当筹数十年守御之计，非务防堵一时"，即捍卫国家安全、防御外来侵略，是国家的长久之计，如"先无主见，临时商议，参差反复，愈办愈坏"。他继承魏源"师夷长技以制夷"的思想，主张"中国之制服海外，在因彼之所长而用之，未有用彼之所长以自困"，因此建议制造战船，扼守海口，抵抗侵略。他还认为抵抗外来侵略，必须知己知彼。他曾为之感叹：自第一次鸦片战争二十年以来，"始终无一人通知夷情，熟悉其语言文字者"，因此主张学习外国语言文字，翻译外国书籍，"以知海外诸国虚实……以济海疆之用"。郭嵩焘还从"理"的角度，提出在对外交往乃至对外战争中，要有理有节，"兵以义动"。咸丰九年三月，怡亲王载垣奉旨来天津，曾提出"如洋人入口不依规矩，可悄悄击之，只说是乡勇，不是官兵"。郭嵩焘当即指出："凡事须是名正言顺，须缓缓商之。"僧格林沁幕中两人为僧氏撰拟折稿，提出撤销汲沟营防务，并将之指为已在《天津条约》中定为通商口岸的牛庄。郭嵩焘表示反对，说："指汲沟营为牛庄，又岂足以诳夷人乎……今日即能诳之，他日举以相责，又将何如？"郭嵩焘的这一系列思想和主张，表明他是一位真正的爱国者、一位头脑清醒的思想者。他的思想和主张，开启了洋务运动的先声，为我国近代爱国主义的发展提供了有益的思想基础。

郭嵩焘对湖湘文化的思考与传承

李　斌*

摘　要：郭嵩焘，湘军创建者之一，中国首位驻外使节，近代化中国推动者之一，既是饱受湖湘文化熏陶的士子，又在一定程度上影响了近代湖湘文化的走向和传承。近代中国政治、文化名人对郭嵩焘予以高度评价：他清醒看世界，突显了湖湘文化的开拓创新精神；他倡导西学，体现湖湘文化经世致用及包容并蓄特征；他著书立说，彰显了湖湘文化崇实重学之风。郭嵩焘对湖湘文化进行了深刻的反思，他剖析湖湘文化保守倔强性格特征，分析清代以后湖南人文兴起的客观原因。郭嵩焘继承了湖湘文化重经世致用的实学精神，他兴办教育推动湖湘民风进步，树立湖湘文化先贤典范，倡议发展湖湘社会文化，对湖湘文化的传承有重要的推动作用。

关键词：郭嵩焘　湖湘文化　湘学

郭嵩焘，湘军创建者之一，中国首位驻外使节，中国近代化的推动者之一，既是饱受湖湘文化熏陶的士子，又在一定程度上影响了近代湖湘文化的走向和传承。学术界对郭嵩焘与湖湘文化关系的探讨成果，主要有王兴国：《郭嵩焘与湖湘文化》（《湖南师范大学社会科学学报》1995年第5期）、张静：《郭嵩焘与湖湘文化》（硕士学位论文，华中师范大学，2004）、张静：《郭嵩焘对湖湘文化承继、超越和批判之浅探》[《阜阳师范学院学报》（社会科学版）2004年第6期]；周辉湘：《郭嵩焘与湖湘文化》（《船山学刊》2001年第4期）、李烨梧：《论郭嵩焘在晚清湖湘文化建构中的作用》（硕士学位论文，湖南师范大学，2016）等专题论文，此外还有其他相关成果叙及郭嵩焘与湖湘文化的关系。以上论文主要从郭嵩焘受湖湘文化影响、郭嵩焘对湖湘文化的影响等方面展开研究。郭嵩焘对湖湘文化积极

---

* 李斌，湖南省社会科学院历史文化研究所所长，副研究员。

因素与消极因素的深刻思考及对湖湘文化的批判与传承，值得我们进一步学习和思考，并为我们在新时代如何实现湖湘文化"创造性转化、创新性发展"提供借鉴。

一 时人述评映衬郭嵩焘的近代湖湘文化地位

近代中国政治、文化名人对郭嵩焘的评价，正是对他在湖湘文化中地位的高度肯定。郭嵩焘本人对湖湘文化的发展有着一定影响，因此，作为湖湘文化洪流中的一员，站在那个时代看湖湘文化，才更贴近实际，更客观而深刻。

1. 清醒看世界，突显湖湘文化的开拓创新精神

自魏源"开眼看世界"以来，一批湖湘人士走出湖南，为近代中国带来一股清新之风。郭嵩焘在国难之时，在人人唯恐避之不及的关键时刻，走出国门，清醒看世界，更是难能可贵。1893 年，薛福成在评价中国早期外交官时，指出，郭嵩焘之外交地位仅居于曾纪泽之后："侍郎虽力战清议，以至声名败坏，然其心实矢公忠。且他人必无此毅力，无此戆气，故居第二。"① 薛福成将曾纪泽、郭嵩焘列为中国近代外交官第一、第二位，名副其实，这也反映了郭嵩焘等人的开拓创新精神。王先谦认为郭嵩焘在中国思想文化的开拓方面做出了重要贡献，评价"（郭嵩焘）思以先觉，觉彼后知，利在国家，岂图其私"，乃"魁奇杰特之士"②，并上书奏请朝廷为郭嵩焘赐谥号。

2. 倡导西学，体现湖湘文化经世致用及包容并蓄的特征

郭嵩焘以精透洋务而名垂青史，是主张学习西方先进文化的主要倡导者。李鸿章曾对其如此评价："生平于洋务最为关心，所论利害皆洞入精微，事后无不应验。前后条列各件，外廷多不尽知，病归后，每与臣书言及中外交涉各端，反复周详，深虑长言，若忧在已，迄今展阅，敬其忠爱之诚，老而弥笃且深，叹不竟其用为可惜也。"③ 洋务能臣两江总督刘坤一

---

① 薛福成：《薛福成日记》下册，吉林文史出版社，2004，第 826 页。
② 王先谦：《养知书屋遗集序（葵园四种）》，岳麓书社，1986，第 91 页。
③ 沈云龙：《玉池老人自叙》，《中国近代史资料丛刊第十一辑》，文海出版社，1966，第 10 页。

称赞他："周知中外之情，曲达经权之道，识精力卓，迥出寻常。"① 谭嗣同在 1895 年写的《浏阳兴算学记》中，对郭嵩焘的洋务思想体系做了较高评价："中国沿元、明之制，则皆今日切要之大政事，惟无教化之土蕃野蛮或不识之，何湖南乃尔陋耶？然闻世之称精解洋务，又必曰湘阴郭筠仙侍郎、湘乡曾劼刚侍郎，虽西国亦云然。两侍郎可为湖南光矣，湖南人又丑诋焉，若是乎名实之不相契也。"② 梁启超出任时务学堂中文总教习，就曾经感慨："湖南天下之中而人才之渊薮也。其学者有畏斋、船山之遗风，其任侠尚气与日本萨摩、长门藩士相仿佛，其乡先辈若魏默深、郭筠仙、曾劼刚诸先生，为中土言西学者所自出焉。两岁以来，官与绅一气，士与民一心，百废具举，异于他日，其可以强天下而保中国者，莫湘人若也。"③ 以湘军将领为代表的晚清中兴将相创办洋务，探索国富民强之道。曾国藩以开办近代军工企业的实际行动诠释学习西方"长技"的必由之路，而郭嵩焘则以负重前行的思想理论为倡导"西学"创臻辟莽。

3. 著书立说，彰显湖湘文化崇实重学之风

郭嵩焘一生著述颇多，主要有《养知书屋遗集》《史记札记》《礼记质疑》《中庸质疑》《使西纪程》《郭侍郎奏疏》《养知书屋文集》《郭嵩焘日记》等，可以说在湖湘文化中占有重要的一席之地。与郭嵩焘有过交往的阎镇珩盛赞郭嵩焘："先生道高气下，士无贤愚，曲与尽忻欢，扶善遏过，推诚奖诱，闻者往往副所怀以去。""当乾嘉之间，士好古而不恨于道，剽掇章句碎义以哗世取宠，而反抵圣贤心性之学为空疏无据，猖狂恣睢，冒利忘耻，后生和而应者千百喙相属也。先生以为邪说之蔽陷萌始一二人，而飙流浸益，蔓衍莫制，盖尝忧愤太息，反复与学者剖辨，俾知遗外程朱以论学，犹拒垣墙而殖蓬蒿，终身不离乎魁磊之径，虽有才智颖然特出者，亦归于谬惑昏弃而已矣。"④ 湘阴易翰鼎称："湘阴郭养知先生嵩焘，忠诚笃实，刚健沈雄，质性与船山相似，实湘中近今豪杰也。而其学兼汉宋，以汉儒为门户，以宋五子为堂奥，皆深造而自得之，又适与船山同趣。是以一生于船山最为倾心，非徒桑榜之恭而已矣。"钱基博的《近百年湖南学

---

① 刘坤一：《刘坤一遗集》（二），中华书局，1959，第 580 页。
② 谭嗣同：《谭嗣同全集》上册，中华书局，1981，第 173 ～ 174 页。
③ 梁启超：《南学会叙》，易鑫鼎编《梁启超选集》，中国文联出版社，2006，第 63 页。
④ 阎镇珩：《郭筠仙先生七十寿序》，载《船山全书》，岳麓书社，2012，第 693 页。

风》，将郭嵩焘与刘蓉置于同一章节，简单的记录了他与曾国藩和刘蓉的交情，以及郭嵩焘在朝、出使过程中的平顺、坎坷，盛赞郭尽得"王安石的遒劲"的真性情。李肖聘《湘学略》则是以"学案"的形式，介绍自宋以来湖湘文化史上的重要人物与学派，其中《玉池学略及其后附旧作湘阴诸郭著述考》就介绍了郭本人的廉洁，并罗列了郭嵩焘平所写的书目文章。

二　郭嵩焘对湖湘文化的反思

湖湘之地一方面有着开放包容的一面，特别是走出湖南的士子，光大弘扬了湖湘文化的积极因子。但另一方面，直至晚清之际，虽然涌现出大批人才群体，但湘人的保守性仍根深蒂固，在很大程度上阻碍了湖南经济社会的发展。郭嵩焘据亲身经历和体会，对清代湖湘人才之盛及湖湘文化的保守性做了分析。

1. 剖析湖湘文化保守倔强性格特征

湖南在洋务运动时期是有名的保守之疆、"铁门之城"，这不仅体现在当时对"洋务"的排斥，也体现在倡导洋务的湖湘人士在故土的遭遇上。郭嵩焘向湖南巡抚刘琨提议，在城南书院张栻祠旁建船山祠。刘琨深表赞同，郭嵩焘随即着手在妙高峰修建船山祠。"但因丁濬卿倡言阻之"而停工。郭嵩焘愤然指出："楚人好议论，而学识猥陋大率如此，可笑可叹。""数年以来，悉中外之人，被湖南绅士以跋扈之名，相与嫉忌之。当事者至置吏治民风于不问，而专以裁抑绅事为能。民气阻遏，盗贼肆行，诸君名业，亦遂荼然无复可纪。"[1] 郭嵩焘在光绪五年（1879）六月二十七日的日记中写道："其奏王船山先生崇祀文庙两庑，自揣所言不足取信朝廷，政府诸公视王蘷石文章道德，百倍胜于鄙人，特请饬湖南巡抚开具实册，咨送其遗书。礼部以一书托以省城诸公，凡三十余人，无一回信者。顷归家询之，则李辅堂一人实倡其议，谓船山不足入两庑，诸人嗫不敢言。其待二百年前乡先达、理学名儒如此，于并世之人何有哉！以是益知湖南人之不足与提拔也。"[2]

---

[1] 郭嵩焘：《郭嵩焘日记》，载《郭嵩焘全集》，岳麓书社，2012，第 452~453 页。
[2] 《郭嵩焘全集》第 1 册，岳麓书社，2012，第 148 页。

郭嵩焘对湘人的保守思想倍感愤懑，他在李鸿章的信中指出，曾纪泽仅仅因为家事乘坐小轮船从南京到长沙，就遭到了湖南官绅的攻击"起而大哗，数年不息"。①1876 年秋闱期间，聚集在长沙的数千名士子听闻郭氏即将"赴英请罪"，纷纷指责他"背祖忘宗"，10 月 4 日，放火焚烧了由郭嵩焘捐助修建的上林寺以发泄心中的不满情绪。后来，郭嵩焘乘小火轮返湖南家乡，湘人欲焚其火轮以泄愤。这些事件中所体现的正是湘人的仇外保守思想。他在晚年的日记中清晰记述了当时事件始末及王夔石对该事件反应："罗筱垣过谈，言及丙子秋焚毁上林寺，其源由崔贞史欲怙众人狂径之力毁撤机器局，约期会议，人知机器局奏请设立，不宜毁，一泄其毒于上林寺。王夔石以上林寺由我创修，闻其毁，大喜，急剧之以为士气，从而嘉奖之，又令首府出示揭寺僧西枝之罪，驱逐拿办，为之扬其波，而于毁庙滋事、乘机纵掠之士民，一置不问。自是而民气之坏乃益不可支，至于动辄榜示，揭督抚司道之名，指斥为沟通洋人。亲法玩上，导民于乱，而湖南乱机之动，至是而益烈。"②

郭嵩焘认为湖南人性格嚣张，人心不古。他分析湖南人的彪悍性格时指出："吾楚风气之嚣陵"，"人心之绕薄"。③ 郭嵩焘清醒地感受到湖南人的性格弊端，结合自己的经历，更是痛心疾首。光绪四年，他在给沈德桢的信中指出："嵩焘之遭诟谤，尤以两湖为甚。惟其所见愈狭，而持之论乃愈坚。"④ 这里所指的见解狭隘，实际就是在批判湖南士人的保守心态。他在品评天津教案时还指出："办理教案，津人毁之，湖南人尤相与毁之。"⑤

郭嵩焘还认识到当时湖南官绅的弊端，他指出："所欲办者事耳，诸公拥前驺，坐堂皇，诚然官也，归家则亦一绅士而已。家居则忌官而袒绅，在仕有忌绅而袒官，挟其一念之私，终身疲役而自不能明其所以然。诚一以办事为心，取其足以集吾事而止，于此必有辨矣，而何官绅之必相剖判哉！"⑥

① 郭嵩焘：《致李鸿章》，载《郭嵩焘全集》第 13 册《书信》，岳麓书社，2012，第 272 ～ 273 页。
② 《郭嵩焘全集》第 1 册《日记四》，岳麓书社，2012，第 101 页。
③ 郭嵩焘：《复瞿鸿机》，载《郭嵩焘全集》第 13 册《书信》，岳麓书社，2012，第 433 页。
④ 郭嵩焘：《致沈德侦》，载《郭嵩焘全集》第 13 册《书信》，岳麓书社，2012，第 433 页。
⑤ 郭嵩焘：《致沈德侦》，载《郭嵩焘全集》第 13 册《书信》，岳麓书社，2012，第 433 页。
⑥ 《郭嵩焘全集》第 1 册，岳麓书社，2012，第 366 ～ 367 页。

2. 分析清代以后湖南人文兴起的原因

对湖南人才蔚然兴起的原因有不同的解释，郭嵩焘也做了探讨。他认为，清代以前，湖南人文不兴，但清代以来，湖南文化有了较大发展。他指出："乾嘉之际，经师辈出，风动天下，而湖以南暗然，无知郑、许《说文》之学者。"① 然而"自咸丰以来，削平寇乱，名臣儒将，多出于湘"。② 湖南"国朝人文，远过明代，就所知者，若蒋天植之菜、朱子昭之宣、张百川廷禄、左仲基宗植……"③ 清代湖南之所以人才崛起，郭嵩焘认为主要有两方面的原因。郭嵩焘分析，湖南人才的兴起与"南北分闱"关系重大。他指出，"分闱"乃"夫一事之成劳更历数百年。流连慨慕，其功有足思也。而创始愈艰，则其思慕也愈深。湖南之建行省，自分闱始也。集数公之心力，展转以求成。部议愈坚，请之愈勤。非有以表章而崇祀之，则又乌知百余年科名之盛，人才之奋起，所以成就之若是之艰难也"。④ 正是"南北分闱"为近代湖湘文化的兴盛创造了良好的条件。郭嵩焘还指出，其时湖南人才崛起，正是得益于因镇压太平军起义而造就的湘军。他指出："湖南兵威之盛，与粤寇终始。其后东平捻，西定回疆，万余里皆乘荡平粤寇之余力为之平寇者，湘军之力也。"⑤ 他在《陈隽臣（士杰）中垂暨颜夫人六十双寿序》中指出，"曾文正公出视师，豪杰相望以起。将相名宦，震耀一时"。从郭嵩焘的分析看，他认为清代以后湖南人文兴起的主要原因是客观的，是时势造就的，湖南人在主观上仍需努力求成。

三　郭嵩焘对湖湘文化的传承

郭嵩焘继承了湖湘文化重经世致用的实学精神，对湖湘文化的传承有重要的推动作用。

1. 兴办教育推动湖湘民风进步

推动建立思贤讲舍和复兴湘水校经堂。同治十一年（1872）曾国藩逝

---

① 郭嵩焘：《罗研生墓志铭》，载《郭嵩焘全集》第 15 册，岳麓书社，2012，第 582 页。

② 《光绪二十四年二月壬戌陈宝箴奏》，载《光绪朝东华录》，中华书局，1958。

③ 郭嵩焘：《重刻〈安愚斋文集〉序》，载《郭嵩焘全集》第 14 册，岳麓书社，2012，第 315 页。

④ 《郭嵩焘诗文集》，岳麓书社，1984，第 524 页。

⑤ 郭振墉校录《湘军志平议》，清闻山馆 1916 年刻本，第 1～2 页。

世，湘人因感念曾国藩，共同筹资于长沙小吴门正街为其建祠堂，光绪五年（1879）落成。此时郭嵩焘认为当时民俗已"耻俭朴而竞奢靡，经礼义而嗜货财，薄忠信而尚谲诈"①，为改变这种社会风气，他本着"为是者有本有末，本者何？政教、人心、风俗是也"②，"学校者人心风俗之本，学校修明，人心风俗亦将有感发振兴，转移于不自知者"的信念，③ 在曾国藩祠西隅设思贤讲舍，为讲学之所，力求"一挽学校之陋"，希望"佑启后进，辟吾楚之榛荒"，倡导实学④。思贤讲舍于光绪七年（1881）正式开馆。郭嵩焘创办思贤讲舍，倡议恢复湘水校经堂，不仅为近代湖南培养了一批经世致用的人才，而且对湖南近代教育制度的改革起了开风气的作用⑤。

2. 树立湖湘文化先贤典范

郭嵩焘参与《湖南省志》的编撰，凸显湖湘文化及湖湘人文新气象。此外，还着重树立湖湘文化先贤典范。王船山是湖湘文化中的重要人物，郭嵩焘本着对王船山先生的推崇，积极宣扬王船山之学术思想，树立湖湘先贤典范。他首先倡导在湖南建立船山祠，开展船山纪念活动，最先奏请王船山从祀文庙。同治九年（1870）十月廿二日。郭嵩焘写道："船山处乱世，几欲离人立于独，气象又别。师船山之言以立身，体圣贤之心以应物，其庶几乎。"⑥ 郭嵩焘指出："濂溪周子与吾夫子，相去七百载，屹立相望。"因此，他定下思贤讲舍每年九月初一祭祀船山，以"揽道学之始终。亘湖湘而有光"⑦。郭嵩焘为了"表彰湖南人物，为后代史氏之征也"⑧，主导编撰《褒忠录》，表彰忠节烈士，塑造湖南人的"忠义"形象。不过，郭嵩焘在悼念湘军阵亡将士的亡灵，宣扬湘军将士杀身取义的名节同时，无形中也强化了湖南绅士的保守观念。

3. 倡议发展湖湘社会文化

郭嵩焘返乡后，不仅坚持对国家经济社会发展提出自己的主张，而且

① 郭廷以：《郭嵩焘年谱》，台北"中央研究院"近代史研究所，1971，第38页。
② 钱基博：《近百年湖南学风》，中国人民大学出版社，2004，第56页。
③ 《郭嵩焘全集》第1册，岳麓书社，2012，第365页。
④ 郭嵩焘：《船山先生祠安位告文》，载《郭嵩焘全集》，岳麓书社，2012，第675页。
⑤ 王兴国：《郭嵩焘与湖湘文化》，《湖南师范大学社会科学学报》1995年第5期。
⑥ 《郭嵩焘全集》第1册，岳麓书社，2012，第446页。
⑦ 郭嵩焘：《船山先生祠安位告文》，载《郭嵩秦全集》第15册，岳麓书社，2012，第675页。
⑧ 郭嵩焘：《致吴敏树》，载《郭嵩焘全集》第13册《书信》，岳麓书社，2012，第66~67页。

一直关注湖南社会文化的发展。他通过观察和亲身体会，认识到湖南无论是官绅还是民气，都存在不少问题。他思考"吾楚省运太坏，亦不知作何究竟"，① "吾谓湖南近十年吏治、士习、民情，流极败坏，至不可问，直是一意专向坏处，略无见好之心。人心之沦丧久矣，欲无危乱，得乎?"② 郭嵩焘对湖南的社会风气表示极大忧虑："湖南风气日益颓敝，万难冀幸久安。"③ 为此，他针对湖南省情，从不同的视角提出发展湖南的策略："一、省城以内存谷几何。二、省城以内存银钱几何。三、省城以内文武官寄居者，宜详考其履历及其志行。四、各街绅士名籍，宜详细考察其家世及其人才高下，详记之。其有识解才行优异者，可以互相推引，与共谈论，以广见闻。五、各署书差捕快著名者。其有行踪诡异、周知外事者，尤可以资考究。六、各项经纪中才具优长者，随时考究、随事酌用。七、市井豪恶著闻者，稍有天良有本领者，皆可收而用之。"④ 郭嵩焘的建议和意见具有很强的现实性和可操作性，对促进官绅发展湖南社会文化产生了一定的推动作用。

可以说，郭嵩焘是他那个时代的先行者，饱受责难，却矢志不渝地弘扬和推动湖湘文化的发展，勇敢而客观冷静地反思湖湘文化的优势。只有在批判中传承，我们才能走得更远、更好。郭嵩焘剖析和传承湖湘文化的精神和勇气，是我们在新时代树立文化自信、弘扬和创新湖湘文化的榜样。

---

① 郭嵩焘：《致朱克敬》，载《郭嵩焘全集》第 13 册《书信》，岳麓书社，2012，第 409 页。
② 郭嵩焘：《致朱克敬》，载《郭嵩焘全集》第 13 册《书信》，岳麓书社，2012，第 409 页。
③ 郭嵩焘：《致朱克敬》，载《郭嵩焘全集》第 13 册《书信》，岳麓书社，2012，第 409 页。
④ 郭嵩焘：《省城事局议》，载《郭嵩焘全集》第 15 册，岳麓书社，2012，第 727 页。

严惩"上官"：顾炎武、黄宗羲、
王夫之的廉政思想比较

郭　钦[*]

摘　要：明末清初三大思想家顾炎武、王夫之、黄宗羲对于廉洁问题都有精辟的论述。顾炎武的廉政思想是对明亡之故的探究及其亡国教训的总结，其重点在于揭示士大夫道德沦丧而至亡国。黄宗羲主要从政权机构设置的角度论证了不受限的权力导致的腐败问题。王夫之主张严惩"上官"，并认为这才是治本的方案。另外，王夫之在惩贪倡廉方面还提出了"省官以清吏治，增俸以责官廉"的主张。

关键词：顾炎武　黄宗羲　王夫之　廉政

明末清初三大思想家顾炎武、王夫之、黄宗羲对于廉洁问题都有精辟的论述。顾炎武的廉政思想是对明亡之故的探究及其亡国教训的总结，其重点在于揭示士大夫道德沦丧而至亡国。从人格的角度而言，顾炎武认为晚明谄媚之风盛行，士大夫毫无廉耻观念，成为国家丧乱之一源。顾炎武在《日知录》①"夸毗"条指出："至于佞谄日炽，刚克消亡，朝多沓沓之流，士保容容之福。苟由其道，无变其俗，必将使一国之人皆化为巧令言色孔壬而后已，然则丧乱之所从生，岂不阶于夸毗之辈乎？"夸毗是因为贪图富贵，这是可耻的，最终会导致国家败亡。

礼义廉耻是治国的大纲，如果士大夫毫无羞耻心，那么其毫无节制的贪求行为必将危害国家政治秩序，由士大夫组成的官员必将腐败，最终导

＊　郭钦，湖南社会科学院历史文化研究所副研究员。本文系 2018 年度国家社会科学基金项目"思潮、政治与学术：船山学研究（18BZ067）"阶段性成果。
①　顾炎武：《日知录》，甘肃人民出版社，1997。

致国家灭亡。顾炎武在《日知录》"廉耻"条里有许多振聋发聩之语。录部分如下：

> 《五代史·冯道传论》曰："礼义廉耻，国之四维；四维不张，国乃灭亡，善乎！管生之能言也，礼义，治人之大法；廉耻，立人之大节，盖不廉则无所不取，不耻则无所不为。人而如此，则祸败乱亡亦无所不至，况为大臣，而无所不取，无所不为，则天下其有不乱，国家其有不亡者乎？"然而四者之中，耻尤为要。故夫子之论士，曰"行己有耻"；《孟子》曰"人不可以无耻，无耻之耻，无耻矣"，又曰"耻之于人大矣，为机变之巧者，无所用耻焉"。所以然者，人之不廉而至于悖礼犯义，其原皆生于无耻也，故士大夫之无耻，是谓国耻，吾观三代以下，世衰道微，弃礼义，捐廉耻，非一朝一夕之故。
>
> ……
>
> 罗仲素曰："教化者，朝廷之先务；廉耻者，士人之美节；风俗者，天下之大事。朝廷有教化，则士人有廉耻；士人有廉耻，则天下有风俗。"
>
> 古人治军之道，未有不本于廉耻者，《吴子》曰："凡制国治军，必教之以礼，励之以义，使有耻也。夫人有耻，在大足以战，在小足以守矣。"《尉缭子》言："国必有慈孝廉耻之俗，则可以死易生。"而太公对武王："将有三胜：一曰礼将，二曰力将，三曰止欲将。"

顾炎武之所以在此大谈军中的"耻"，是有感于明末军中贪腐太甚。而军中腐败是国家腐败的一个缩影，所以顾炎武大力倡导廉洁。他在《日知录》"贵廉"条中言：

> 汉元帝时，贡禹上言："孝文皇帝时，贵廉洁，贱贪污，贾人赘婿及吏坐赃者皆禁锢，不得为吏。赏善罚恶，不阿亲戚。罪白者伏其诛，疑者以与民，亡赎罪之法。故令行禁止，海内大化。天下断狱四百，与刑错亡异。武帝始临天下，尊贤用士，辟地广境数千里，自见功大威行，遂从者欲，用度不足，乃行一切之变，使犯法者赎罪，入谷者补吏，是以天下奢侈，官乱民贫，盗贼并起，亡命者众。郡国恐伏其

诛，则择便巧史书、习于计簿、能欺上府者，以为右职。奸轨不胜，则取勇猛能操切百姓者、以苛暴威服下者，使居大位，故亡义而有财者显于世，欺谩而善书者尊于朝，悖逆而勇猛者贵于官。故俗皆曰：何以孝弟为？财多而光荣；何以礼义为，史书而仕宦；何以谨慎为？勇猛而临官，故黥劓而髡钳者，犹复攘臂为政于世。行虽犬彘，家富势足，目指气使，是为贤耳，故谓居官而置富者为雄杰，处奸而得利者为壮士。兄劝其弟，父勉其子，俗之败坏，乃至于是。察其所以然者，皆以犯法得赎罪，求士不得真贤；相守崇财利，诛不行之所致也。今欲兴至治，致太平，宜除赎罪之法。相守选举不以实及有赃者，辄行其诛，亡但免官，则争尽力为善，贵孝弟，贱贾人，进真贤，举实廉，而天下治矣。"

鸣呼，今日之变有甚于此。自神宗以来，赇货之风日甚一日，国维不张，而人心大坏，数十年于此矣。《书》曰："不肩好货，敢恭生生，鞠人谋人之保居，叙钦。"必如是，而后可以立太平之本。

禹又欲令近臣自诸曹侍中以上，家亡得私贩卖，与民争利，犯者辄免官削爵，不得仕宦。此议今亦可行。自万历以后天下水利、碾硙、场渡、市集无不属之豪绅，相沿以为常事矣。

明亡于贪腐，顾炎武面对故国家园，只有叹息："盖自永乐时，赃吏谪令成边，宣德中改为运砖纳米赎罪，浸至于宽，而不复究前朝之法也。鸣呼，法不立，诛不必，而欲为吏者之毋贪，不可得也。人主既委其太阿之柄，而其所谓大臣者皆刀笔筐箧之徒，毛举细故，以当天下之务，吏治何由而善哉？"这是《日知录》"除贪"条的核心内容，也是顾炎武严惩贪赃而绝不能仁慈的主张。时至今日，仍适用。

黄宗羲主要从政权机构设置的角度论证了不受限的权力导致腐败问题。在《明夷待访录》[①] 中，黄宗羲探讨了君、相、臣之间的相互制约关系，探讨了法设置的目的。在《明夷待访录》的《原君》中，黄宗羲重新定义君主和皇权，强调政治权力本为天下公器，并非一家一姓所可私有。对暴君"敲剥天下之骨髓，离散天下之子女，以奉我一人之淫乐"的无限权力进了

_____

① 黄宗羲：《明夷待访录》，中华书局，2011。

批判。在《置相》中主张尊崇士大夫出身的宰相，在制度上形成制约皇权的力量。在《原臣》中主张臣下的任务在于与君主共治天下，做官应该是"为天下，非为君也；为万民，非为一姓也"。在《原法》中主张立法为天下，而非为"一家"，意在从法律上限制无限的君权，从而达到清明政治。

王夫之主张严惩"上官"。王夫之在《读通鉴论》① 卷二八《五代上》中论道：

> 严下吏之贪，而不问上官，法益峻，贪益甚，政益乱，民益死，国乃以亡。群有司众矣，人望以廉，必不可得者也。中人可以自全，不肖有所惮而不敢，皆视上官而已。上官之虐取也，不即施于百姓，必假手下吏以为之渔猎，下吏因之以餍其箕敛，然其所得于上奉之余者亦仅矣。而百姓之怨毒诅咒，乃至叩阍号愬者，唯知有下吏，而不知贼害之所自生。下吏既与上官为鹰犬，复代上官受缧绁，法之不均，情之不忍矣。
>
> 将责上官以严纠下吏之贪，可使无所容其私乎？此尤必不可者也。胥为贪，而狡者得上官之心，其虐取也尤剧，其馈献也弥丰；唯琐琐笾豆之阘吏，吝纤芥以封殖，参劾在前而不恤，顾其为蠹于民者，亦无几也。且有慎守官廉，偶一不捡而无从置辩者矣。故下吏之贪，非人主所得而治也，且非居中秉宪者之所容纠也，唯严之于上官而已矣。严之于上官，而贪息于守令，下逮于簿尉胥隶，皆喙息而不敢逞。君无苛核之过，民无讼上之愆，岂必炫明察以照穷檐哉？吏安职业，民无怨尤，而天下已平矣。
>
> 下吏散于郡邑，如彼其辽阔也，此受诛而彼固不戢，巧者逃焉，幸者免焉。上官则九州之大，十数人而已，司宪者弗难知也；居中司宪者，二三人而已，天子弗难知也。顾佐洁身于台端，而天下无贪吏。握风纪之枢，以移易清浊之风者，止在一人。慎之于选任之日，奖之以君子之道，奚必察于偏方下邑而待小民之讦讼其长上乎？杨廷式按县令之受赇，请先械系张崇，而曰"崇取民财，转献都统"，归责于徐知诰也。可谓知治本矣。

---

① 王夫之：《读通鉴论》卷 28，载《船山全书》第 10 册，岳麓书社，2011，第 1102～1103 页。

　　显然，王夫之看到了"法之不均"的现象，认为下官之所以贪贿，实际上是因为上级官员"上官之虐取也，不即施于百姓，必假手下吏以为之渔猎"，而老百姓只能看到身边下级官吏的所作所为，故而，一告状，只有下级官吏受到惩处。然而贪贿的根子在上面，贪贿的根子不除，贪贿之事就会继续下去。如此，高官既有不受法律制裁的特权，其贪污也就愈加肆无忌惮，进而"政益乱，民益死，国乃以亡"。是不是可以"将责上官以严纠下吏之贪"呢？即依靠高级官员来严惩下级官员的贪污，这种办法看似可行，实际上依然没有解决问题。因为，这会造成"胥为贪，而狡者得上官之心，其虐取也尤剧，其馈献也弥丰"。所以，要杜绝下吏之贪，必须从严惩上官之贪入手。王夫之之所以认为应严惩上官之贪，是因为上官人数少，容易取得成果，形成震慑力。而要惩上官，最重要的是朝廷的司宪者应注重审查那为数不多的"上官"是否有贪污问题，而皇帝则应关注"司宪者"自身是否有廉洁的问题，这一切都不难做到。执掌大权的宪官清廉，下级官员就会有所收敛，不敢肆无忌惮，这才是治本的方案。

　　王夫之在惩贪倡廉方面还提出了诸多建设性的意见。如在《省州县官而增其俸》①中以开宝之制"省官以清吏治，增俸以责官廉"②为话题，论述择人与选官中的廉政问题。王夫之写道："语云：'为官择人，不为人建官。'此核名实、求速效之说也，非所以奖人材、厚风俗、劝进天下于君子之道也。郡县之天下，其为州者数百，为县者千余。久者六载，速者三载，士人之任长吏者，视此而已。他则委琐之薄、尉。杂流兼进者也。以千余县岁进一人，十年而溢于万，将何以置此万人邪？且夫岁进一人之不足以尽天下之才也，必矣。"③认为官之设，当根据需要而定，不是因为需要奖励人才、劝进人才而设。并且提出，一旦设官，则尽力让官有一份可靠的薪水，不至于因为贫穷而"弄唇舌、舞文墨。衒淫巧，导讼讦，以摇荡天下，而为生民之大蠹"。④王夫之进一步指出，不要为了省费用而裁官，那样就如无道之世"吝于俸而裁官以擅利，举天下之大，不能养千百有司。

---

① 王夫之：《宋论》卷1，载《船山全书》第11册，岳麓书社，2011，第38页。
② 王夫之：《宋论》卷1，载《船山全书》第11册，岳麓书社，2011，第38页。
③ 王夫之：《宋论》卷1，载《船山全书》第11册，岳麓书社，2011，第38~39页。
④ 王夫之：《宋论》卷1，载《船山全书》第11册，岳麓书社，2011，第39~40页。

而金蚀于府，帛腐于笥，粟朽于窌，以多藏而厚亡。天所不佑，人所必仇，岂徒不足以君天下哉？君子所弗屑论已"。① 作为一个有辩证思想的哲学家，王夫之正是用辩证思维告诫统治者："省官""增俸"是为了清廉政治，纯为节省的"裁官"则天下必亡。

王夫之提出作为统治者的廉政基本修养是"慈""俭""简"。在《宋论》之《太祖之慈俭简》一文中，王夫之通过比较"文景之治""贞观之治"时的"慈""俭""简"和宋太祖的"慈""俭""简"，得出一个结论：君王之"慈""俭""简"的道德教化作用是非常重要的，而且真正发自内心的"慈""俭""简"才会教范长久。

王夫之言："三代以下称治者三：文、景之治，再传而止；贞观之治，及子而乱；宋自建隆息五季之凶危，登民于衽席，迨熙宁而后，法以敝，民以不康。繇此言之，宋其裕矣。夫非其子孙之克绍、多士之赞襄也。即其子孙之令，抑家法为之檠括；即其多士之忠，抑其政教为之薰陶也。呜呼！自汉光武以外，爰求令德，非宋太祖其谁为迥出者乎？"② 他显然认为宋太祖之"慈""俭""简"是最具有道德意义的。

为什么这么说呢？先看看王夫之对文、景、唐太宗三位的"慈""俭""简"廉洁政治的评价。

民之恃上以休养者，慈也、俭也、简也；三者于道贵矣，而刻意以为之者，其美不终。非其道力之不坚，而不足以终也；其操心之始无根，而聊资以用，怀来之不淑，不能久掩也。文、景之修此三者，无余力矣。乃其慈也，畜刑杀于心而姑忍之；其俭也，志存厚实而勤用之；其简也，以相天下之动而徐制其后也。老氏之术，所持天下之柄者在此，而天人不受其欺。故王道至汉而阙，学术之不贞者为之也。唐太宗之慈与俭，非有异心也，而无固志。故不为已甚之行以售其中怀之秘，与道近矣；然而事因迹袭，言异衷藏，蒙恩者幸承其惠，偏枯者仍罹其伤。若于简，则非其所前闻矣。繁为口说，而辨给夺人；多其设施，而吏民滋扰。夫惟挟恢张喜事之情，则慈穷而忿起，俭困

① 王夫之：《宋论》卷 1，载《船山全书》第 11 册，岳麓书社，2011，第 40 页。
② 王夫之：《宋论》卷 1，载《船山全书》第 11 册，岳麓书社，2011，第 47 页。

而骄生，恶能凝静以与人休息乎？是三君者，有老氏处镇之术以亘于中，既机深而事必诡；有霸者假仁之美以著于外，抑德薄而道必穷。及身不偾，犹其才足以持之，不能复望之后嗣，固其宜矣。[①]

这段话若细细体会，很有深意。文景之"慈"，"畜刑杀于心而姑忍之"，并非心中无杀念，而是"忍"住了。文景之"俭"，"志存厚实而勤用之"。至于"简"，则是"以相天下之动而徐制其后也"。显然，王夫之认为是老氏之治术的要求，以安将相大臣宗藩之心，以消患于无形，而非文景内心需要。王夫之的评论有点苛刻，但也反映出是汉初形势所迫，文景不敢"恢张喜事，背简趋繁者也"，只能行廉洁政治。至于唐太宗的"慈""俭""简"，王夫之认为做作更多，"而无固志"。其"慈""俭"则完全是依据需要而定，所以"蒙恩者幸承其惠，偏枯者仍罹其伤"。而其"简"则"繁为口说"，实则"吏民滋扰"。也就是说，唐太宗行清简政治，不过是道德说教多，是机深事诡，而实际德薄，不足以服人。所以"有霸者假仁之美以著于外"，最终会"道必穷"。

再看看宋太祖是怎样的"慈""俭""简"呢？

宋祖则二者之患亡矣，起行闲，陟大位，儒术尚浅，异学不乱其心。怵于天命之不恒，感于民劳之已极，其所为厚柴氏、礼降王、行赈贷、禁淫刑、增俸禄、尚儒素者，一监于夷狄盗贼毒民侮士之习，行其心之所不安，渐损渐除，而苏其喘息。抑未尝汲汲然求利以兴、求病以去，贸愚氓之愉快于一朝，以不恤其久远。无机也，无袭也，视力之可行者，从容利导，而不尸自尧自舜之名，以矜其美，而刻责于人。故察其言，无唐太宗之喋喋于仁义也；考其事，无文、景之忍人之所不能忍，容人之所不能容也；而天下丝纷之情，优游而就绪；瓦解之势，渐次以即安。无他，其有善也，皆因心者也。惟心之绪，引之而愈长；惟心之忱，出之而不妄；是以垂及百年，而余芳未歇。无他，心之所居者本无纷歧，而行之自简也。简以行慈，则慈不为沽恩之惠；简以行俭，则俭不为贪客之媒。无所师，故小疵不损其大醇；

---

① 王夫之：《宋论》卷1，载《船山全书》第11册，岳麓书社，2011，第47~48页。

无所仿，故达情而不求详于文具。子曰："善人为邦百年，可以胜残去杀。"或以文、景当之者，非也；老氏之支流，非君子之所愿见也。太祖其庶几矣！①

显然，王夫之对于宋太祖评价极高，认为宋太祖之"善"，"皆因心者也"，真由心发；心无杂念，所以"行之自简也"；然后，"简以行俭，则俭不为贪吝之媒"。而且，宋太祖不是沽名钓誉之辈，"不尸自尧自舜之名，以矜其美"，也就是说不是为了做表率而故意行"慈""俭""简"，是内心真的想行廉洁政治。

王夫之的结论是："忍者薄于所厚，则慈亦非慈；侈者必夺于人，则俭亦非俭。……不忍于人之死，则慈；不忍于物之殄，则俭；不忍于吏民之劳，则简。斯其慈俭以简也，皆惟心之所不容已。虽粗而不精，略而不详，要与操术而诡于道、务名而近于诚者，所繇来远矣。仁民者，亲之推也；爱物者，民之推也。君子善推以广其德，善人不待推而自生于心。一人之泽，施及百年，弗待后嗣之相踵以为百年也。故曰：光武以后，太祖其迥出矣。"②

王夫之此话当然是针对明朝政治太苛刻而言，其意在于求历史之鉴。

王夫之亦有关于廉政制度的建议，即君、相、谏官三者"环相为治"的主张。王夫之在《宋论·诏宰相毋得进用台官》一文中提出："宰相之用舍听之天子，谏官之予夺听之宰相，天子之得失则举而听之谏官；环相为治，而言乃为功。谏官者，以绳纠天子，而非以绳纠宰相者也。"③ 君、相、谏官三者"环相为治"，各有所专责，又各所制衡，则有政治清明的监督机制出现。这些主张大多数是借鉴历史上正反两方面的例子而针对现实问题提出来的，有极强的针对性。

总之，顾炎武、黄宗羲、王夫之都从历史和现实相结合的角度，一面总结历史上的反贪倡廉措施，一面提出惩贪促廉的新主张，为我们今天的反腐倡廉提供了很好的思想武器，值得充分肯定。

---

① 王夫之：《宋论》卷 1，载《船山全书》第 11 册，岳麓书社，2011，第 48 页。
② 王夫之：《宋论》卷 1，载《船山全书》第 11 册，岳麓书社，2011，第 48～49 页。
③ 王夫之：《宋论》卷 1，载《船山全书》第 11 册，岳麓书社，2011，第 122 页。

赵方与南宋嘉定北伐诏书考

李　超*

摘　要：所谓南宋曾在赵方建议下于嘉定十年五月降诏北伐之事乃属子虚乌有，这是后世论者对《宋史·宁宗本纪》等史书中相关记载的误读所致。嘉定前期，南宋在对金立场上一直奉行和议政策，只是鉴于朝野舆论压力在岁币等问题上暗中进行了一些调整，并无意根本改变对金政策。嘉定十年的金军南侵同样并没有让南宋立即改变政策，反而在某种程度上更加坚定了与金议和的意愿。在这种情况下，显然不大可能在嘉定十年五月底突然降诏北伐。无论是从史料根据上，还是从南宋其时的对金政策上，所谓北伐诏书都应是不存在的。

关键词：赵方　北伐诏书　史弥远　和议

南宋宁宗嘉定十年，在经过了短暂的十年和平之后，金朝再次大举南侵，宋金和平关系破裂，开启了旷日持久的战争状态。这场战场客观上加速了宋金两国的衰落和蒙古的崛起，具有深远的历史影响。这场战争虽然源于金兵南侵，但南宋的强硬反应也被认为对战争的扩大和长期持续产生了重要的作用。[①] 而表明南宋强硬立场的主要标志就是所谓北伐诏书的颁布。兴定元年（南宋嘉定十年）四月，金宣宗以南宋岁币不至为由，命乌古论庆寿、完颜赛不率军南侵。[②] 后世论者倾向于认为，面对金军进攻，南宋一方面整顿军队进行抵抗，另一方面则于五月底在主战的京湖制置使赵方的奏请下，降诏伐金，又于六月下诏激励将士。[③] 表面上看，伐金诏和激

---

* 李超，湖南省社会科学院历史文化研究所助理研究员，博士。基金项目：湖南省社科院院属一般课题"衡山赵氏家族与宋代边防研究"（18XXC05）。

① 孙建权：《金末对外战争研究》，硕士学位论文，安徽大学，2010，第 25～37 页。

② 脱脱等：《金史》卷 15《宣宗本纪》，中华书局，1975，第 328 页。

③ 何忠礼：《南宋史稿》，杭州大学出版社，1999，第 277 页；赵永春：《金宋关系史》，人民出版社，2005，第 324～325 页；孙建权：《金末对外战争研究》，硕士学位论文，安徽大学，2010，第 30 页。

励将士诏之间似乎存在着较为明显的逻辑关系，朝廷既已决定北伐，激励将士积极用命自是顺理成章，两道诏书共同表明了南宋与金朝彻底决裂的坚定意愿。然而，在现存的宋金两国史籍中，两道诏书的命运截然不同。现存的主要宋金史书中，伐金诏的内容未见只字片语，而激励将士诏却被南宋后期的主要史籍如《续编两朝纲目备要》《宋史全文》《续宋中兴编年资治通鉴》等所记载。[①] 就重要性而言，激励将士诏的价值显然不及北伐诏书。为何激励将士诏能完整地流传下来，而更有价值的北伐诏书却消失在历史长河中呢？虽然宋元之际的王朝更迭致使晚宋史料散佚严重，但在该问题上似不能仅满足于用史料留存的偶然性因素来解释。因此，有关北伐诏书的问题还值得我们进一步加以思考。

一 赵方与北伐诏书

论者坚信存在北伐诏书的史实根据究竟何在呢？检阅相关论述，可以发现这种众口一词所依据的主要材料当出自《宋史》。《宋史·宁宗本纪》载：

> （嘉定十年五月）癸卯，赵方请下诏伐金，遂传檄招谕中原官吏军民。[②]

《续编两朝纲目备要》《宋史全文》等书的记载与此一致。[③] 论者多认为正是在赵方的积极请求下，宋宁宗方下定决心降诏北伐。

赵方，字彦直，湖南衡山人，宋孝宗淳熙八年进士登第。自嘉定七年开始出任京湖制置使，成为京湖地区的最高军政长官。他与当时主导朝政的宰相史弥远关系密切，为其亲信。他就任京湖制置使后曾竭力执行史弥

---

① 佚名撰，汝企和点校《续编两朝纲目备要》卷 15，中华书局，1995，第 283～284 页；佚名撰，汪圣铎点校《宋史全文》卷 30，中华书局，2016，第 2575～2576 页；刘时举撰，王瑞来点校《续宋中兴编年资治通鉴》卷 15，中华书局，2014，第 360 页。
② 脱脱等：《宋史》40《宁宗本纪》，中华书局，1977，第 768 页。
③ 佚名撰，汝企和点校《续编两朝纲目备要》卷 15 "嘉定十年五月癸卯"条，中华书局，1995，第 283 页；佚名撰，汪对铎点校《宋史全文》卷 30 "嘉定十年五月癸卯"条，中华书局，2016，第 2575 页。

远所推行的主和政策，维系边境地区的和平局面。然而，赵方本人并非全然主和者，他有着较为强烈的功名之心，少年时曾得辛弃疾赏识，"尝访辛稼轩，留三日，剧谈方略"。① 金军主动撕毁盟约，举兵南侵，似乎重又激发了赵方强烈的功名之心。《宋史》称："金相高琪及其枢密乌古伦庆寿犯陈、光化、随、枣理、信阳、均州、方夜半呼其子范，蔡曰：'朝廷和战之说未定，观此益乱人意，吾策决矣，惟有提兵临边决战以报国耳。'遂抗疏主战，亲往襄阳。"② 在赵方的主持下，宋军有效地抵抗了金军入侵，"金人围枣阳急，方遣宗政、再兴等援枣阳，仍增戍光化、信阳、均州，以联声势。已而枣阳守赵观败金人于城外，再兴、宗政至，与观夹击，又败之，枣阳围解。方申饬诸将，当遏于境上，不可使之入而后拒之于城下"。③ 有学者指出，金军在嘉定十年四月的南侵主要集中在京湖一路，④ 因此赵方也就成为此番击退金军的最大功臣。可能正是这种胜利让赵方确信南宋已有战胜金朝的力量，不必再一味议和，甚至可以挥兵北上，收复中原。《宋史》称赵方在击败金军后，上疏朝廷"力陈不可和者七"，朝廷"战议遂定"。⑤ 因此，前引《宋史·宁宗本纪》称赵方曾请求朝廷降诏北伐当是可信的。

这是否意味着《宋史·宁宗本纪》的这条记载就完全正确呢？一些论者似乎是这么认为的，如何忠礼称："南宋在京湖一带的胜利，使宁宗和史弥远感到金人的力量已今非昔比，赵方再次上书朝廷，列举不能与金人讲和的七条理由，宁宗才于嘉定十年五月底下诏伐金。"⑥ 然而，仔细审读《宋史·宁宗本纪》的记载就可发现，该段史料的前半段是说赵方曾请求朝廷降诏北伐，但朝廷的立场究竟如何，宁宗皇帝是否降下北伐诏书，并未明言。材料的后半段则称"遂传檄招谕中原官吏军民"，后者似乎是赵方上疏的直接结果。但这里有两点需要注意：首先，诏与檄并非同一文体，诏为皇帝发布的命令，檄则是官方用来征召、晓谕、声讨的文书，两者不可

---

① 刘一清著，王瑞来校笺考原《钱塘遗事校笺考原》卷三《赵方威名》，中华书局，1977，第97页。
② 脱脱等：《宋史》卷403《赵方传》，中华书局，1977，第12204页。
③ 脱脱等：《宋史》卷403《赵方传》，中华书局，1977，第12204页。
④ 孙建权：《金末对外战争研究》，硕士学位论文，安徽大学，2010，第25页。
⑤ 脱脱等：《宋史》卷403《赵方传》，中华书局，1977，第12204页。
⑥ 何思礼：《南宋史稿》，杭州大学出版社，1999，第277页。

等同视之；其次，该段材料的主语依旧是赵方，也就是说传檄之事也应是赵方所为。有论者将传檄招谕中原官民之事理所当然地视作南宋朝廷的行为，[1] 显然是不确切的。认为赵方请求朝廷降诏与其传檄中原存在关联性并无问题，传檄之事当是得到了朝廷的认可，但这并不意味着就可以想当然地将其视作朝廷行为，以朝廷的名义发布檄文与以沿边将帅的名义发布檄文是存在差别的。

南宋时期，以沿边统帅的名义发布檄文并不罕见。绍兴三十一年十月，面对金主完颜亮南侵，宋高宗下诏亲征，随后"命宣抚制置司传檄契丹、西夏、高丽、渤海诸国及河北、河东、陕西、京东、河南诸路，谕出师共讨金人"。[2] 表明，在朝廷的允许或授意下沿边统帅具有对外发布檄文的权力。而在赵方发布檄文稍后，江淮和四川亦发生过同样情况。嘉定十二年十二月，"四川宣抚司遣兵取洮州，召诸将议出师，招谕中原豪杰"。嘉定十三年四月，"淮东制置贾涉招谕山东、两河豪杰"。八月，"四川宣抚司命利州统制王仕信引兵赴熙、巩州会夏人，遂传檄招谕陕西五路官吏军民"。[3] 三条记载中所言檄文明显就是以四川宣抚司、淮东制置司而非朝廷的名义发布。

从上面的论述中可以看到，根据《宋史·宁宗本纪》的记载，仅仅能够确定赵方曾经上疏请求朝廷降诏北伐，朝廷是否允准并颁降诏书，尚未见到任何确凿证据。至于《宋史》中赵方"再疏力陈不可和者七，战议遂定"的记载，也仅能说明赵方的议论坚定了朝廷的抗战意愿，无关降诏。何况所谓"战议遂定"也很可能只是本传为抬高传主地位而夸大其词，不可尽信。朝廷针对赵方上疏的回应当就是授意其以荆湖制置司的名义向金朝境内发布一道檄文，以诏谕中原地区的金朝官吏、军民。

此后，嘉定十年六月，南宋朝廷还颁降了一道激励将士的诏书。论者也往往引用该诏作为南宋与金朝断绝关系，全面对抗的证据。[4] 但这里存在两个问题：一是论者倾向于认为诏书主旨是为北伐而激励将士积极用命；

---

① 孙建权：《金末对外战争研究》，硕士学位论文，安徽大学，2010，第 30 页。
② 脱脱等：《宋史》卷 32《高宗本纪》，中华书局，1977，第 603 页。
③ 脱脱等：《宋史》卷 40《宁宗本纪》，中华书局，1977，第 774 ~ 775 页。
④ 赵永春：《金宋关系史》，人民出版社，2005，第 325 页；孙建权：《金末对外战争研究》，硕士学位论文，安徽大学，2010，第 30 页。

二是论者基本默认这道诏书是朝廷颁降给所有前线将士的。但事实可能并非如此。诏书的前半部分皆在历数金朝背盟毁约、兴兵南侵的昭昭恶行，尔后激励将士称："除戎当戒于不虞，纵敌必贻于后患。咨尔有众，永肩厥心，毋忽其既退而怀苟安，毋狃于屡胜而忘远略。……六月饬戎，予非得以。"① 这里似乎没有看到朝廷明确激励沿边将士北伐的言辞，更像是在退敌之后要求将士不得放松懈怠，而应整军经武以备金朝可能的再次入侵。从诏书中所载"守将效忠，开门而决战；兵民贾勇，陷阵而争先"的词句来看，这道诏书所激励的应该是那些在抵御此番金军入侵中立过功劳的将士。上文提到金朝的入侵主要集中在京湖一路，因此，这道诏书所颁降的对象当并非全部前线将士，而仅是京湖地区的官兵。《宋史·宁宗本纪》记载此事称："（嘉定十年六月）戊午，诏厉将士，募京西忠义人进讨。"②《续编两朝纲目备要》亦称："戊午，诏厉将士。……以黄榜募京西忠义人进讨。"③ 这些记载都是将降诏与募京西忠义人进讨连书并举，表明两件事所针对的对象应该皆是京湖地区。因此，这道激励将士的诏书虽然是真实存在的，却不能表明南宋在此前已经降诏北伐。不过，从该诏可以看出，在金军南侵的情势下，南宋的立场确实变得趋于强硬。

综上所述，后世认定南宋于嘉定十年五月颁布北伐诏书的史料根据是存在问题的，源于论者对《宋史·宁宗本纪》等史书中相关记载的不准确解读。金军南侵后，作为京湖统帅的赵方确实曾上疏朝廷要求北伐，但并未得到朝廷的允准。南宋在金军入侵后，仅仅在六月业已击退金军的情况下，向在此次抵御入侵中立下汗马功劳的京湖将士颁降了一道激励诏书，要求他们不要因金军已退而有所疏忽懈怠，根本不存在降诏北伐的举动。如此一来，在现存的宋金文献中，绝不见有关北伐诏书的只言片语就不难理解了。除了从史料根据上进行辨析外，从嘉定十年前后南宋对金政策的变化情况同样可以证明所谓北伐诏书的存在是有悖情理的。

① 佚名撰，汝企和点校《续编两朝纲目备要》卷15，中华书局，1995，第283~284页。
② 脱脱等：《宋史》卷40《宁宗本纪》，中华书局，1977，第768页。
③ 佚名撰，汝企和点校《续编两朝纲目备要》卷15，中华书局，1995，第283~284页；佚名撰，汪圣铎点校《宋史全文》卷30"嘉定十年六月戊午"条，中华书局，2016，第2575~2576页。

二　嘉定前期南宋对金政策

嘉定十年宋金战争爆发之前，有鉴于韩侂胄的教训，史弥远在"嘉定和议"签订后一直将和议作为对外政策的基石。《宋史》称："时再议和好，尤戒开边隙，旁塞之民事与北界相涉，不问法轻重皆杀之。"① 嘉定四年九月，朝廷下诏："附会开边得罪之人，自今毋得叙用。"同年十月，因得知金国有难，又"命江淮、京湖、四川制置司谨边备"。② 对于因为中原战乱而南下求生之流民，则采取坚决拒纳的态度，真德秀称："近岁之守边者，乃曰：吾与虏和有日矣，中国之民，虏之民也，虏之民归我而我受之，是失信于虏也，非昔者羊、陆不相侵之义也。故宁驱之、杀之，而不敢救。"③ 可见南宋在维系和议上的坚定态度。

当然，面对金朝在蒙古打击下的日趋衰落，南宋朝野已不断有人要求朝廷早做准备，尤其是嘉定七年金朝迁都南京给南宋造成的压力，导致南宋朝野重新掀起了一股要求改变对金政策的浪潮。真德秀等人开始提出变更嘉定和议的要求，核心即终止向金输纳岁币。岁币是嘉定和议的核心内容，是否输纳岁币直接关系到和议本身的存废。《四朝闻见录》载：

> 文忠真公奉使北庭，道梗不得进，止于盱眙。奉币反命，力陈奏疏，谓敌既据吾汴，则币可以绝。朝绅三学主真议甚多，史相未知所决。乔公行简为淮西漕，上书庙堂云云，谓："蒙古渐兴，其势已足以亡金。金，昔吾之雠也，今吾之蔽也。古人唇亡齿寒之辙可覆，宜姑与币，使得拒鞑。"史相以为行简之为虑甚深，欲予币犹未遣，太学诸生黄自然、黄洪、周大同、家櫄、徐士龙等，同伏丽正门，请斩行简以谢天下。④

① 脱脱等：《宋史》卷 400《吴柔胜传》，中华书局，1977，第 12148 页。
② 脱脱等：《宋史》卷 39《宁宗本纪》，中华书局，1977，第 757 页。
③ 真德秀：《西山先生真文忠公文集》卷 34《跋储襄阳申请》，四部丛刊初编本。
④ 叶绍翁撰，沈锡麟、冯惠民点校《四朝闻见录》甲集《请斩乔相》，中华书局，1989，第 23 页。

文忠真公是真德秀，曾于嘉定六年奉命出使金朝，未至而还，但在边境停留期间对金朝形势有了较为深入的了解。还朝后，上疏要求朝廷停止输纳岁币。这一主张得到不少士人以及三学生员的支持。但时任淮西转运判官的乔行简认为，金虽为世仇，但在蒙古崛起的形势下，却可以作为南宋与蒙古间的屏蔽缓冲，故应该通过继续缴纳岁币的方式支持金朝抵御蒙古。当政的宰相史弥远明显倾向于乔行简的主张，但却引起了太学之士的激烈反对。由此可见当时朝野关于对金政策问题的争论之激烈。

然而，当时的朝政掌握在宰相史弥远之手，南宋究竟采取何种对金政策，是否停止输纳岁币，最终都取决于史弥远的态度。他没有立即在真德秀和乔行简所代表的两种意见之间做出明确抉择，而是采取了一种试探性的策略。据《金史》记载，金宣宗贞祐三年（南宋嘉定八年）三月，"宋宝谟阁直学士丁焴、利州观察使侯忠信贺长春节。是月丙子，宋使朝辞，因言宋主请减岁币如大定例"。当时，金朝"以本自称贺，不宜别有祈请"为由，[1] 没有就此做出明确答复。随即，史弥远采取了更进一步的措施，以漕渠干涸为由停止向金输纳岁币。[2] 有研究认为，史弥远在继续向金遣使的同时以漕渠干涸为借口停止输纳岁币的做法，一方面在名义上维系了两国和平之关系，另一方面则顺应了朝廷内部要求停输岁币的呼声，维护了宋朝的利益，充分表现史弥远在外交上的持重态度。[3] 这个观点是值得商榷的，梁庚尧先生曾指出，南宋每年输纳金人的岁币占朝廷岁入的比例颇低，在关于岁币问题的争论中，双方都很少提出岁币给予政府财政负担的问题。[4] 对于反对输纳岁币的一方来说，他们更看重的恰恰是那个名分，是希望通过断绝岁币的举动来达到振作之目的，而不在乎岁币的实际价值，也正因如此，真德秀才会对史弥远的做法提出严厉批评。[5] 但是，对于金朝来说，南宋每年输纳的岁币构成了其财政收入的重要部分，尤其是在面对蒙古入

① 脱脱等：《金史》卷62《交聘表下》"贞祐三年三月壬申"条，中华书局，1975，第1482~1483页。
② 真德秀：《西山先生真文忠公文集》卷5《江东奏论边事状》，四部丛刊初编本。
③ 廖建凯：《权相秉国——史弥远掌政下的南宋政局》，硕士学位论文，台湾师范大学，2013，第80~81页。
④ 梁庚尧：《南宋时期关于岁币的讨论》，《台湾大学历史学系学报》1994年第18期，第149、155页。
⑤ 真德秀：《西山先生真文忠公文集》卷5《江东奏论边事状》，四部丛刊初编本。

侵的严峻形势下。① 金朝所看重的不仅是输纳岁币所体现的名义上的价值，同样重视岁币本身的价值。史弥远采取这种两面做法，不仅不会得到左右逢源的效果，反倒可能引致内外双方的不满。以史弥远之精明与谨慎，自不会虑不及此，他这样做只能被视作是一种试探性的策略，是想借机窥探金朝之虚实。如果金朝不置可否，不做具体反应，则表明金朝实力确已大不如前，史弥远就可以或者选择继续维系这种名义上的和好关系，而在实际上停止输纳岁币，或者选择采纳真德秀等人的建议，彻底断交；如果金朝南下攻宋，则表明其实力尚存，程珌、乔行简等人的判断是正确的，若然如此，由于南宋只是以漕渠干涸为理由，并没有明确表示拒绝输纳岁币，史弥远就可以顺理成章的通过将储存的历年岁币输送金朝来重新恢复和议。正因为史弥远无意与金朝彻底决裂，故南宋虽然在事实上停止向金朝输纳岁币，每年的遣使却并未停止，战争爆发前夕的嘉定十年正月，尚"遣钱抚贺金主生辰"。② 真德秀等朝野士人的要求改变对金政策呼声，给史弥远造成的压力，主要体现在迫使史弥远在岁币问题上做出了调整，但其基本的对金政策并未发生根本改变。

由此可见，在嘉定十年宋金战争爆发之前，在对金立场上，宰相史弥远一直奉行的就是和议政策，只是在岁币等问题上鉴于朝野舆论压力暗中进行了一些调整，并无意从根本上改变对金政策。那么，嘉定十年四月金朝挥军南侵，是否促使史弥远改变了原先立场呢？

三 南宋对金政策的调整

既往的研究一般认为，嘉定十年的金军南侵在宋金关系史上具有转折性的意义，标志着宋金和议正式断绝。③ 事实上，金人南侵固然对宋金关系带来很大冲击，却没有迫使南宋对金政策立即发生根本性转变。史弥远以

---

① 梁庚尧：《南宋时期关于岁币的讨论》，《台湾大学历史系学报》1994 年第 18 期，第 149 页。
② 脱脱等：《宋史》卷 40《宁宗本纪》，中华书局，1977，第 767 页。
③ 靳华：《嘉定议和后的宋金关系》，《北方论丛》2002 年第 6 期；郑丞良：《谋国？忧国？试论真德秀在嘉定年间岁币争议的立场及其转变》，《成大历史学报》2012 年第 43 号；廖建凯：《权相秉国——史弥远掌政下的南宋政局》，硕士学位论文，台湾师范大学，2013，第 97 页。

漕渠干涸为由停止输金岁币本就是一种试探性策略，因此，金人以南宋拒纳岁币为借口南侵就令史弥远更加坚信乔行简等人的判断是正确的。可以说，金人南侵不仅没有打消史弥远的主和念头，反倒在某种程度上令其更加确信维系和议的必要性。程珌《朱惠州行状》载有朱权之事，称：

> （嘉定）十二年，（朱权）秩满赴部，朝廷以作邑有声，差监行在左藏东库。时金人渝盟，岁币积于左帑，几二百万匹，浸有损腐。公条具上之庙堂，变通辟阖，因时制宜。朝廷从之，民以为便。①

嘉定十二年上距宋金开战已两年之久，南宋依旧将每年输纳金朝的岁币储存在左藏库，任其"损腐"亦不愿移作他用，突出地反映了史弥远迟至嘉定十二年尚存有通过将历年储存之岁币输纳金朝以重新议和的打算，这与其在战争爆发前所坚持的做法可谓一脉相承。也正因如此，在这两年内，南宋内部又围绕和战问题展开了激烈交锋。

宋金战端重开后，朝廷中的主和势力趁机抬头。史弥远在开战不久即开始谋求重新议和。《宋史·崔与之传》载："金人入境，宰相连遗与之三书，俾议和。"只是崔与之认为"彼方得势，而我与之和，必遭屈辱"，故未奉命。② 嘉定十二年初，山东忠义军在楚州发动了南渡门之变，而激发此次兵变的原因也是忠义军听闻南宋欲与金讲和。③ 既然金人以岁币为由发动战争，在主和势力看来，继续输纳岁币就可以重建和平。但此时反对和议的呼声日渐高涨，他们认为，岁币问题只是金朝南侵的借口，其真实所求已远远超出了岁币，即便此时送纳岁币也阻止不了战争继续。袁燮在进对中称："讲和却是省事，但虏人之意，不专在岁币，难与通和。"④ 黄榦也说："敌人侵边，亦已一年，彼其君臣上下日夜相与经营，必欲得吾两淮而后已，虽以岁币为名，而实不在乎岁币也。"⑤ 嘉定十一年五月，宁宗下诏

---

① 程王必：《洺水集》卷11《朱惠州行状》，《宋集珍本丛刊》本，线装书局，2004，第140页。
② 脱脱等：《宋史》卷406《崔与之传》，中华书局，1977，第12259页。
③ 脱脱等：《宋史》卷476《李全传上》，中华书局，1977，第13819页；脱脱等：《宋史》卷403《贾涉传》，中华书局，1977，第12207页。
④ 刘克庄撰，辛更儒笺校《刘克庄集笺校》卷82《玉牒初草》，中华书局，2011，第3624页。
⑤ 黄榦：《勉斋先生黄文肃公文集》卷9《与金陵制使李梦闻书》，《宋集珍本丛刊》本，线装书局，2004，第629页。

"侍从、台谏、两省官集议平戎、御戎、和戎三策"。① 表明朝廷对是战是和尚无定论。可能正因朝中反对和议呼声甚高，嘉定十二年初，金朝遣吕子羽等人前来议和时，遭到南宋拒绝。② 随后金朝发动了新一轮攻势，在战争初期金军取得了一些胜利，但很快被宋军击败，双方之间的战事逐渐陷入胶着状态。③

南宋方面的胜利没能结束和战争论，嘉定十二年五月，爆发了大规模的三学生运动。事情的导火索是时任工部尚书的胡榘"欲和金人"。嘉定十二年五月，"太学生何处恬等伏阙上书，以工部尚书胡榘欲和金人，请诛之以谢天下"。④ 早在嘉定十一年八月，胡榘曾上书宁宗，称："残虏本无能为，陛下爱兼南北，初未有征伐意，内因廷臣横议，外而边臣邀功，使边境久未安。"⑤ 他将战争归咎于内部大臣"横议"和外部边臣"邀功"，凸显出主和的立场。史弥远专权时期，亲信中有所谓"四木"者，胡榘即其一，他的主和主张实际上也代表了史弥远的态度。

三学生的运动得到了朝中反对和议的官员的支持，秘书监柴中行上奏称："三学所言，不宜含糊，付之不恤，是欲私庇其人，而使吾君有拒谏之失。"⑥ 并且对朝廷中主和苟安的立场进行了批评，他说："臣观边庭种类至多，使残虏灭亡，亦须数十年不定，朝廷卒未有息肩之期，安可一日少忘边备？今偷安之徒，只欲苟自前富贵，岂复顾陛下宗庙社稷子孙计哉？"⑦ 为平息事态，史弥远召见太学博士楼昉，希望由他出面安抚诸生。⑧ 然而，楼昉本身即反对主和，嘉定十二年三月，他在面对时即向宁宗口奏："虏欲求和，皆非实意。若不能自立崖岸，彼岂肯退听？"⑨ 他实际上非常赞同三学生的主张，因此并未接受史弥远的请求，反而上书朝廷，"乞采公论，助乾决夬"。⑩

① 脱脱等：《宋史》卷 40《宁宗本纪》，中华书局，1977，第 770 页。
② 脱脱等：《金史》卷 15《宣宗本纪》，中华书局，1975，第 341 页。
③ 赵永春：《金宋关系史》，人民出版社，2005，第 328～330 页。
④ 脱脱等：《宋史》卷 40《宁宗本纪》，中华书局，1977，第 773 页。
⑤ 刘克庄撰，辛更儒校《刘克庄集笺校》卷 82《玉牒初草》，中华书局，2011，第 3626 页。
⑥ 俞文豹著，张宗祥校订《吹剑录全编》，古典文学出版社，1958，第 109 页。
⑦ 刘克庄撰，辛更儒等《刘克庄集笺校》卷 83《玉牒初草》，中华书局，2011，第 3649 页。
⑧ 俞文豹著，张宗祥校订《吹剑录全编》，古典文学出版社，1958，第 109 页。
⑨ 刘克庄撰，辛更儒等校《刘克庄集笺校》卷 83《玉牒初草》，中华书局，2011，第 3644 页。
⑩ 俞文豹著，张宗祥校订《吹剑录全编》，古典文学出版社，1958，第 109 页。

面对三学生以及朝中反和势力的强硬立场，史弥远无奈之下只得做出让步，至六月戊辰（五日），"谏大夫始率其属，论榘及礼部侍郎袁燮俱罢"。如前所述，袁燮一直以来就极力反对与金议和，他与胡榘当是其时朝中主战与主和两方的代表人物，两人之间立场尖锐对立，矛盾甚深，如叶实所说："燮老儒，好持论，尝与榘争国事，欲振笏击之，为众所夺。"故而"朝廷欲示公行"，将两人同时罢免。①这次三学生运动自嘉定十二年五月五日开始，至六月初方结束，前后持续一月之久，声势浩大，最终以胡榘与袁燮的双双罢免而告终。但自此以后，对金主和的呼声偃旗息鼓，南宋朝廷再未就对金和战问题展开过激烈争论，史弥远的和金政策至此方彻底放弃，也因此，他才会接受朱权的建议，将存放在左藏库内的二百万匹输金岁币移作他用。

从上面的论述中可以看到，嘉定十年的金军南侵并没有使史弥远立即改变对金政策，反而在某种程度上更加坚定了他与金议和的意愿。他将每年输纳金朝的岁币原封不动地储藏在库房中，凸显出其对重新恢复和议的渴望，也表明其在战争爆发前后的对金政策是一脉相承的，没有因为战争而发生剧烈转变。在这种情况下，史弥远主导下的南宋朝廷就不大可能在嘉定十年五月底突然降诏伐金。如此，也就可以理解南宋朝野围绕和战的争论在战争爆发后依旧相当激烈。只是金朝的不断南侵以及内部的反和势力的激烈反对，才最终迫使史弥远在嘉定十二年放弃了和金之策。

结　论

嘉定十年开始的宋金战争，直接影响到了两国命运的历史走向。不过，在战争爆发后，南宋方面并没有降诏北伐，以至与金朝决裂。后世认定的所谓朝廷在赵方建议下颁布北伐诏书源于对《宋史·宁宗本纪》等史书中相关记载的误读。实际上，南宋朝廷在金军入侵后，仅仅在六月份业已击退金军的情况下，向在此次抵御入侵中立下汗马功劳的京湖将士颁降了一道激励诏书，要求他们不要因金军已退而有所疏忽懈怠。与此同时，嘉定十年宋金战争爆发之前，宰相史弥远在对金立场上一直奉行和议政策，只

---

① 俞文豹著，张宗祥校订《吹剑录全编》，古典文学出版社，1958，第109页。

是在岁币等问题上鉴于朝野舆论压力暗中进行了一些调整，并无意从根本上改变对金政策。嘉定十年的金军南侵同样并没有导致执掌朝政的宰相史弥远立即改变政策，反而在某种程度上更加坚定了他与金议和的意愿。他将每年输纳金朝的岁币原封不动地储藏在库房中，凸显出其对重新恢复和议的渴望。这样，南宋朝廷就不大可能在嘉定十年五月底突然降诏伐金。因此，无论是从史料根据上来说，还是从当时南宋对金政策的变化情况来说，所谓北伐诏书都应当是不存在的。

李辅燿《饰待草堂日记》价值考述

尧育飞 [*]

摘　要：李辅燿《饰待草堂日记》是研究民国初年长沙政治、经济、社会、风俗等内容的重要资料。其中关涉"二次革命"事件，可见湖南士绅普遍保守与热衷维持现状的政治态度。李辅燿交游广泛，日记所涉叶德辉、龙璋等人涉险经历，为此前文献所未揭。民国初年湖南基督教青年会的运作、李辅燿家族热衷慈善，以及湖南酒楼的现代化历程，也在《饰待草堂日记》中留有印记。疾病缠身的李辅燿将其就医经历详细记载，留下了湘雅医院胡美、颜福庆等人珍贵的就诊材料，保存了丰富的民初医疗史研究素材。作为民国初年长沙社会的缩影，以《饰待草堂日记》为代表的近现代湘人日记值得研究者进一步重视。

关键词：李辅燿　《饰待草堂日记》　基督教青年会　湘雅医院

1913 年 5 月 29 日，阔别故乡近 20 年的李辅燿回到长沙芋园，眼前所见，人物皆非。5 月 30 日的日记记载："正屋诸妹、诸侄女多不忆识。"5 月 31 日日记记载："至老七处拜祖堂。诸侄辈多未见者。"贺知章诗云"儿童相见不相识，笑问客从何处来"。其中酸苦，李辅燿一一品尝，予以记录。这位晚清湘阴李氏文化世家走出的官员，在生命最后的三年多时间里，叶落归根。作为长沙城重要的士绅，李辅燿在日记中将耳闻目睹均翔实记载，于了解长沙在民国初年一系列政治、社会、风俗、人物的变迁不无裨益。

李辅燿（1848～1916），字补孝，号幼梅，又号怀庐主人，湖南长沙人。祖父李星沅（1797～1851），官至两江总督；父亲李桓（1877～1891），曾任江西巡抚，编有《国朝耆献类征初编》七百二十卷、《宝韦斋类稿》一

---

* 尧育飞，南京大学文学院博士研究生。

百卷，为西泠印社早期重要赞助者。李辅燿同治九年（1870）与友人瞿鸿机（1850～1918）、张百熙（1847～1907）同科中举人，但之后多次会试不第。此后李辅燿历任内阁中书、浙江道员、宁绍台道台、省防军支应局会办、杭嘉湖道台、温州盐局督办等职。1911 年卸任，侨居上海。1913 年四月，李辅燿因老病率全家返回长沙芋园故居。1916 年七月初四病故①。现存李辅燿日记共计 63 本，分《燕行纪事》《怀怀庐日记》及《饰待草堂日记》等，2014 年由浙江大学出版社影印出版，统名《李辅燿日记》。其中《饰待草堂日记》所记为李辅燿 1913 年返回故乡长沙直至 1916 年去世事，共八册。

湘阴李氏自李星沅科第显名之后，此后一百多年在湖南乃至整个晚清中国文化版图中都占据较为重要的位置。其家族与何绍基（1799～1873）家族、谭延闿（1880～1930）家族等均有联姻，与郭嵩焘（1818～1891）、王闿运（1833～1916）、曾国藩（1811～1872）等家族有较为密切的往来。李辅燿本人与瞿鸿机、张百熙为同年好友，结下一生友谊。而他与叶德辉、王先谦等著名士绅来往密切。同治光绪年间，长沙芋园成为湖南文人雅集的中心。凡此，使李辅燿即使远离故乡多年，仍能迅速恢复其文化影响力，其日记也具备相当的价值。李辅燿乐善好施，与雅礼医院、湖南基督教青年会等机构多有往来。而其长孙李青崖（日记中称丙孙）更与长沙新派人物关系密切。凡此，都在《饰待草堂日记》中有所体现。兹择要介绍如下。

一 民国初年长沙政坛

李辅燿由上海迁回故乡长沙，有避开战乱的考量。然而民国初年，长沙并不太平。回乡不久，"二次革命"兴起，李辅燿也受到冲击，日记中于此颇有记载：

> 1913 年 7 月 16 日，江西已宣告独立，九江并已开仗，北军败衄。李烈钧电各省以期联合北伐，恐未能如愿耳。敬吾来谈，以此颇生恐

---

① 李菸峻：《李辅燿日记前言》，载涂立望、胡志富主编《李辅燿日记》，浙江大学出版社，2014，第 1 页。

慌，思预为避地之计，亦未免太早也。①

7月17日，刘次田来谈，……亦以江西之乱为不足平，且军界确不欲再有战事。刘照璜、贺祥林皆从鄂中退伍归。据云黎元洪于湘人不甚相信，故愿退者听其解甲归农。渠二人皆欲归，亦见其知几也。闻北军已派第八师南来，约计今日可到，添此一万劲旅，当可得力，且必陆续增兵，为一鼓而下之策。据刘照璜言，日前湖口开战，赣军占笠山之后，颇得地利，故袁军败绩耳。

8月7日，大儿来书并寄到书纸多件，言谭宅有人自沪回，组春赁船而居。北军领制造局，南人攻之不下，流弹伤人及于美界。南北相距甚远，乃亦不能免焉。南京已取消独立，黄兴逃赴香港，伍廷芳入京说总统罢兵，所闻若确，亦佳耗。宁鄂属于中央，他省无能为役，特恐乱党未知石卯之势耳。

8月10日，见汪颂年、王新田书，言省中某某气数已衰，外示镇静，内实仓皇，苏、宁、皖、粤皆已取消独立，则湘势益孤。南京之取消独立出于军官之口，逼送黄兴登日本兵舰，令其东行，可谓快事。此番之乱，固群奉黄兴为渠帅，今若此，则气焉得而不馁。吾意其且三而竭矣。又况沪已停战，外人出而干涉驱逐，"八伟人"不准寓居租界，岑春煊亦在此数，殊为不值也。并闻驻岳军已与北师通款曲，桂兵已到永州界，贵兵已到芷江界，荆襄镇抚使兵已到澧州界，其外客似将攻湘者，意必有秘密命令。倘军官有如南京之识大局者起而与谭、周、龙、刘诸人为难，一如逐黄之故事，则湘中之福也。军队意本不愿有此榜样，当必仿行者。

日记所载"二次革命"相关事件，透露湖南士绅在"二次革命"中的基本态度。第一，他们都愿意维持地方和平，而不愿意再兴战事；第二，对当时黄兴、岑春煊等"八伟人"，李辅燿颇不以为然，并且视他们为"乱党"，并且将局势看作南方军队的以卵击石。"二次革命"时期的南北局势，大致如此，后来发展也如李辅燿所述，袁世凯麾下的北洋军队很快获胜，

---

① 日记所引年份均为公历日期。日记引文均整理自《李辅燿日记》影印本（浙江大学出版社，2014），为行文简练计，以下均不出注。

而黄兴等人也被迫再次流亡海外。其中值得注意的是李辅燿所称"谭宅有人自沪回，组眷赁船而居"。此处"谭宅"所指的就是李辅燿亲家谭延闿家。李辅燿的四女儿嫁给谭延闿之子谭寿曾，两家来往密切。鉴于当时复杂的局势，谭家人多次前往李家避难。如 1913 年 7 月 7 日："下午六钟时忽闻火起而枪弹之声隆隆不绝，大可诧异。探知为军装局失慎。入夕后谭宅女眷皆来，局在风神庙，去所居甚近，不得不避出。上下四十余人，仓皇而来，留宿一夜，拥挤不可言状。三更后始息，幸市面毫无惊扰，起事之由尚不得详，大约不出二次革命之说。恐廿六日西园秘密会即是此类事。闻大龙已经避出赴沪矣。"大龙即指谭延闿。李家远离湖南政争中心，故能安然无事。

民国初年，长沙市面十分不太平，又可从时有爆炸事件看出。如 1913 年 7 月 18 日，"昨夕炸弹伤者为内务司科员某人（李光第），适从曲园酒楼出门即遭斯厄，此必为私仇报复，与去岁浙江警长虞廷被枪情形相同，波及而死者舆夫二人，洋货店老妇一人，其少妇则伤乳部也。城市阛阓之地危险若此，不几于路断行人耶"？城市中央的爆炸事件，无疑增添了社会不安定情绪。而政府于此也采用威严政策。1914 年 8 月 13 日，"今晨枪毙乱党十三人，为开佛寺所捕获者，其宣布罪状则该恶将于阳历八月初一起事，用炸弹洋油将满城焚烧杀戮净尽以为快，其险恶乃此极也，抑知天不能容耶"。1916 年 2 月 22 日，"发南友书，近日邮局检查信件甚严，闻有梁鼎甫信中论及近日查获乱党事，有在此一举之语，当道跟究，经王莘田为之力保，认罚二万金，亦何不自量也。梁氏近年矿利得数百万，亦一时之盛矣。可不慎哉。佛翼饮于徐长兴，遇警兵在别座捕获一人而去，酒亦为之惊醒。军署前有少年乱党数人抛炸弹被获，即就地尽歼之。连日南北交通隔绝，北自小吴门横至小东街，南则府正街一带皆有开放一定时刻，余时概不准行。闻昨夕有数处放火，皆为雨泼息，止北门外稍出火头，谓非天祐吾民乎"！街面时不时传来炸弹声，在酒楼饮酒时，警察突然闯来抓人。政府方面对此也大加弹压，视各类破坏社会稳定分子为乱党，采取新闻管制等高压手段予以打击。于是，街上又常有枪毙犯人的事件出现。

晚年李辅燿回到长沙，原指望颐养天年，不料长沙局势也时常动荡，故而他对日常长沙乃至湖南局势的些微变化，都十分敏感。在日记中，他将报刊记载、社会传闻都笔之于书，谭延闿、谭人凤、汤芗铭等人上台、下台，他都一一记录，也因此，其日记于研究民国初年湖南政局不无小补。

二　李辅燿与叶德辉、龙璋

不止于变幻莫测的政局，《饰待草堂日记》还描绘了形形色色的政坛及文化人物。在李辅燿的朋友圈中，有活跃的政治人物龙璋（1854～1918），有在政坛、文坛游走的叶德辉（1864～1927），也有西泠印社重要人物王福庵（1880～1960）。其中内容，多此前文献所未揭示，在此摘录叶德辉与龙璋诸人情况，以补一二。

1913年11月12日，访叶焕宾，久谈，以《鸿冥堂记帖》属其考订。

11月14日，焕宾来，久谈。

1914年1月12日，检《飞霞洞摩崖十八种》并《滑州明福寺浮图记》《曹娥庙碑》赠焕宾。

1月13日，焕宾赠所刻《严冬友诗》《藏书十约》《游艺卮言》。

4月15日，佛翼来，言焕宾由京返湘过鄂，适壬老在鄂有会，焕宾与焉，忽发狂言，遂为当事拘留，电湘得覆，令其专轮押解，于前夕抵省，即押赴都督府，嗣闻拘禁军事裁判所，未知吉凶若何。既以笔墨贾祸，屡蹈不测，复以口舌招尤，又蹈危地，何不自量乃尔，以彼家道之厚、才华之盛、著述之多，辟世山中，志为传人，真可睥睨一切，乃计不出此而肆口嫚骂，非自作孽乎？深为惜之。

4月16日，稚泉言焕宾被拘当无危险，不过汤督将扫其面孔耳。

4月19日，晤敬吾，闻壬老在京为焕宾缓颊，总统有电致汤，已允释出。而焕宾以不得直，抗不出，未知如何收束。

4月20日，闻焕份经汪颂年、胡少卿及某某四君保释。渠亦自具悔结，亦背晦极矣。

5月2日，访焕宾，知释出后三日即赴沪矣。

10月7日，访焕宾谈，携《圣传颂》往观，从《粤东金石略》中检查已载入，亦无考据。主人出示樊榭手钞《稼轩词》《唐人写经册》，高成侯砖砚，皆精品也。

12 月 14 日，入城过焕宾，久谈，遂索馒首食之。

李辅燿早年即与叶德辉相知相交，然而或许由于年岁较长的缘故，晚年的李辅燿虽关心政治局势，但并无参与的热情，往往保持观望及沉默姿态。这与叶德辉的放胆言说情形迥异。自戊戌变法以后，叶德辉在国内即以保守、敢言著称。故而往往惹出大祸，叶德辉多次出走长沙，与他因言贾祸不无关系。《饰待草堂日记》即记载其中一桩。叶德辉在武汉出席王闿运的宴会，口出狂言，遂被拘留。而王闿运在北京为叶德辉关说，叶德辉却仍固态不改，执意认为自己被冤枉，而不肯出狱，其名士做派又可见一斑。不过最终叶德辉出具"悔结"，在汪颂年等人的担保下，获释出狱，旋即远走上海。对叶德辉，李辅燿与之谈论的多在金石、书画考订上，请教及交流内容也多限于砖砚、《唐人写经册》等金石及珍贵古籍上。其他方面，李辅燿则以为叶德辉不必卷入口舌与政治事件中，并有感而发，"以彼家道之厚、才华之盛、著述之多，辟世山中，志为传人，真可睥睨一切，乃计不出此而肆口嫚骂，非自作孽乎？深为惜之"。李辅燿认为以叶德辉厚实的家道、睥睨一世的才华，专心著述，当可传世，卷入是非争端中，不免自作孽。观叶德辉后来的遭遇，不能不说李辅燿有先见之明。然而他对叶德辉的评价，仅止步于私人日记中，两人当面交往，他应当没有直接劝说，否则叶德辉此后可能有所收敛吧。这也是深可惋惜的。

龙璋（1854~1918），字研仙，出身湖南攸县著名的龙氏家族，早年师事郭嵩焘，后对立宪、革命等事业均有赞助，为民国初年湖南难得的开明人士[①]。民国初年，步入晚年的龙璋于革命事业仍不能忘怀，故屡涉险境。《饰待草堂日记》记载云：

> 1913 年 8 月 18 日，接大儿信，并补送之《时报》所载北军之胜状、国民党之失败，宜乎湘省某人不看也。谭人凤、周震鳞、唐蟒诸人均于十三日走逃，惟龙研仙尚在省，恐亦不能安其居。黄兴逃去日本，岑春煊逃香港，伟人之名扫地尽矣。
>
> 8 月 24 日，访王新田，得知近事。较大儿所闻为详，龙研仙以顽

---

① 郭汉民主编《湖南辛亥革命人物传略》，湖南人民出版社，2011，第 421 页。

钝无耻自居则无可挽救矣。

10月31日，闻龙研仙正法于都督府，为之恻恻。六十老人何不知几如此，其死也固在意中，若早离湖南，飘然远引，为日既久，亦冀幸免也。不料襄尧先生理学大儒之孙，乃至陷于刑辟，人顾可数典忘祖哉！

11月1日，昨夕以研仙事悄然失眠，晨起探访，知系讹传，因汤督出示严缉龙党，获即正法所致，众口哄传，明知为乱党矣。深为惜之。

1916年6月19日，龙研仙归来未久，犹有雄心，屡次登载广告，延揽宾客，然以所闻，似无多人往还，其心良苦矣。

7月7日，公推刘民生为都督，已于申刻接印。闻七十八岁，精神甚健，名誉素优，庶可服众。龙研仙为民政长，推之谭组安，且电促之归，乃今日接事，想组安亦决不为此矣。

龙璋家族世代为官，祖父龙友夔（字襄尧，1794～1869）曾执掌城南书院，素负盛名，然而与湖南保守士绅普遍的政治态度不同，龙璋一贯同情、赞助、支持革命党人。民国以后，更加入国民党，积极从事"倒袁"事业。1913年10月31日，李辅燿误听谣言，以为龙璋被汤芗铭（1885～1975）下令在都督府正法，不禁感叹"其死也固在意中，若早离湖南，飘然远引，为日既久，亦冀幸免也"。然而尽管不无责备之辞，但对这位朋友，李辅燿实在哀其不幸，故而"昨夕以研仙事悄然失眠，晨起探访，知系讹传"。李辅燿虽埋怨龙璋老来不安分，但听闻他被处死，竟一夜未眠，早晨即去打探消息，获悉乃是讹传之后，心方稍定。1916年，龙璋回到长沙，仍竭力登报寻找志同道合的朋友，"烈士暮年，壮心不已"，尽管没有回应，但李辅燿却对他抱以同情的了解，以为"其心良苦"。数年之间，李辅燿对政治的态度似稍有转移。

三 长沙风俗、饮食及社会组织的变化

尽管时局动荡，但民国以后，长沙社会经济仍有较大发展，城市人口迅速增长，风俗也日渐变化，饮食上的奢侈之风也日益弥漫。现代性酒楼的出现，也反映了长沙饮食业的兴盛。凡此，《饬待草堂日记》也都保存了可贵的资料。

> 1913 年 6 月 19 日，闻省中有节俭会，仍不能实行。函致成之索章程未得，此会如能极力维持，大有裨益，恐众志不齐耳。

> 6 月 22 日，成之处送节俭会会券、简章来，规定甚善，闻奉行不力，多属空谈。圣人曰先行其言而后从至，又曰为政不在多言，顾力行何如耳。今人首重演说，视为具文，宜乎言行不相顾矣。

> 6 月 28 日，成之送节俭会门牌、会券来，持此谢客，亦息事宁人之道。惟长沙十万户，入会者至余才一万十六号，安望有挽回糜俗之日耶。可为慨叹。

> 7 月 3 日，今年生日居然到家，亦非始愿所及。得过且过，付之不论不议可也。内外客来，以蛏蚜席为礼，城中大家以此品饷客，殆六十年来所未有。余于咸丰初年犹及与斯盛会，后此未之有闻。今实行之，亦断无效之者，则亦求无负于入节俭会之名而已，他何知焉。

> 9 月 21 日，致缄黄七丈，晤刘时可声，叙述节俭会原由，责成正副会长寔力进行，虽知无补，似不可不言，亦希冀有一旦贯通之妙。

节俭会的兴起，与民国初年长沙经济逐步恢复并走向繁荣有关。依照中国传统士人的看法，当社会普遍走向奢靡时，往往意味着道德败坏、人心不古，随之而来的则是大动乱。故有识之士往往有抑制社会糜俗的倾向，以为经由此，可挽救世道人心。故而对湖南著名的富豪及藏书家唐成之（1868～1941）等人提倡的节俭会，李辅燿大家赞赏，倾情参与。以为可以借此谢客，免去诸多不必要的酬应活动。然而，节俭会重在演说与呼吁，实际运行效果不佳。长沙十万户人家，入会者才一万余户。李辅燿因而感慨"安望有挽回糜俗之日耶"。但在自己生日宴会上，李辅燿以老派儒者的姿态，厉行节俭。以"蛏蚜席"饷客，而非咸丰以来一般人长沙富贵人家饷客的"海参席"。这可见，保守的李辅燿一旦起而行事，往往当仁不让，毅行到底。

饮食日益在长沙城市生活中扮演着重要角色，公务、商务等宴饮活动催生了现代酒楼，促成长沙饮食业的兴起。这在《饬待草堂日记》中也有鲜明的反映：

> 1913 年 9 月 25 日，午饭后佛翼邀赴天然台酒楼小酌，楼成于三年前，取法于沪式而精神殊未逮也。肴酒尚洁，自远胜廿年前，惟嘈杂不可久坐。
>
> 10 月 12 日，龙毅父约饮玉楼东，座客太繁，且皆津要，非山泽之癯所愿周旋，辞之。
>
> 1914 年 4 月 16 日，恒兴粮栈假曲园宴客，盖为招揽生意地步，勉力一行。曲园为黄介孚宅后圃，即陈左卿丈桐荫园旧址，前年始辟为酒馆，改造洋式楼阁，花竹掩映，院宇开朗，遂为省中酒楼之冠矣。
>
> 12 月 4 日，春海约饮于徐长兴酒楼，新构两层楼，甚为闳丽。主人徐沛斋居楼后一室，既敞且精，耐人久坐。

玉楼东、天然台、曲园、徐长兴等一大批酒楼多取法上海酒楼样式，宏丽敞阔，区别以往长沙城的饭铺。而其中宴饮，已有公务、商务之别。如恒兴粮栈请客，已纯粹出于生意目的。根据《饰待草堂日记》记载，以往关于长沙现代化酒楼诞生等研究都须予以订正。如《中国湘菜大典》认为天然台 1930 年代方改为酒楼①，显然是不准确的。

晚清以来，湖南民间社会组织日趋发达，其中士绅赞助是各种社会组织兴起的重要原因。《饰待草堂日记》为研究各类社会组织的运作，提供了细致入微的微观样本。以湖南基督教青年会为例，日记中即多次予以记载：

> 1914 年 9 月 17 日，慈儿、平孙入青年会习夜课英文，以五时往，七时归，每学期费六元。
>
> 1915 年 6 月 10 日，青年会西干事员饶伯思、英文教习谭信一偕来，请予为会中名誉赞成员。初以为会员须办事，以衰病辞绝，乃知征求会员不过劝捐而已。此为甲等，纳洋二十四元，其乙等则十二元，丙等则四元，皆谓之会员。奉基督教者为会友，不奉教者为会侣。会友有当选及选举董事之权，会侣则无之，其余会员所享之权利则会友、

---

① 彭子诚主编《中国湘菜大典》，中国轻工业出版社，2008，第 247 页。

会侣皆一体优待也。输此廿四元，亦乐得人称会侣，衰残瓤止，亦称游戏三昧耳。

6 月 18 日，访德斋，询青年会征求会员有无流弊。据云入会不过每年纳费，至于办事与否，存乎其人。渠亦不常到会也。

6 月 21 日，交青年会纳费廿四洋。取名誉赞成员证书一纸并所赠徽章一件。晤饶伯思、谭兰生二君。

7 月 15 日，青年会校员余克安字桑谋来取肺痨病院捐款，允于日内交去。

7 月 19 日，至青年会谢余桑谋步，未遇，晤李文俊旦，以所捐肺痨病院五十元交之。

从《饰待草堂日记》记载来看，基督教青年会兼具办学、慈善、运营医院等诸多职能。而李辅燿因儿孙在此读书，得以为青年会成员所结识。由此入会，被劝说捐款。对此类慈善活动，李辅燿乐于参加，毫不吝啬。对肺痨病医院的捐赠，一次就是五十元。

四 李氏芋园的衰落

旧家族的瓦解，是民国初年重要的社会现象。湘阴李氏兴盛百年，至李辅燿 1913 年回到长沙时，统一的大家族已日渐难以为继。规模盛大的长沙芋园，也在此期走到了分割财产的地步。《饰待草堂日记》对李氏芋园的出租情况及李氏家族财产的最终分割都有详明记载，对研究家族析产及变迁极具史料价值。

日记记载李氏芋园的出租活动，如：

1914 年 1 月 3 日，至园中散步，便入怀庐旧居，时实业司已将迁入都督府，为合署办公。搬运家具络绎于道，日内可以扫舍，已赁与衡萃女学校矣。去此十八年，徘徊庭院，不胜今昔之感。况行将易主，尤令黯然。

1 月 8 日，实业司于怀庐有所增修之屋舍，其去也，皆弃而不取，核其瓦木之值数在五百余千，虽官事不免侵蚀，而自我得之，亦大合用矣。

1月19日，怀庐赁为衡萃女学，今日开学，康子入校学图画科。

1915年1月25日，恒萃女学已迁移，宏文社接赁怀庐为编译所，此李子端所董也。

由上可知，民国初年，湖南省政府实业司办公场所竟然在李氏芋园中的怀庐，怀庐即李辅耀的产业，其在江浙为官时日记即名为《怀庐日记》。实业司在1914年年初搬迁至省政府办公之后，李辅耀又将其租借给衡萃女学，衡萃女学的校长是王季范（1885～1972）。一年以后，衡萃女学搬迁，怀庐又出租给长沙人李子端负责的宏文社进行编译与刊刻，此后湖南第一师范教师杨昌济（1871～1920）等人赁居于此，而毛泽东（1893～1976）等人与宏文社有密切往来，从此也与长沙芋园结下不解之缘。

然而，李氏家族内部，却已人心浮动，不久之后，各房分割财产的彻底公开化了：

1913年10月20日，佛翼来，同至七叔处。文陔、八儿均齐集商量分公事，议定以魏家冲田归余备价接受，以为私业。惟文恭公墓道禁步以内，五房均只有挂埽，不得进葬，山场林木不得砍伐；如有修理，五房公派出费，禁步以外，听凭接业人管理进葬，四房均不得进葬。享堂以内，五房公同经理，修理则公派出费，当凭春海酌定。以四纳定价计额，租三百二十二石，需银八千另五十两九五，兑扣足纹七千六百四十七两五钱，除付佃规足纹贰百二十八两外，实存价纹七千四百十九两五钱，五股派，每股一千四百八十三两九钱正，由余将四股票分别开出，凭众交付，此一事也。张家峒田业则留待变价为修建支祠之用。支祠地址即以水月林家庵改造，此一事也。芋香堂公屋议定以二十万金出售，得价后提银五千两为修建支祠用费，此一事也。雷庶祖母洪山头私分田业议以一万六千金求售，此一事也。文恭公以上祭祀挂埽均各房自办，如墓道有修理工程，归各房摊派办理，此一事也。约至戚数家及本家亲房于二十五日午饭证押。大致已定，归后乏极，此事既无可挽回，只好将就敷衍，以后公事殊不可思议矣！可为浩叹！

由此，正式宣告李氏家族内部五房析产，统一的大家族不复存在，而芋园这一公共居所的出售也被提上议事日程。不管是时代要求"走出家庭"，还是李氏家族人丁不济，总之，李氏家族的瓦解已成事实。有感于此，李辅燿希望为这座古老的宅邸制作一点文化上的纪念。这便是日记记载的又一桩大事：

> 1915 年 9 月 19 日，拟制芋园笺十二种：一、芋香山馆，二、对林听雨之轩，三、梧笙联吟馆，五、菻兰精舍，七、自在香，四、海粟楼，八、涩荙圆荷之舫，九、企麓，十一、螺亭，六、镜澜小榭，十、小蓬莱，十二、因月。后芋园笺十种：一、小芋香馆，二、观心室，三、宝韦斋，四、献轩，五、漱石枕流之阁，八、知水月亭；七、憩鹤，六、行行且止，十、育青轩，九、芸宧。三年以来，议将芋园出售，虽无成说，然将来易主，势所必至，存此亭馆之名，以为子孙之记念耳，可胜怃然！倩王维季为作各种篆书，即付手民镌版。

李辅燿已经预感到芋园不保，为给子孙留点纪念，他邀请老友王福庵制作篆书，请人刊刻芋园笺。1927 年，芋园终因破败而被湖南省政府收购。李辅燿一语成谶，而他制作的精美的芋园笺，则幸运地部分保存下来，成为凭吊芋园的重要载体。

五 中西医交锋及湘雅医院

在长沙度过生命最后三年的李辅燿，风烛残年，身患多种疾病，多方延医治疗，这些求医问药及自身疾病状况皆记于日记之中，几乎达到每日必记的程度，具有很高的医疗史研究价值。

《饰待草堂日记》清晰记载自身及周围人的健康与疾病状况。他的卫生方法、治病历程，以及如何接受医学知识等在日记中都有清晰记录。尤其值得注意的是，李辅燿作为民国初年长沙知名士绅，既能享受名中医的诊治，也一并得到西医的治疗。此时近代著名的湘雅医院已逐步在长沙站稳脚跟，湘雅医院创办者胡美（1876～1957）、颜福庆（1882～1970）等人皆为李辅燿进行诊治。中医、西医的不同治疗方式及效果，李辅燿都予以详细记载，为研究民国初年长沙地区中西医之争提供了绝佳材料。

病患体验及其与医生的交流是《饰待草堂日记》记载医事的重要内容，也为医书医案之外的中西医交锋提供了鲜活的图景。《饰待草堂日记》极为注意病痛书写，保存诸多病征信息。如1913年8月17日："热极。昨夕临卧用眼药稍多，致左目珠渐胀，作痛有泪，静坐半日始通。"1913年10月20日："晚刻目干口渴，津液不生，痔作隐痛，大解亦不畅，殆秋燥之故。"对当时新出病症及医生问诊，日记中也予以记录。如1913年11月23日："正与谈论，忽五指发软，持箸不稳，似有风痰之象，幸心境尚明，赶服再造丸一粒，快拥上床。两足无力，语言稍见迟涩。颜福庆来，诊听甚详，谓心房内之费皮连有脱落小点，由血管运送上行至脑筋，血管极小处沮滞不通，致有此象，此仍是心经之病，与中风无涉，但令此物在血管中化烊，即可无妨。因留丸药六粒，每四点钟服一粒，如头昏太阳筋跳，即改至八点钟再服，因此药能令血管放大，使费皮连在血内易于化烊，不至壅住也。申刻大解甚畅，再造丸之力。傍晚服丸一粒，至四小时未动，至八小时服第二丸，因平睡，头不觉昏，但太阳筋跳，知药有效力。"这是很详细的心脏病发作并引发昏厥病征，值得研究者注意。而颜福庆的诊治既包括医学知识的传播，也为彼时西医如何治疗心脏病提供宝贵材料。

因颜福庆缘故，李辅燿结识胡美，日记记载如下：

> 1913年11月20日，访颜福庆复诊，适遇西医胡美君，系专门内科。颜君系专门外科。胡美乃自请改诊，望闻问切甚详，谓系心房外肉略变质，似橡皮之伸缩，稍有失效，致摄血不能得力。毛地黄宜暂停，并验视心水蛋白质，稍有渗漏，改用两种药水。一类加非精，一类薄荷，宜戒肉食，每日三时轮服四次，过一礼拜再看。此症初起，尚易为力。胡美能作楚语，故谈论尤便。诊视及一时之久，知所患非寻常标症也。

这段关于胡美的记载，为中国现代医疗史保存重要材料。胡美能以湘方言问诊，这是从前材料所不及的。胡美还要求病人忌口，戒肉食，明显受到中医影响。胡美能在湖南地区取得重要医学成就，与其注重西医本土化息息相关。而李辅燿也从此明白西医分内科与外科，由此开启胡美主治的阶段。对雅礼医院医生的就诊记录，李辅燿记载甚为详细，这些资料都为已往研究中国现代医院史所未及。《饰待草堂日记》所记雅礼医院医护人员还是沈有章、周德华等人。

结　语

近年来，日记研究已逐步成为文史学界的新潮流①。湖南是中国近现代日记大省，拥有许多大部头且极具价值的近现代日记。已整理出版的《李星沅日记》《曾国藩日记》《郭嵩焘日记》《湘绮楼日记》《曾纪泽日记》《师伏堂日记》等均为推动近现代文史研究产生了重要作用。清末民初的湖南人日记仍有待进一步整理研究，《李辅燿日记》即其中值得重视的一种。该部日记与稍早之前的湘人日记略有不同，即日记作者身份地位较低。然而地位不高，往往能保证日记记载更为翔实，且具备更多社会风俗、日常生活的资料。观《李辅燿日记》，即可见一斑。除此之外，湖南尚有《何绍基日记》《谭延闿日记》《杨树达日记》《黎锦熙日记》《刘人熙日记》《余肇康日记》等诸多大部头日记亟待整理与研究。因此，湖南诸多公藏机构应更为开放，以便研究者加以利用。也希望湖南相关部门及科研机构，能积极走向省外，将更多湘人日记"请"回湖南。有着丰富日记资源的湖南，欲将湖湘文化研究引向深入，开拓近现代日记研究是必经之路。

---

① 张剑：《中国近代日记文献研究的现状与未来》，《国学学刊》2018 年第 4 期。

李元度《赋学正鹄》的尊六朝蕲向

刘天宇[*]

摘　要： 清同光时期李元度编纂的《赋学正鹄》一书在当时有相当的影响力。在《赋学正鹄》中，李元度以六朝骈赋作为律赋之正则，颇具特色。细究其书，李氏尊六朝的内涵可以从审美上注重"骚情逸韵"、辞采上讲究"活色生香"、风格上推尊"秀骨天成"来理解。而这种尊六朝的认识，又与湖湘的汉魏六朝诗派及赋学上"纳律于古"的观念不无关系。

关键词： 李元度　《赋学正鹄》　六朝

一　六朝：赋家之正则

李元度，字次青，号天岳山樵、超园老人，湖南平江人。道光二十三年以举人官黔阳教谕，咸丰四年入曾国藩幕府，因在徽州与太平军作战失利，遭曾国藩、左宗棠弹劾。同治初，在贵州剿教匪有功而累迁至贵州布政使，光绪十三年卒于官。李氏一生著述颇丰，计有《四书广义》四十卷、《国朝先正事略》六十卷、《南岳志》二十六卷、《天岳山馆文钞》四十卷、《天岳山馆诗集》十二卷、《小学弦歌》八卷、《赋学正鹄》十卷等。

在李氏众多著述中，《赋学正鹄》具有相当的影响力。此书刊于同治十年，系李元度指导子侄、学生而作，共选赋147篇（其中清人律赋129篇，汉唐赋18篇）。每篇均有圈点、眉批和篇后解题及评语，指出该篇胜义。自同治十年爽溪书院刊刻之后，《赋学正鹄》便广泛流传，不断刊刻，故而版本甚多。就目前所见之版本，主要可分为两类：一类以同治十年爽溪书院本为代表，此为《赋学正鹄》之祖本，与此本同一源流的尚有光绪七年

＊　刘天宇，南京大学文学院博士研究生。

贺州林肇元刻本、光绪七年长沙奎光楼刻本、光绪十六年经纶书局刻本、光绪二十二年京都琉璃厂刻本、光绪二十五年上海富文书局石印本等。另一类则名为《赋学正鹄集释》，在《赋学正鹄》每篇赋作后插有清人成性根之注，这一类有光绪七年文光堂刻本、光绪十一年文昌书局刻本、光绪十三年榕垣书局刻本、光绪十七年益元书局刻本、光绪十八年上海焕文书局石印袖珍本、光绪二十年上海文瑞楼石印本等。此外，同治十三年上海慎记书局石印了八册本的《详注赋学正鹄集释》，共分四集，即《赋学正鹄》及续集、三集、四集。据侯冬、华鑫文考证，是书续集实为叶吟舫《详批律赋标准》初集及二集，三集则为吴锡麒之律赋集，四集乃叶祺昌《详批律赋精腋》①。进而，侯、华认为此书是"出版商以《赋学正鹄》为首，将相关书籍以《赋学正鹄》为丛书名汇编在一起的一套赋学科举辅导用书"，则稍有未安。考叶祺昌《详批律赋标准》刊刻于光绪五年，而此套丛书以"赋学正鹄四集"之名出版于同治十三年，与其说出版商"将相关书籍以《赋学正鹄》为丛书名汇编在一起"，不如说是由于《赋学正鹄》甫一问世便产生了巨大影响，以至于他人将著述以其续集的形式出版来扩大销量。

由是我们可以感受到《赋学正鹄》在当时影响之巨与流布之广。这固然与其选篇精当有序、评点切中肯綮、便于初学摹拟有关，李元度在评点中传达出来的赋学观念亦是个中重要原因。综观全书，李元度于评点中确立了一套"尊六朝"的律赋史观。在《序目》中，李元度指出了两种治赋之道，一种是"握源治流"，即"汉魏六朝之古体，源也；唐宋及今之律体，流也"，"将握源而治，则必先学汉魏六朝而后及于律体"②；另一种则为"循流溯源"，即"由今赋之步武唐人者，神而明之以渐跻于六朝两汉之韵味"。在这里，李元度以将汉魏六朝视为一个整体，同为律赋之源。并且，李元度指出这两种方法是等价的，"二者其道一，而从入之途不同"，但从习赋的角度讲，后者则优于前者，"然升高自下，陟遐自迩，固当以循

---

① 侯冬、华鑫文：《制举津梁——李元度〈详注赋学正鹄集释〉评介》，《图书与情报》2018年第 3 期。

② 李元度编，成性根注《赋学正鹄集释》，载踪凡、郭英德主编《历代赋学文献辑刊》第128、129 册据清光绪十一年（1885）文昌书局刻本影印，国家图书馆出版社，2017，第 4页。本文引《赋学正鹄》均据此书，下文不再另行注明。

流溯源为得其序也"。关于"循流溯源",除了从清赋溯源至汉魏六朝外,李元度又另有说法。全书以风格分为十类:层次、气机、风景、细切、庄雅、沉雄、博大、遒炼、神韵、高古。而这十类却不像《二十四诗品》一样为平行序列,它们之间存在"高下"的区分。前两类"层次"与"气机",为"入门第一义也";从"风景"至"博大"五类为"应区之品目也";而"遒炼"与"神韵""则骎骎乎进于古矣"(此九类所选均为清赋);至于"高古","则精择古赋为极则,由六朝以上希两汉,其道一以贯之,此循流溯源之术也"。由此不难看出,李元度推崇的"循流溯源之术",其实有两层含义。其一是从写作风格上由"层次""气机"的基本操作入手,逐步提升,而臻"神而明之"的"高古"境界。其二是从学习、摹拟对象上由清赋而至汉魏六朝之古赋。并且,在"高古"的层面中还分为"六朝"和"两汉"两个序列,以后者居上。据此,李元度是以古赋作为作赋之"极则",并以两汉赋视为古赋之源。

然而,事实未必而然。从选篇来看,"高古"类选赋18篇,其中汉赋1篇(《两都赋》)、魏赋2篇(《登楼赋》《鹦鹉赋》)、唐赋2篇(《梅花赋》《拟恨赋》),剩下13篇均为六朝赋,似与前述两汉为宗的赋史观不符。固然,这与"汉赋奥衍板重,未易问津,且非场屋所宜"有关,然内中原因实不在此。全书十类风格中,"遒炼"与"神韵"最为接近"高古",李元度在《序目》中总评这两风格时别有分说。一则说"凡作赋必胎息于汉魏六朝方有根柢",并且进一步指出"惟六朝鲍、谢、徐、庾诸家,炼格炼句,秀韵天成,已开唐律门径"("遒炼")。一则说"神韵类者,其妙不可言传,但觉字里行间,别有一种骚情逸韵,芬芳悱恻,秀绝人寰,此妙惟六朝人独擅"("神韵")。不唯如此,"高古"类下,李元度也指出"盖赋肇于周汉,实以六朝为最盛,不独赋家以徐、庾为正宗,即四六亦以徐、庾为正宗也"。又如吴锡麟《秋声赋》后评语:"此为词人之赋,纯以六朝为宗,实赋家之正则也",直将六朝作为"正则",与前述"极则"遥相呼应。由此不难看出,虽然李元度常以汉魏六朝并举,而在实际的评论中则对概念"暗中偷换",所谓的"汉魏六朝"几乎全部指向了"六朝"。

那么,李元度标举"六朝"的内涵又是什么?应从李氏律赋评论中寻求答案。

二 情韵、香色、秀骨：六朝赋的内涵

结合李元度对《赋学正鹄》全书 147 篇赋的评论，我以为其"尊六朝"的赋学蕲向可以从审美上注重"骚情逸韵"、辞采上强调"活色生香"、风格上推崇"秀骨天成"三方面来理解，试分论之。

首先论"骚情逸韵"，此又可从"骚情"与"逸韵"两翼展开。相对而言，"骚情"较为容易理解，多指一种楚骚式的怨悱之情。这种"骚情"可以是《离骚》式的沉痛激昂，如陈维崧《看弈轩赋》眉批"转出身世沧桑之感，激昂慷慨"，篇后评曰"沉博绝丽中，不掩其慷慨激昂之气""恻怆动人"。而更多时候，"骚情"偏重于《九歌》式的缠绵悱恻。如《玉钩斜赋》评："哀感顽艳，合徐庾为一手，而加以芜城之凭吊唏嘘"。观此赋中间两段，尤称此语：

> 惟见累累荒土，曲曲横岗。茫茫青草，萧萧白杨。零零暗雨，翦翦繁霜。深深葬玉，郁郁埋香。风低鸿雁，日下牛羊。长眠千载，不见君王。
> 萧陇兮镜殿，玉棺兮椒房。粉红兮枫叶，蛾翠兮幽篁。菱镜兮晓星明灭，绣衣兮尘雾飘扬。石床兮空施画帐，漆灯兮犹照啼妆。石马嘶风兮望上苑，水蛩吊月兮想昭阳。恨血斑斓兮化为云雨，香魂游戏兮梦作鸳鸯。

此两段上段以叠字出之，铺陈玉钩斜（隋炀帝葬宫人处）之萧瑟场面，与此前往日之盛形成鲜明对比，极尽开合之势，即为"芜城之凭吊唏嘘"；下段以楚骚句法，摇曳动荡，合哀怨与艳情于一身，是谓"合徐庾为一手"。而两段合而观之，则其深情尤为动人，故而李元度对此有眉批曰："……下二段悲其衰，抚今追昔，无限深情"。又如尤侗《落花赋》，明为落花，实写悼亡，中间两段，哀艳动人，赋后评曰："枝上杜鹃，水边精卫，情天莫补，恨海难填，读竟辄作无可奈何之叹。"又曰："其一种缠绵纤袗之情，直与六朝人为化。"如果将这两种"骚情"用一直白语言概括，不妨称之为"深情"。李元度多次在眉批使用"深情"这个评价，如前举《玉钩

斜赋》之"无限深情",《秋海棠赋》亦有"无限深情"之批,以及《九曲池赋》收束批为"一往情深",等等。

与"骚情"并举的"逸韵",则需要进行辨析。"韵"在中国古典美学中,多指一种含蓄不尽、意味深长的审美范畴。而何为"逸韵",则必须结合具体的作品来分析。鲍桂星《流云吐华月赋》篇后评说:"……此等题颇难出色,惟泽于古者,深斯逸韵骚情,自能拔俗寻丈。"那么,此篇赋应该算作"骚情逸韵"的典范了。此赋值得注意处在开篇第三句"三株两株之树,一间半间之楼"的眉批:"句法峭逸,最动目。"与之类似的还有吴锡麒《寒鸦赋》,"十点五点,山边水边",眉批亦称"句法峭逸,学之者无不动人",以及刘长年《九曲池赋》"去复去兮中流,行复行兮中汫",眉批"句法秀逸"。这三句眉批虽是对句法的点评,却能从中觇出"韵逸"之所指。第一,从遣词造句来讲,这三句均以同字的"当句对"(联珠对)为显著特征,为整句营造出一种悠扬婉转、跌宕回旋的声情,或可称为声情之"韵"。第二,就意象塑造而言,这三句乃是通过简笔勾勒小景,与极大的留白构成张力,从而形成一种清远、平淡的意境,生发出与之对应的闲适之情,并留下渺渺不绝之余味。与此相关的还有"超"这个评点术语。如李隆萼《竹露赋》开篇:

凉复凉兮秋中,清复清兮院空。天沉沉兮有月,夜悄悄兮无风。

眉批:超忽。随后第二段起首:

丛竹斑斑,水石之间。浓绿千个,纯青一湾。

眉批又云:"挺接超"。这两句与前举"峭逸"审美观感基本一致,均有音节回环流转之亮、意境旷远闲适之美与蕴藉无穷之味,可见"超"与"逸"在李氏评点中的接近性。此类评价甚多,以至于吴锡麒《秋海棠赋》开篇被李元度直接目以"起调超逸":

露涓涓兮欲流,风嫋嫋兮生秋。主人遵薜径,陟苔邱,搴薜荔,策扶留。订兰盟于水曲,访桂隐于山幽。

如果细细涵泳诸多"超""逸"之句，则可发现，所谓"逸韵"，基本是强调营造一种与生活产生距离感的意境①，以及在这种旷远的意境中刹那生发而回味无穷的闲适之情。再结合李元度以"神韵"作为律赋之上品，自不难看出"逸韵"与"神韵"之间的联系。潘务正《李元度〈赋学正鹄〉与晚近湖湘文风》一文中仔细分析了李元度—鲍桂星—姚鼐之间以"神韵"衡文论赋之渊源，颇为中肯。这里需要补充的一点则是李元度的"逸韵"观与王渔洋诗学上的"神韵"说有着直接关系，其要有三。第一，李元度"逸韵"观，注重简笔勾勒，而渔洋"神韵"亦主"不着一字，尽得风流"、"以最省略的笔墨获取最深远的艺术效果，以减削迹象来增加意境"②。第二，李元度之"超逸"，旨在保持与生活的距离感，而渔洋早年《丙申诗旧序》中即标举"典、远、谐、则"四字为诗学鹄的③，晚年于《池北偶谈》中则直接以"清远"来诠解"神韵"④，两家别无二致。第三，"逸韵"与"神韵"皆为一种"刹那间产生永恒"的情韵，渔洋以"兴会神到""兴会超妙"称之，而次青亦有如此评点。如尤侗《泪赋》末段，眉批"情来兴往，如数家珍，不愧才人之笔"，"结极超妙"。

那么，绾合李元度之"骚情逸韵"，似乎又存在两个问题。其一，"骚情"即是"深情"，而"逸韵"则要求以简淡之情出之，二者是否矛盾？这可以用"神韵"诗学理论来解释。《芝廛集序》中记载了王渔洋与画家王原祁的一段对话，王原祁指出为画者当"能入""能出"，"以沉着痛快为极致"，渔洋以倪瓒、董其昌之逸品难之，原祁则"见以为古澹闲远，而中实沉着痛快"回应，渔洋从而得悟能入能出之妙⑤。李元度绾合"骚情逸韵"之说，亦有以简淡之笔写无限深情的况味，如《春水绿波赋》终章：

① "与生活产生距离感"为王小舒教授对王渔洋"神韵说"的认识，参见王小舒著《神韵诗学》第八章"王士禛对神韵说的集大成"，山东人民出版社，2006。

② 钱钟书：《中国诗与中国画》，载《旧文四篇》，上海古籍出版社，1979，第 11 页。又，在《七缀集》中，这句话改成了"以经济的笔墨获取丰富的艺术效果，以减削迹象来增加意境"，参见钱钟书《七缀集》，生活·读书·新知三联书店，2002，第 12 页。

③ 参见王士禛《蚕尾续文》卷 3，载《清代诗文集汇集》第 134 册《带经堂集》，上海古籍出版社，2009，第 739 页。

④ 参见王士禛《池北偶谈》卷 18，载靳斯仁点校《池北偶谈》，中华书局，1982，第 430 页。

⑤ 参见王士禛《蚕尾文集》卷 1，载《清代诗文集汇集》第 134 册《带经堂集》，上海古籍出版社，2009，第 601 页。

是知感莫感于怀人，难莫难于行路。况春水兮方生，又春光兮欲暮。浣兔毫于江上，难染丹青；剖鱼腹于船头，不逢尺素。愁欲翦而偏长，时以阅而成故。流水三生，东风一度。就令花全作絮，犹留波面之萍；正恐叶易成阴，又换天涯之树。张平子所思不见，未免生愁；江文通黯然销魂，因之作赋。

惜别怀人之深情，以春水春光、萍波远树轻轻出之，是故次青评以"非酝酿于《骚》《选》者深，谁能有此深情远韵"。这里，李元度以"深情远韵"替换了"骚情逸韵"，正是渔洋"能入能出"神韵诗学的赋学改造。然而，这就产生了第二个问题：诗短赋长，诗可以在咫尺而求诸域表，赋则需要铺采摛文，那么，如何以"远韵"出"深情"？这个问题可从李元度安排风格的次序上寻求答案。《赋学正鹄》十类风格中，"高古"已出律赋之外，律赋极则实为"神韵"，而"神韵"前尚安排了"遒炼"之目，所谓"遒炼为赋家超凡脱俗之一关"，即要求赋家以最精练之笔墨进行铺陈，从而达到铺陈与"远韵"的辩证统一，如《寒鸦赋》篇后评曰："题非难作，难在气韵清高，句法遒炼"。《采菱赋》评："淫思古意，逸韵骚情，触绪纷来，与古为化，篇中炼字炼句，与庾子山直同一鼻孔出气。"这两篇评语揭示了李元度对统一"骚情逸韵"的认识，即以"逸韵"出"骚情"，又以"遒炼"表现"逸韵"，从而实现"与古为化"。具体关于"炼字炼句"而言，我们还可以从李元度欣赏的两种句式中看出这种以"洗炼而出以浑成"的追求。第一种是《九歌·少司命》中"悲莫悲兮生别离，乐莫乐兮新相知"式，如"咽复咽兮陇头水，怨复怨兮关山月"（《落花赋》）、"去复去兮中流，行复行兮中沚"（《九曲池赋》）、"凉复凉兮秋中，清复清兮院空"（《竹露赋》）、"巧莫巧于天公，乞复乞兮化工"（《乞巧赋》）、"感莫感于怀人，难莫难于行路"（《春水绿波赋》）等，以其音节回环而达到情感纡徐之目的。第二种则是庾信《小园赋》中"一寸二寸之鱼，三竿两竿之竹"及《哀江南赋》中"五里十里，长亭短亭"式，如"三株两株之树，一间半间之楼"（《流云吐华月赋》）、"十点五点，山边水边"（《寒鸦赋》）、"长桥短桥，十里五里"（《采菱赋》）、"千丝万丝之网，三只五只之船"（《莺脰湖观渔赋》）、"前村后村之路，南枝北枝之花"（《梅花赋》）

等。此等句式，最能将长卷图景收入只言片语，尤为次青欣赏，每称其"宜争学之"，乃至于不惜对原作进行改动。如何杙《齐姜醉遣晋公子赋》中有一句，何氏别集《悔余庵稿》作"千里万里，酒入行矣"，以"酒"点题面"醉"字，为一叙事句，而《赋学正鹄》则作"一程两程，千里万里"，以子山句法白描公子行程，而将齐姜之情寄于其内，正是以洗练之笔铺陈出浑成之韵，而又寓以款款深情。这一改动正可说明李元度对"骚情逸韵"的追求，而这种基于句法的认识，又将我们的关注引至李元度推尊六朝的第二个体现：辞采上的"活色生香"。

辞赋本为一种描绘型的文体，最重铺陈藻绘，而在运词体物上，李元度也有着鲜明的尊六朝的倾向。对于历史上几种典型的时代风格，李氏皆有评价。他首先否定的是宋赋，如《秋声赋》篇后："此与欧阳子所作门径不同，欧阳此题赋与东坡前后赤壁赋，皆古文家言，为赋家别调"。宋人以文为赋、不事雕琢的做法被视为"赋家别调"，是以全书一篇不取。其次是唐赋，李元度在《序目》中即指出"唐律巧法未备，往往瑕瑜互见"，甚至不如"今赋"，是以只需学习清律赋即可。至于汉赋的闳衍博丽，李元度一方面表示欣赏其高古气象，另一方面则又嫌其凝重板滞。如评谢惠连《雪赋》："秀色可餐，脱尽前人浓重之气，另成六朝体格"，肯定了六朝赋之清新秀丽与平易流畅后，又指出了前人之"浓重"。评祢衡《鹦鹉赋》："此为汉魏赋体，不特异于唐律，并与六朝之骈体不同"，又指出汉魏赋亦非六朝赋，而六朝又一特征则是其"骈体"。而对其骈俪之辞的要求，李元度多次使用了"活色生香"这个评语。如评《乞巧赋》"活色生香，清丽芊眠"，《采菱赋》"香重舟轻，烟横路直"眉批"生香活色，八字精炼"，《春阴赋》眉批则曰"淫思古意，活色生春"；或者是"绘声绘影"，如《芦花赋》起调评"破空而起，绘声绘影"，《秋海棠赋》"凉花小映，细朵新抽。怯日姿隐，偎烟态柔"亦评为"绘影绘声之笔"；等等。这样的评语容易让我们联想到沈德潜评价诗歌晋宋转关时的"性情渐隐，声色大开"来。的确，"活色生香"中的香色（或声影）和"声色大开"的声色属于同一范畴，在"遒练""神韵"两类赋作中更不乏这样的作品。然而，李元度对此有更高的要求，他不仅仅要求作者有华辞丽句，能调动读者的多重感官，更要求藻俪之余有情韵寄托，即让词句的"香色""生活"起来。这便成为李元度对"神韵"诗学的赋学突破：以"香色"之赋笔铺陈取代"冲淡"

的诗行裁剪，试以《春水绿波赋》一段为例：

> 鸳鸯湖上，软翠三篙；鹦鹉洲边，晴漪十里。采栏曲曲以虹流，白羽翻翻而雪起。净无可唾，芦芽荻笋之间；空欲生寒，云影天光之里。洗梅花之艳骨，方能修到仙人；除桃叶之深情，安得有如此水。

此段全系铺陈，为点题面中之"水"字，极尽文字之能事，音声迭代，五色相喧，而饱含旖旎缱绻之深情，为后文送别之伤情蓄势，形成极大张力。更为值得注意的是李元度的两条眉批，前评"生香活色"，是对其藻绘的肯定；后评"水到渠成，手不着纸"，则是对其"逸韵"的表微。明乎此，才可知李元度推尊六朝赋亦是有所取舍，只有发骚情、抒丽藻、生逸韵者，才可谓"正则"。

由是可以论李元度对六朝赋以"秀"为风格的认可。李元度在全书的评点中，多次赞扬了六朝赋"秀"的品格，并且认为这种审美风格是时下所缺失的。如《序目》中评"遒炼"类说"六朝鲍、谢、徐、庾诸家，炼格炼句，秀韵天成，已开唐律门径"，评"神韵"类说"别有一种骚情逸韵，芬芳悱恻，秀绝人寰，此妙惟六朝人独擅"，这是对六朝赋"秀"的品格的肯定，而这种"秀"恰是当时律赋所缺乏的。《竹露赋》篇后评："赋忌庸俗，似此秀骨天成，语经百炼，非寝馈六朝不能有此风韵，视时下曼声弱调，有雅郑之别矣"，这番评点建立了一种二元对立：此赋与六朝赋为雅为秀，时下赋为郑为俗，其区分便在于"秀骨"、"百炼"和"风韵"之上，"百炼"和"风韵"即与前述之"活色生香"与"骚情逸韵"有对应关系，而"秀骨天成"则是全赋的审美风格。无独有偶，《九曲池赋》后也有类似评语："选词设色，一以秀逸遒炼为主，既脱尽时下甜俗气，又能得古人韵度"，同样以"秀""逸"来矫时下之甜俗。那么，在李元度看来，"秀"是一种什么样的审美风格？这大概可以用刘勰《文心雕龙》中"秀以卓绝为巧"来解释。不过，仍须做三点说明。第一，"秀"是一种整体风格，是"骚情逸韵"与"活色生香"二者有机结合之后产生的审美感受，正如《莺脰湖观渔赋》后评"其秀在骨，其韵在神"，"秀"本是一种精巧审美的底色，如果用语言描述的话，李元度经常使用的另一个评价"清丽芊眠"差可形容。第二，"秀"虽然是一种整体风格，但常以篇中警句的形式出现，所谓"篇中之独拔者"。在评点中，李元度亦常指出某句为"秀杰之句"、"秀逸"，正合《文心雕龙》之"如欲辨秀，亦惟摘句"。第三，从"秀"的直接感受来看，属于"优美"的范畴，这是否代表李元度排斥"壮美"？实则非然，对此潘务正《李元度〈赋学正鹄〉与晚近湖湘文风》中指出李元度将秀美与湖湘文风结合，以"雄秀"作为最高的审美，而《赋学正鹄》为入门范本，故以"清秀"为宗，盖取其易学而已。潘文已然道出其中三昧，这里仅做一点补充：李元度主"秀"并不偏废"壮美"，相反，他还认为"清秀"之赋更应有遒炼之句，而沉雄之赋中有清爽之气，则更添其雄浑。如《项王垓下闻楚歌赋》，在如潮如海气势之中，忽行一段对楚歌的描写：

> 诚以楚歌之闻也。惊疑唳鹤，傥杂吹螺。千百人如讴郢市，一再行如奏阳阿。嫋嫋其音，兼楚咻之纷沓；行行且止，和楚舞之婆娑。顾此头颅，尽今夕一杯之酒；将何面目，见来时千顷之波。岂期相伟重瞳，寿考异苍梧之狩；不分兵哗十面，荒凉同黄竹之歌。乡心落亭长船中，春涨与军声并息；战血洒老君岩下，秋磷则鬼唱犹多。

是段眉批"提笔醒而超，雄浑中得此清爽之笔，方能眉目朗然"，可见，奇正相生，雄秀互济，才是李元度对整体之"秀"的把握。

以上从"骚情逸韵""活色生香""秀韵天成"三个方面分析了李元度推尊六朝赋的内涵。然若进一步想，李元度这种尊六朝的赋学观念似乎缺少了传统赋学念兹在兹的"曲终奏雅"，即并未突出辞赋应有的经义讽谏。诚然，《赋学正鹄》中遴选了不少馆阁赋，十类风格亦有"庄雅"一目，更以"润色鸿业"的《两都赋》压卷，然而并未见其对此类赋作有所推尊。相反，《秋声赋》篇后次青有一句夫子自道："此为词人之赋，纯以六朝为宗，实赋家之正则也"，易言之，李氏有意略过了"丽以则"的"诗人之赋"，而以六朝"词人之赋"作为"正则"。何以有此种赋学观，这又需在李元度所受濡染的湖湘文风与清代咸、同以降的赋学观念变化说起。

三 时风与赋论：尊六朝的伏线

《赋学正鹄》本为场屋课赋所编的津逮之书，而李元度却以六朝"词人之赋"为律赋"正则"，颇有违和。若将之置于自汤稼堂《律赋衡裁》以来的清人尊唐律赋史观中，亦见乖舛。诚然，对于初学者来说，出于情韵、饰以丽辞的六朝赋显然比说理议论、关于经义的唐宋赋要容易学习得多。作为针对初学者的习赋读本，《赋学正鹄》自然也会多选六朝风格的赋作。不过，这只是表层原因，若要究其深层原因及意义，似又可从湖湘时风与晚清赋论两方面来认识。

李元度身属晚清湖湘文人这个文学团体，其文学思想与湖湘文风不无关系，对此，潘务正《李元度〈赋学正鹄〉与晚近湖湘文风》已有详细论述。此处再从其与湖湘六朝诗派的观念中试加以申说。晚清的湖湘六朝诗派以王闿运、邓辅纶为代表人物，于咸、同时期开始活跃于诗坛，论诗主汉魏六朝，以《楚辞》《文选》作为学习的典范。其中代表人物王闿运之诗学以"诗缘情而绮靡"为基石，又有"以词掩意"之说，主张诗歌发乎情，而又必须以妍丽之辞婉曲达意，与重秀尚韵的李元度颇有异曲同工之妙①。而与王闿运诗学相左的批评则指出其中风雅精神的缺席，如陈衍便认为"汉魏以降，有风而无雅"，张之洞也认为六朝文学"书体诡险文纤佻"。将这种批评联系到李元度《赋学正鹄》以六朝为正则的赋学观，如果说六朝派之诗是"有风而无雅"的话，那么可以说六朝赋便是"无风而无颂"。事实上，李元度自己便旗帜鲜明地表现出对"风人之旨"的欣赏，如《芦花赋》评："蒹葭秋水，感物怀人，兴往情来，深得风人之旨。"可以说，湖湘六朝诗派与六朝赋学在广义的文学观念上属于同一品格，它们共同标举文学创作的"情"与"辞"而对传统的经义精神保持了相当的距离。

这种情况当然可以从横向推及晚清文学整体格局上来关照，不过，若就尊六朝的观点置于有清一代的赋学历程中，似更能见出其意义。有清一代的赋论，其主线便是围绕古、律之争而建立起来的尚律赋学。其中犹以汤稼堂《律赋衡裁》为代表，汤氏最重唐赋，以其为"律体之正宗，词场

---

① 参见马卫中、刘诚《从湖湘派的兴衰看王闿运的诗坛位置》，《文学遗产》1996 年第 5 期。

之鸿宝"，开启了清人律赋"尊唐"的传统①。而李元度《赋学正鹄》推尊六朝，恰是对尊唐赋学观的反动，这不禁让人联想到明人"唐无赋"之说。明人以"唐无赋"之说反对唐宋律赋，一方面以"祖骚宗汉之理论与以汉赋之气势写骚心之深挚"，"在其完善人格的同时，建构既刚正博大、又深沉凝重之时代文化品格"；另一方面亦是在"唐无赋"的探讨中深化古律之争与诗文之辨，建立以复古派的尊体意识。而清人尊唐的律赋学则是在明人"唐无赋"的辨体基础上，于古体之外又立一律体，从而形成了赋学领域中的古、律二水分流。而咸、同之世，应试律赋已臻式微，古赋之学东山再起，"祖骚宗汉"说重新抬头②，在此背景下观觇李元度《赋学正鹄》的尊六朝观，则又有两点意义。

其一，这种尊六朝的赋学观，与明人"唐无赋"的赋论遥相呼应。明人固然从"唐无赋"生发出"祖骚宗汉"之说，但不废六朝，如王世贞《艺苑卮言》便称李梦阳赋"下拟屈宋，下及六朝"。更为值得注意的是，明人不但在赋学上有"唐无赋"的主张，在诗学亦有反对"诗必盛唐"的六朝派。雷磊《明代六朝派的演进》一文详细剖析了明代诗学上以杨慎、薛蕙为代表的六朝派③。这一诗学上的六朝派与赋学上的"唐无赋"有显与隐的不同，后者属于"文必秦汉"的复古思潮中，处于文坛争论主流，而前者则是作为"诗必盛唐"的反动，属于时代思潮下的潜流。而这一潜流亦有其独到价值，雷磊概括明代诗歌六朝派的三大艺术特征为博学、风致和藻丽，不难看出，这与李元度重秀尚韵的六朝赋学观有着直接的理论联系。如果说"唐无赋"的论题是在"体类"上对古赋的尊体之论的话，那么，明代六朝诗派对"诗必盛唐"的反动便是在"体要"上对六朝文学的尊体之论。李元度的六朝赋学观则是明代"唐无赋"与六朝诗学这一明一暗两条思想脉络的"合流"。

其二，李元度的六朝赋学观，同时又是对清代古、律之争的一种调和。乾、嘉年间律赋学大兴，以唐为宗，于古赋外立一律赋门户。而咸、同时古赋回潮，李元度以六朝赋为律赋正则，实际上包含了一种"纳律于古"

---

① 参见许结《汤稼堂〈律赋衡裁〉与清代律赋学考述》，《浙江学刊》2003 年第 6 期。
② 参见许结《明代"唐无赋"说辨析——兼论明赋创作与复古思潮》，《文学遗产》1994 年第 4 期。
③ 参见雷磊《明代六朝派的演进》，《文学评论》2006 年第 2 期。

的思想。这样，清律赋出于唐宋律赋，而唐宋律赋出于六朝骈体，六朝骈体又脱胎于汉魏古赋。那么，律赋亦为古赋苗裔，"二水分流"亦可合流，学习古赋要"循流溯源"，则必然"执律索古"，从而在客观上实现了对古、律之争的调和。

不过，这样一来对六朝辞赋体要风貌的推尊，同时也必然受到六朝文学传统反过来的影响。马茂军《论六朝文派》指出六朝派是中国文学的"隐传统"①。我认为，所谓"隐传统"者，大要在于六朝文学中以情造文、流转回环的审美特征，骈俪成行、属采附辞的审美风格，以及真率感人、潇洒不羁的审美趣味。对这类文学的推崇，势必导致与辞赋传统上的经义精神相背离。就《赋学正鹄》来说，其中若干篇馆阁赋或颂扬之作，往往前段格外精神，而一至篇末便"我国家""我皇帝"如何如何，矫情而又生硬。其中"庄雅"类四篇赋作，有三篇作于道、咸年间国势不振之际，却在结尾处作汉唐盛世般的颂扬。与其如此，还毋宁以六朝风格情韵生动之赋作为学习对象。从这个角度讲，《赋学正鹄》尊六朝的观念，又与晚清以来的思想解放有着秘响旁通了。

---

① 参见马茂军《论六朝文派》，《文学评论》2016 年第 2 期。

【湘学文献整理】

唐大圆年谱简编

张利文* 整理

摘　要：唐大圆（1885～1941），湖南武冈人，近代著名学者。初礼敬印光大师修学净土，后随太虚法师学习唯识，主编过《海潮音》，曾任东南大学教授，是太虚大师主持武昌佛学院时的得力助手，与内学院王恩洋等围绕《大乘起信论》真伪问题展开过论辩，又创办觉国学院、东方文化研究院等教学组织，主办《东方文化》《震铎》年刊。唐氏是东方文化派的代表人物之一，在佛教的名相下，积极推行儒家的传统伦理道德，以拯救被西方"物质主义""功利竞争"破坏的世界为己任，然毕其一生心事违绝，终有"道穷之叹"。对唐大圆生平行状的记载，现有传记及方志中不仅非常简略，而且常有囫囵错谬之处。今以民国原始文献为线索，梳理其编年，以志其事。

关键词：唐大圆　年谱　文化保守主义　东方文化派

1885 年（光绪十一年　乙酉）1 岁（虚岁，下同）

5 月 5 日（三月二十一），唐大圆出生于湖南省武冈县和康乡双洲村（今湖南省洞口县竹市镇田心村）。①

唐大圆原名蔚鸿，字渐陆，又名焕苍、荣煊。大圆是其学佛后的自取法名，也是他最常用的名字。其祖父以酒业贾于市，家境小康。其父唐存书，字秉成，"以儒业知名县邑……遇左未获一第……几不问家事，专以长

* 张利文，湖南省社会科学院哲学所副研究员。基金项目：湖南省社科基金毛泽东研究与湘学专项资助课题"论唐大圆东方文化思想对西学的回应"（15ZXC16）。

① 湖南省图书馆藏《晋阳唐氏族谱》；尹晓彬：《唐大圆生卒年辨证》，《吕梁学院学报》2011年第 1 期。

者为邻里乡党解分难。燕居亦申申夭夭如也"。①大圆在家中为长子，有同母弟四人：蔚龙（大休）、蔚麟（瑞黄）、蔚骏（大愿）、蔚械（大定），因唐大圆影响，均皈依佛教，尤其五弟大定，曾跟随大圆游历温州，皈依太虚，主笔《海潮音》，与唐大圆思想主张颇为相近，惜英年早逝。大圆有妹二人宿广、宿贤，后皆出家为尼，另有异母弟二人咏高、荣树。

1890 年（光绪十六年　庚寅）6 岁

跟从父母读书。②

1897 年（光绪二十三年　丁酉）13 岁

从族人唐锡进读书。③

1899 年（光绪二十五年　己亥）15 岁

从益阳王仲璜读书，结识在县学读书的袁朴（1879～1930，字文纯、闻纯，皈依印光后改智纯）。袁朴后与唐大圆订生死交，唐赴东南大学后，袁朴一直在家乡帮助唐大圆经营法界新莲社及觉国大学院。二人虽为挚友，但性格略有差异，邑人谓之"唐之学侈，袁之学谨"。④

1903 年（光绪二十九年　癸卯）19 岁

考上秀才，入武冈县学。⑤

1904 年（光绪三十年　甲辰）20 岁

年末，与二弟大休一起考入湖南游学预备科。⑥

1907 年（光绪三十三年　丁未）23 岁

年初，因涉禹之谟事件，游学预备科被清政府关闭，唐大圆与弟偕归，

---

① 虽唐大圆自述其家"齿繁费巨""浸以感人生之艰苦"，但从字里行间可见其家境在当地还算宽裕，例如其祖父晚年尚在乡间"兼市酒续旧业"，其父可不问家事而"申申如"于乡里。1927 年湖南农民运动爆发时唐家遭受冲击，可兹旁证。关于唐大圆家世的记载，可见唐氏《普秉净行林家世述》，《海潮音》第 10 年第 11 期（以下简称《海》10.11）；《王考惠光府君行状》，载《大圆文存》，泰东图书局，1927；《晋阳唐氏族谱》等。

② 唐大圆：《致袁子文纯启》，载《大圆文存》，泰东图书局，1927，第 198 页。

③ 唐大圆：《唐松舫先生传》，载《大圆文存》，泰东图书局，1927，第 37 页。

④ 唐大圆：《拙修室文钞序》，载《大圆文存》，泰东图书局，1927，第 52 页；智毅：《袁智纯居士行状并往生事略》，《弘法社刊》1930 年第 16 期；曾光炎：《乡先辈事略述闻》，《洞口文史》1985 年版第 1 辑，第 84 页。

⑤ 唐大圆：《先姚刘孺人行略》，载《大圆文存》，泰东图书局，1927，第 34 页；《大圆自序》，《佛光社社刊》1926 年第 1 期。

⑥ 《大圆自序》，《佛光社社刊》1926 年第 1 期；唐大圆：《个人心理学之研究》，《东方文化》1930 年第 5 期；唐大圆：《拙修室文钞序》。

在县高等小学教书。①

1908 年（光绪三十四年　戊申）24 岁

湖南优级师范学堂成立，唐大圆入校学习。②

1912 年（民国元年　壬子）28 岁

湖南优级师范学堂毕业，受聘于湖南第一师范学校，少年好友袁朴从日本留学归国，两人同校执教，共寝一室。③

夏，加入共和党。

按：唐大圆先加入共和党，后拒绝转籍国民党之事，可见于《大圆文存》中收录的《答某君书》："仆惟笃于朋谊，夏被友人强持入党……今执事欲仆以国民党相易……宜为党人所共吐弃。"《大圆文存》中未标年月，也隐去了相关人氏的姓名，但很有可能拉拢唐氏加入共和党的好友就是其游学预备科的同学林浩心。二人同出于武冈，同学于游学预备科，学校解散后，又同返县高等小学教书。约一学期后，二人又一起去长沙，唐大圆考上优级师范学堂，林浩心考上湖南第一法政学校。唐大圆在《林浩心行状》中记录了林氏加入共和党一事："民国元年，君旅省待选，同盟会方更名国民党，省城政学各界非国民党人不与，君耻不入，入共和党。共和党事成，势甚微……人或以优差诒君入国民党，不为动。"两处所述关涉党派之事均十分相似，林浩心与唐大圆私谊非常好，而病卒于 1914 年，1913 年夏二人分处衡阳与长沙，所以唐大圆在 1912 年夏，受好友林浩心引介，加入共和党一事，似最有可能。④

1913 年（民国二年　癸丑）29 岁

春，剧病长沙两月，大休在侧精心调护。同学林浩心从衡阳赶来诀别，唐大圆十分感动。后从长沙归武冈，病渐愈，开始"阅道书，祈长生"。⑤

春，袁朴任洞口县蓼湄中学校长。

---

① 唐大圆：《个人心理学之研究》，《东方文化》1930 年第 5 期。

② 唐大圆：《覆友人书》，载《大圆文存》，泰东图书局，1927，第 5 页。

③ 唐大圆：《拙修室文钞序》，载《大圆文存》，泰东图书局，1927，第 53 页。

④ 唐大圆：《答某人书》《林浩心行状》《林浩心伤词》，俱载《大圆文存》，泰东图书局，1927。

⑤ 唐大圆：《个人心理学之研究》，《东方文化》1930 年第 5 期；《大圆自序》，《佛光社社刊》1926 年第 1 期；唐大圆：《林浩心伤词》，载《大圆文存》，泰东图书局，1927，第 78 页。

秋，在袁朴的邀请下，唐大圆到校担任国文教师。①

秋，唐大圆与袁朴同游岳麓山。②

1914 年（民国三年　甲寅）30 岁

3 月，唐大圆"颇好佛，苦佛典无从购，嘱友人购之海上"，又听袁朴说县西双峰寺有佛经可借"，遂往借阅，"得小册十余，巨册如《华严》《阿含》等经仅备得十数卷，雇一人负荷出"。③

1915 年（民国四年　乙卯）31 岁

1 月 22 日（农历甲寅年腊月初八），唐大圆生母刘氏病故，唐大圆因此更坚定了学佛之心。④

10 月，携仆游南岳衡山。⑤

1916 年（民国五年　丙辰）32 岁

春，唐大圆辞去蓼湄中学教职，蛰居乡社授徒。⑥

8 月，唐大圆离开武冈，开始了第一次外出谋职，但"所如不合，失意以归"。⑦ 唐氏第一站前往省城长沙，逗留了一个多月，自记云"谭祖安（延闿）方归自沪为督军，湘城谋食者逆旅为塞"。⑧

9 月 27 日，从长沙出发，往汉口。"登京汉车……到京，寓宝庆会馆。初访黄季子（黄侃）于大学夹道之寓，一见倾盖"。时黄侃在北京大学讲授词学，唐大圆在第一师范学校时，就从好友袁朴处了解了章太炎的朴学，后唐大圆向章太炎高足黄侃多有通信，表达了"亲炙如来而未得，惟有欢喜随喜于阿罗汉尊者之前"的向往之心。后来唐大圆与黄侃一直交谊深厚，

---

① 唐大圆：《拙修室文钞序》，载《大圆文存》，泰东图书局，1927，第 54 页。
② 唐大圆：《游岳麓山记》，载《大圆文存》，泰东图书局，1927，第 22 页。
③ 唐大圆：《游双峰山记》，载《大圆文存》，泰东图书局，1927，第 26 页。
④ 唐大圆：《先批刘孺人行略》，《大圆文存》，泰东图书局，1927；唐大圆：《个人心理学之研究》，《东方文化》1930 年第 5 期。
⑤ 唐大圆：《登南岳衡山记》，载《大圆文存》，泰东图书局，1927，第 27 页。
⑥ 唐大圆：《纪游》，载《大圆文存》，泰东图书局，1927，第 204～206 页。
⑦ 唐大圆对其一生履历的描述中，某些地方遮显较重。尹晓彬依据《运掌集》中"若非民国五年游燕及杭，所如不合，失意以归，则不能效潜龙之无用而讲学空山"句，以及《洞口县志》所载"民国六年，任浙江省督学，因军阀混战，乃返湖南"等，判断唐大圆此次外出的目的是官场谋职，而且很可能在京中已谋得督学一职，赴行后，因时局变动未能就任。此一分析颇为准确。（参尹晓彬《唐大圆及其"东方文化"思想研究》，博士学位论文，中国人民大学，2009）
⑧ 唐大圆：《纪游》，《大圆文存》，泰东图书局，1927，。

唐氏与章太炎的结识，恐怕也是缘于黄侃的引介。同年，唐大圆在北京广济寺购买唯识经典阅读。[①]

1917 年（民国六年　丁巳）33 岁

唐大圆自述："春，忽思东游，遂乘京津车到天津……止一宿……抵金陵……是晚乘沪宁车抵沪……翌日晚乘舟之宁波，居三日复返上海，即坐杭甬车到杭。余优游三月于湖山之胜……适北省督军耀兵于天津，予以为天下自此多难矣，不可以不归，遂以夏四月末发杭城，七日抵长沙，又七日发长沙抵家。"[②]

1918 年（民国七年　戊午）34 岁

四月，就家庙讲学，儒释兼说。同月开始茹素。[③]

是年前后，"随禅顿所证"，著《慎抉择论》《心经口义》《平等谈》《念佛三字诀》《念佛四字诀》等等。[④]

1920 年（民国九年　庚申）36 岁

在农历十一月出版的《海潮音》阿弥陀佛诞日（十一月十七）纪念刊上，以"大圆居士"署名，发表三篇文章：《人的根本》《毛孔》《答念佛的二问》。《海潮音》于该年 1 月创刊，唐大圆是该刊的早期作者之一。

1921 年（民国十年　辛酉）37 岁

2 月 27 日出版的《海潮音》第 2 年第 1 期，"研究员之通讯处"列有一栏："武冈唐佛隐君　石下江东全店转竹市合隆店"。

春，应湘西佛教会请讲经。[⑤]

1922 年（民国十一年　壬戌）38 岁

是年，温州吴璧华创立莲池海会于九山宿觉寺，奉普陀印光上人为大师。由印光法师介绍，吴璧华邀请唐大圆赴温州讲法。

9 月 26 日（八月初六），唐大圆偕五弟大定由武冈启程，途径武昌，与太虚首次见面。随后沿江而下。在武昌时，唐大圆还拜访了在武昌中华大

① 唐大圆：《纪游》，唐大圆：《拙修室文钞序》，唐大圆：《与黄季刚书》，俱载《大圆文存》，泰东图书局，1927。

② 唐大圆：《纪游》，载《大圆文存》，泰东图书局，1927。

③ 唐大圆：《大圆自序》，《佛光社社刊》1926 年第 1 期；唐大圆：《复人学社散馆修建千佛大忏之演说并叙》，《海》4.1。

④ 唐大圆：《大圆自序》，《佛光社社刊》1926 年第 1 期。

⑤ 唐大圆：《大圆自序》，《佛光社社刊》1926 年第 1 期。

学任教的黄侃，黄侃作《赠唐大圆居士如温州讲经》，发表在《海潮音》第3年第9期上。

10月29（九月初十），到温州，暂住友人周孟由家中，后住九山宿觉寺。此后随吴璧华等在各县及吴宅楼上所设研究讲堂讲法，直至该年底。①

1923年（民国十二年　癸亥）39岁

年初，从温州返程。

二月初，偕大定到普陀，首次拜谒印光法师于法雨寺藏经楼。印光告诫大圆老实念佛，勿学唯识。② 其后唐大圆与印光的学术旨趣实愈行愈远，唐氏反对放弃大乘经典，一心念佛，甚至后来主张"东方净土"。尽管唐大圆种种遁词否认其与印光的思想差异，但客观地说，唐氏的主张与印光的"老实念佛、勿学唯识"是直接对立的，这也是二人后来逐渐疏远的原因之一。

3月30日（二月十四），至武昌佛学院，第二次参谒太虚。③ 武昌佛学院院护李隐尘因院中琼花盛开，邀请太虚、唐大圆、空也和张化声赴斋赏花。④

4月30日（三月十五），汉口宣教讲习所请唐大圆为教务主任兼讲师。⑤

秋，移住武昌佛学院，任讲《俱舍论》，兼《海潮音》编辑。⑥

1924年（民国十三年　甲子）40岁

6月20日（五月十九），因武冈筹备创办"法界新莲社"，唐大圆返湘，沿途耽搁，直至7月14日抵家。⑦

7月24日，唐大定从武昌转来印光给唐大圆的信函，指责其于《海潮

---

① 唐大圆：《温州弘法记》（《海》4.8）记"偕弟智依等由武冈启程"，唐大圆：《普秉净行林家世略述》（《海》10.11）记"大定曾从余游温州"，知智依系大定旧名。唐大圆：《呈赠太虚法师四首》（《海》5.01）又记："壬戌八月应温州请往说法，便道来鄂，参谒法师"。另参大圆《十五年来中国佛法之变相》，《海》16.1。

② 大圆：《十五年来中国佛法之变相》，《海》16.1。1923年2月温州返程途中，唐大圆是第一次谒见印光，之前二人的交谊纯粹为书信往来，如唐大圆自己所说："忽于《海潮音》月刊见……印光上人与尤惜阴居士等募印安士全书，遍赠九域，于是感激赞喜，与通函订法缘，因缘机感，遂有温州之行"。（《温州弘法记》）

③ 《武汉癸亥佛教年鉴》，《海》5.3。

④ 大圆：《赠李隐尘居士》，《海》4.11。

⑤ 《武汉癸亥佛教年鉴》，《海》5.3。

⑥ 大圆：《十五年来中国佛法之变相》，《海》16.1。

⑦ 《复印光法师书》，《海》5.8。

音》上不究是非，但据传闻作诽谤之语。唐氏"恭诵一过，愧汗如注"，于
9 月《海潮音》第 5 年第 8 期上刊登致歉信。①

秋返鄂，与黄侃谈国故，甚欢。②

秋杪（九月），太虚辞去武昌佛学院院长，突如其来的行动，让武昌佛
学院师生颇为疑讶。③

10 月 18 日出版的《海潮音》第 5 年第 9 期起，由张化声编辑，唐大圆
卸任编辑。

冬，以法界新莲社事归武冈。④

是年，唐大圆曾在武昌中华大学讲授唯识和国文，参考唐氏与黄侃的
往来，应该是临时兼讲的性质。⑤

1925 年（民国十四年　乙丑）41 岁

年初，东南大学爆发易长风波，柳诒徵逐走东北大学，哲学系主任汤
用彤转任南开大学哲学系教授。7 月，江苏省长郑谦请蒋维乔出任东大代校
长，风潮逐渐平息。⑥

8 月（七月上旬），离职武昌佛学院返回武冈。⑦

9 月（七月中旬），二弟大休病故。⑧

11 月（九月中旬），就法界新莲社创办觉国大学院，并筹划组织东方文
化集思社。⑨

---

① 《印光法师与大圆书》《复印光法师书》，《海》5.8。
② 司马朝军、王文晖：《黄侃年谱》，湖北人民出版社，2005，第 205 页。
③ 印顺：《太虚大师年谱》，正闻出版社，1990，第 185 页。
④ 唐大圆：《大休行略》，《海》8.2。
⑤ 大圆：《十五年来中国佛法之变相》，《海》16.1。
⑥ 据赵建永先生发与笔者的短信中确认，汤用彤离开东大赴任南开的时间是 1925 年 8 月，而
非《汤用彤全集·年谱简编》中所载的 1926 年。赵建永先生的依据是其所见哈佛藏吴宓致
白璧德的八封英文信笺。如此，则学衡派重要成员、佛学界的大师级学者汤用彤与唐大圆
在东大没有交集。
⑦ 《唐大圆覆太虚法师书》，《世界佛教居士林林刊》1926 年第 11 期；《唐大圆居士上太虚法
师书》，《世界佛教居士林林刊》1926 年第 12 期。
⑧ 唐大圆：《大休行略》，《海》8.2。
⑨ 唐大圆：《覆东南大学校长蒋竹庄先生函》，《东方文化》1926 年 5 月。从唐大圆一贯的办
学行为等线索判断，觉国大学院系一所依托法界新莲社（社址可能是唐氏家族旧有族庵）
而办的民间书院或私塾性质的教学机构，没有官方注册，校名也比较随意，据唐大圆自己
所称，就另有"觉国大学""觉国学院"等多种。常年学生维持在 30 人左右。

12 月 23 日（十一月初八），致函章士钊，谈教育与东方文化，希望投稿《甲寅》周刊，章士钊允之。①

约年底，收到东南大学代校长蒋维乔聘书，邀其教授唯识及印度哲学。唐允将武冈法界新莲社及觉国大学院诸事委托好友袁朴后，赴宁应聘。②

1926 年（民国十五年　丙寅）42 岁

3 月 3 日（正月十九），从武冈启程，3 月 20 日（二月初七）抵宁，就任东南大学教授，寓居杨将军巷。③ 蒋逸雪《唐大圆先生行述》记十四年秋唐氏到校，误。唐就任东大教授后，曾造访内学院作《我之内外学观》的演讲，又访欧阳竟无，因法义相左，不欢而散。④ 唐大圆邀约章太炎、章士钊、蒋维乔等文化界名流组织东方文化集思社（实始自去年在武冈时），创办《东方文化》辑刊。

5 月，东方文化集思社专刊《东方文化》（第 1 期）由上海泰东图书局出版。

6 月 29 日出版的《海潮音》第 7 年第 5 期由唐大圆五弟唐大定主编。

7 月，太虚来宁拜访蒋维乔、唐大圆。邀唐氏同往北京讲授佛经。

7 月 28 日～8 月 8 日，太虚在北京中央公园讲《四十二章经》，会场内隔日发布临时会刊《观世音》，由唐大圆等人负责编辑。⑤

11 月 6 日出版的《东南论衡》周刊第 1 卷第 21 期上发表大夏大学三年级学生陶其情的文章《读〈我之内外学观〉质疑》，批评唐大圆"以其醉心之体用说"，"强融儒佛为一炉"，"试问儒与佛，果二而一，一而二，而略无矛盾乎"，批评唐大圆主观太甚，而使各家学说"蒙混"失去"真相"。随后二人反复辩难，陶氏更责唐大圆固执"自我成见"，以"异中见同"之饰词销儒入佛，却不许西方文化与东方文化"异中见同"，"深无逻辑根据"，而"于西方文化任意攻击，不遗余力"。唐大圆则在《东南论衡》第 1 卷第 27 期，除以"佛说方便，儒名曰权"等理由再行辩护，更以"吾修无净三昧，于人何所不容焉"作最后总结。

① 张卓群、宋佳睿编《甲寅通信集》，福建教育出版社，2016，第 552 页。
② 唐大圆：《覆东南大学校长蒋竹庄先生函》，《东方文化》1926 年 5 月。
③ 《唐君大圆函》，《海》7.6。
④ 蒋逸雪：《唐大圆先生行述》，载《南谷类稿》，齐鲁书社，1987，第 292 页。
⑤ 参见《时事》，《海》7.8。

1927 年（民国十六年　丁卯）43 岁

2 月 2 日（丁卯年春节），太虚在上海筹备法苑，开游艺大会六日，邀唐大圆前往开幕，章太炎应邀参加法会，唐大圆与章太炎会晤。①

2 月 6 日，致函章士钊，再谈东方文化，并赠《东方文化》期刊。章士钊随后回函，表达了略有不同的新旧文化观。②

3 月，国民革命军占领南京。

4 月 25 日，国民党中央第三次政治会议通过汪精卫为东南大学校长。蒋维乔被指"学阀"离任东南大学，隐居上海。③ 唐大圆约于同时离职，行李存于南京，只身前往武昌，为武昌佛学院女众院讲唯识近一个月，后经长沙、南岳，返回家乡武冈。时值湖南农民运动爆发，唐氏"家人四散"，唐大圆住觉国大学院讲法华、唯识。张化声曾代顾净缘请唐氏往任教授，未许。④

6 月 12 日（五月十三），致函太虚"今秋或明春将来沪，不过须有适当机会缘化乃可也"⑤。

11 月 5 日，到长沙，住湖南居士林读经度日，与同人关系不甚融洽，时至 11 月 28 日，四次致函太虚，表示"与眼前纷扰之人毫无交涉"，"偶作旁观，非愿久住"。⑥

冬，以所撰《东方文化》为赞，经友人引见于时任江左军总指挥的何键，"一见倾心，遂成莫逆"。⑦ 后湘人传言唐大圆为何键之师，盖始缘于此。

冬杪，受湖南大学教授任凯南、刘可亭等请，在湖南省立图书馆讲唯识一周，后整理为《佛学讲演集》，由上海佛学书局出版。⑧

---

① 大圆：《十五年来中国佛法流行之变相》，《海》16.1。

② 《甲寅》1927 年第 1 卷。

③ 朱斐主编：《东南大学史》，东南大学出版社，1991，第 165 页；蒋维乔：《因是先生自传》，载《蒋维乔自述》，安徽文艺出版社，2013，第 12 页。

④ 《大圆居士函》（1927.06.12），《海》8.8；《答弟大定书》（1928.03.13），《海》9.5；《唐大圆居士上太虚法师书》，《海》9.5；大圆：《十五年来中国佛法之变相》，《海》16.1。

⑤ 《大圆居士函》（1927.06.12），《海》8.8。

⑥ 《唐大圆居士来函》（1927.11.14），《海》9.2；《唐大圆居士来函》（1927.11.28）《海》9.1。

⑦ 大圆：《十五年来中国佛法流行之变相》，《海》16.1。

⑧ 大圆：《十五年来中国佛法流行之变相》，《海》16.1。

1928 年（民国十七年　戊辰）44 岁

春，至武昌佛学院，住三月。其间，太虚来函"说有卢鸿沧居士在西湖筑有精舍，名极乐净土"，请大圆前往讲学。唐氏回信许之，"但与作数约，待彼再来信始定行止"。①

约 5 月，至杭州。②

6 月 19 日，世界佛教居士林定于每周六、周日组织佛学研究会，并创立暑期讲学会，请唐大圆住林，以便各校学生于短期内得补习国学，并研究佛法。同时，唐大圆负责主编《世界佛教居士林林刊》。其间，唐氏为李仪庭、宋鹤康等军政要员讲《摄大乘论》。③

7 月 28 日，太虚偕唐大圆等，在南京毗卢寺成立中国佛学会筹备处，同时创立佛教工作僧众训练班，请远行与唐大圆负责。④

8 月 11 日，太虚离沪赴欧美弘法。⑤

夏，唐大圆父亲病故。⑥

秋，唐大圆剧病沪上，五弟唐大定病故于长沙。⑦

10 月底（九月中旬），唐大圆负疾抵武昌。⑧

1929 年（民国十八年　己巳）45 岁

2 月 27 日，何键被任命为湖南省政府代理省主席。

4 月 14 日，武昌佛学院召开世界佛学院第一次筹备会，推举唐大圆为筹备主任。⑨

6 月出版的《世界佛教居士林林刊》第 23 期，刊登唐大圆致袁朴与法界新莲社同人两封信函，唐大圆指出"净宗有急需改革之处"，批评净宗教人不必持经论，只念一句佛号往送西方已足。无法抵御世俗"学佛即是求死"之外侮。并有言："设兄与圆一旦去也，外侮如海潮汹涌而来，试思彼

---

① 《弟答大定书》（1928.03.13），《海》9.5。
② 大圆：《十五年来中国佛法流行之变相》，《海》16.1。
③ 《居士林组织佛学研究会》，《申报》1928.06.19；大圆：《十五年来中国佛法流行之变相》，《海》16.1。
④ 印顺：《太虚大师年谱》，正闻出版社，1990，第 258 页。
⑤ 印顺：《太虚大师年谱》，正闻出版社，1990，第 259 页。
⑥ 唐大圆：《唐大圆居士建立净行林》，《海》10.11。
⑦ 唐大圆：《唐大圆居士建立净行林》，《海》10.11。
⑧ 法舫：《追荐唐大定居士》，《海》9.12。
⑨ 《世界佛学院筹备处开第一次筹备会议记》，《海》10.4。

（笔者注：净宗信众）等尚能树正法眼，作中流之砥柱乎！"

8 月 20 日，世界佛学院筹备处研究部正式开学，任教务主任兼教授。①

8 月（秋七月），唐祖培租赁汉口三元北里民房三栋，筹办汉口文化学院，聘请唐大圆为院长，何键为董事长，唐祖培自任副院长。②

按：唐祖培（1898～?），湖北咸宁人，又名贻孙、球、溢声，字季申。中华大学中国哲学系毕业，师从黄侃。汉口文化学院及其附属基地"文化村"是一所集园艺、军训、国学为主要教学目标的私立学校，尤其注重在初中部推广农业，其主张"完全乡村化、军队化"，"创文化村军农士合一之运动"，这与唐大圆以传统士人教育为首位的教育理念，虽大体趋近，但还是略有差别的。又，唐大圆称"宗人季申是余讲学中华大学时之高材生"，然唐祖培 1919～1923 年就读于武昌中华大学，唐大圆"十三年（1924）应武昌中华大学聘，授唯识兼国学"，此时唐祖培已在中华大学留校任教。两人应是同事关系。③

10 月 1 日，接家信告知三弟瑞黄死，此前又有一弟媳两侄死，家信以父葬地犯玉皇责大圆弃人伦，令其速归改葬。唐大圆心绪大坏，乞求太虚帮助。④ 太虚复函建议唐氏改家为净行林，唐大圆依言奉行，作《净行林简章》。⑤

10 月 8 日（九月初六）汉口文化学院正式开学。⑥

10 月 29 日，应湖南省主席何键请，太虚与唐大圆等抵长沙讲学。唐大圆与太虚在新建成的湖南中山堂讲演"东方哲学"三日。⑦

11 月 2 日，返回武冈。⑧

12 月 17 日（十一月十七日弥陀诞日），在武昌世界佛学院讲说"东方

---

① 唐大圆：《世界佛学院筹备处研究部开办之经过及其希望》，《海》11.02。
② 季申（唐祖培）：《汉口文化学院第一年院务概况》，《东方文化》1930 年第 1 期；溢声（唐祖培）：《文化草创纪要》，《中道》1934 年。
③ 唐大圆：《震铎叙》，《震铎》1934 年 8 月 1 日；溢声（唐祖培）：《唐安文先生年谱》，载《中道》1934 年；大圆：《十五年来中国佛法流行之变相》，《海》16.1。
④ 《唐大圆居士来函》（1929.10.02），《海》10.10。
⑤ 《太虚大师赐函》，《海》10.11。
⑥ 唐季申：《汉口文化学院第一年院务概况》，《东方文化》1930 年第 1 期。
⑦ 《湘省主席请太虚大师弘法记·弘法日记》，《海》11.2。
⑧ 《湘省主席请太虚大师弘法记·弘法日记》，《海》11.2。

净土之实行创造"质疑念佛往生，主张应在东方创造净土。① 此后唐氏多次提倡"东方净土"，这是其东方文化思想进一步儒家化的一个表现，同时也招来了传统净土信众，包括印光追随者的反对。

是年，曾短暂在武汉大学讲授印度哲学，"不契，高谢待时"。②

1930 年（民国十九年　庚午）46 岁

2 月 6 日，汉口佛教正信会将该会若干房间借给文化学院作校舍。③

4 月 18 日（三月二十），一直在家乡帮助唐大圆代理法界新莲社与觉国大学院的好友袁朴去世。④

6 月，长子唐念寿夭折于武昌佛学院，时仅 9 岁。三年内唐大圆亲朋好友接连离世，此次子亡，使其彻底遭受打击。唐大圆致函太虚，否认了关于自己打算出家的传言，并决定于旧历五月中旬携二女念光、念如返乡，"先闭关三月，再做忏悔修行"，"待满三年，如稍有把握，乃可再外出。"⑤

9 月，《东方文化》第 5 期由上海泰东图书局发行。同时，《东方文化》第 2 卷第 1 期，由汉口文化学院发行。

按：这两本同名刊物，前者是"东方文化集思社"社刊的延续，一直由上海泰东图书局出版发行；后者拟为"汉口文化学院"的院刊。唐氏自 1925 年在武冈筹办东方文化集思社，并于第二年在东南大学正式编撰《东方文化》时，就已逐步将兴趣转移在"东方文化"，尤其儒家伦理的推介上，相对地减弱了对佛教的兴趣。上海、武汉两刊《东方文化》的既出各期，主要撰写者都是唐大圆，很难说两刊在内容上有什么差异。唐大圆归隐武冈前约两月，唐大圆还计划着手编撰上海版《东方文化》的第 6 期。⑥ 唐大圆的撰文量是相当丰富的，但正如曾光炎先生指出的"唐之学侈"，精品恐怕不是太多。以上两辑的编辑应在唐大圆归隐前既已完成。

冬，作《寿光圆大藏经记》，表彰袁朴及其侄袁勤省于佛戒洲修建寿光

---

① 大圆：《东方净土之实行创造》，《东方文化》1930 年第 1 期。
② 蒋逸雪：《唐大圆先生行述》，载《南谷类稿》，齐鲁书社，1987，第 292 页；唐大圆：《震铎叙》，《震铎》1934 年 8 月 1 日。
③ 《佛教正信会致汉口文化学院唐副院长公函》，《东方文化》1930 年第 1 期。
④ 智毅：《袁智纯居士行状并往生事略》，《弘法社刊》1930 年第 16 期。
⑤ 《唐大圆居士来函》（1930.06.11），《海》11.6
⑥ 唐大圆：《拟编世间解季刊宣言》，《海》11.4。

园藏经楼及购请频伽藏事迹。①

按：唐大圆因家庭及好友屡遭变故，心情低落，同时其在《海潮音》《世界佛教居士林林刊》等刊物上所发表的言论，也常遭批评，故其自述"自十九年后，弘法之方便，稍变其相，故于本刊（笔者注：《海潮音》）亦久不作文"。此处所谓弘法之变相者，即唐氏进一步地减少了佛教类文章的撰写，更加致力于对东方文化（实即儒家伦理）的推介。

1931 年（民国二十年　辛未）47 岁

年初，作《青年学佛行要》发表于 3 月 15 日出版的《海潮音》第 12 年第 2 期上，对净土宗的念佛求生西方净土说给予激烈批评，唐氏更反思长子病故前呼吸急促，未及时延医，却请人念佛助生西天为"中魔说"。此文刊发后，激起净土信众及诸多佛教学者的诘难。其故友，上海佛学书局总编辑范古农在 5 月 15 日出版的《海潮音》第 12 卷第 4 号上，批评唐大圆"忽赞净土，忽毁净土"，实"文不对题"，应"改其题曰《青年学佛不可依净土法门论》"。

按：范古农批评唐大圆撰文"文不对题"是中肯的，从其实际主张来看，唐大圆的确反对单纯念佛，求生西方净土，主张精究大乘经论修六度万行，成就东方净土。唐氏此观念实与当时以印光为首的净土宗"老实念佛"传统观念相冲突，而融入了浓厚的儒家修齐治平的济世思想。唐氏此"东方净土"说实是太虚人生佛教、人间净土观念借助儒学的进一步发扬，是有积极意义的，甚至范古农也表示了认同。但唐大圆总能否认其主张与印光等专修净土者相左，甚至说"印老……与此论之用意正合，或蒙欢喜赞叹"。如此，也无可奈何了。

5 月 18～24 日（四月初二至初八），为迎佛诞日，唐大圆在武冈觉国大学院举办"中国和平统一祈祷法会"，首联立云："论正行孝弟齐家礼让为国，应顿悟一日克己天下归仁"。②

1932 年（民国二十一年　壬申）48 岁

7 月 15 日，《海潮音》第 13 年第 7 期刊登唐大圆的《吾之内省见过》，自维学佛茹素以来无大过，却屡遭家眷丧亡，"恒思不得其故"，因读《俞

---

① 大圆：《寿光园大藏经记》，《海》12.7。
② 唐大圆：《中国和平统一祈祷大会纪略》，《海》12.12。

净意公遇灶神记》，乃作斯文，自称"乃作善未诚未力之报……乃始大惭愧……痛自忏悔"。

十一月，为曾任湖南图书馆馆长的宗人唐璆作《衡永郴桂观察使炼心公传》，署名"东方文化哲学社宗弟大圆"[①]

是年或去年，唐祖培经营的汉口文化学院，由汉口佛教正信会再迁至武昌义庄，在方耀庭主席、李子宽处长、太虚大师及各方董事的支持下，学院扩充为文化公学，内分中学与研究二部。[②]

1933 年（民国二十二年 癸酉）49 岁

9 月中旬，"闭户二年"后复出，重返武汉。[③]

9 月 23 日，汉口佛教正信会开会欢迎唐大圆，王森甫、会觉、罗奉僧等与会欢迎。唐大圆演称其"近数年来，闭户读书，与世隔绝"云云。[④]

10 月，鉴于武昌文化公学（前身为唐大圆归隐前曾任院长的汉口文化学院）中学部以外的研究部仅十余人，唐大圆"意未惬也"，乃与唐祖培合谋创办东方文化研究院。唐大圆自任院长，请何键任董事长。因资金短缺，唐大圆归咎于西式教育的学校制度，认为西式学校制度有造就"功利竞争"的弊病，不如中国传统教育"述内圣外王之学"。唐氏云："筑校舍办学而求助于募捐……恶恶可，其必大革西式学制，而纯从东化焉，……今阐东方文化……不以毕业虚文相欺骗也……不必以豫请备案为资格也。……学校之资格愈严，则人溺于功利，而奔竞之风炽。"唐大圆更概括其教育主张为"三不要"主义："一施不要钱之教育，二办不要立案之学院，三读不要文凭之书。"[⑤]

秋，时任河南第五区农林局（百泉农林局）局长的乐天宇（1900 ~ 1984，时名乐天愚），赴武汉短暂逗留十天，与唐大圆相识，并捐银一百五

---

① 唐大圆：《衡永郴桂观察使炼心公传》，载《唐璆文集》，当代中国出版社，2010，第 9 页。

② 唐祖培（溢声）：《文化草创纪要》，《中道》1934 年；唐大圆：《震铎叙》，《震铎》1934 年 8 月 1 日；太虚：《如何建立国民的道德标准——太虚大师在文化公学演说》，《海》13.10。

③ 《汉口佛教正信会欢迎唐大圆居士》，《佛学半月刊》1933 年 10 月 16 日第 65 期。

④ 《本会欢迎唐大圆居士纪事》，《正信》1923 年第 17 期。

⑤ 唐大圆：《震铎叙》、何键：《院训》（1922 年 10 月 29 日的讲演）、杨志远：《记圆公说教育改良之三不要》，俱载《震铎》1934 年 8 月 1 日；唐大圆：《东方文化研究院之更始》，《正信》1935 年 8 月 15 日第 17 ~ 18 期合刊。

十圆作为学院基金及供养之资。① 据《震铎》书首刊印肖像所示，唐大圆共聘两人为"东方文化研究院导师"，其一是乐天宇，而另一位是太虚。

按：马日事变后，乐天宇潜至安庆，三天后在农校宿舍被捕，1930 年 7 月 27 日红军攻打长沙时，乐天宇冲出监狱，但因左脚受伤未能跟上红军队伍，辗转到衡阳岳父家养伤。此后直到 1939 年，乐氏都处于与组织失去联系中。② 因此，乐天宇在《海潮音》上发表的《心经的新观察》一文中自称"这篇稿子……十九年春曾请大圆居士鉴定一次，二十年夏曾请太虚大师鉴定一次"③，前半句必假，彼时，乐天宇正因于长沙狱中，不可能与政治立场保守的唐大圆通信。1931 年 10 月乐天宇在河南大学农学院任教，太虚在河南大学演讲《佛法之四现实观》④，乐天宇与太虚相识，并呈稿求审。再后，乐天宇转任河南第五区农林局局长，与同样主张农学救国的唐祖培书信往来，都确有其事。1933 年秋的乐天宇武昌之行，可能是在唐祖培邀请下促成的，适时，唐大圆三年闭关后甫回武昌，二人似为第一次见面。一些地方志与名人词典在记录乐天宇此一段经历时，称其担任过"湖北省文化研究院导师"（如《宁远县志》），实际的原情，即是此处唐大圆予聘的"东方文化研究院导师"。

10 月 29 日，何键在东方文化研究院讲演，谈"克己复礼，天下归仁"。⑤

1934 年（民国二十三年　甲戌）50 岁

1 月 7 日，唐大圆与文化中学校长唐祖培邀余任道等游东湖。⑥

春，因唐大圆向何键请求校舍与学校立案问题，何键安排旅鄂湘馆的西边空房给东方文化研究院租用，暂作校舍。又，因唐大圆的教育理念与唐祖培渐有分歧，唐祖培请辞东方文化研究院所任职事，以完成唐大圆的

---

① 乐天愚：《白泉农林局来函》，《震铎》。据同刊所载《本院捐款致谢》表所列，除董事长何键捐款二千元，名誉董事长赵戴文、方本仁分别捐款三百元、二百元外，其余名誉董事长、董事的捐款也不过百元。乐天宇的此笔捐赠数量是比较大的，但未被列入捐款致谢名录。

② 参中央林科院人事处乐天宇档案中 1940 年乐天宇向组织写的《历史交代材料》及雷经华的回忆文章《乐天宇与监狱里的课堂》，《湖南文史》1996 年第 3 辑等。

③ 《海》13.8，1932 年 8 月 15 日。

④ 《海》12.12，1931 年 12 月 15 日。

⑤ 何键：《院训》，《震铎》1934 年 8 月 1 日。

⑥ 余任道：《游东湖文化村次圆公游东湖诗韵》，《震铎》1934 年 8 月 1 日。

"不要钱主义"，唐大圆不得已允东方文化研究院与文化公学财务分析，6月，唐大圆对前来采访的记者说："东湖及文化中学另由唐祖培君主持，与东方文化研究院全无关系矣。"①

8月1日，东方文化研究院院刊《震铎》出版，唐大圆于"叙"中自述："东方文化研究院得旅鄂湖南会馆天然之胜境以为院舍……以云经费，则除学生学杂费之入无有焉。于是季申（唐祖培）翻然叹服曰：'本期以予任事务……自今后请归兹任于公，当能除月支教薪外，稍增图书等设备，以完成公之不要钱主义'。余辞让再三，亦以欲实现余主义，不得已而允之。将自下学期起，一切经费，全与文化中学划分，不向各方募捐。……是故本院力矫此弊也，在欲创不要钱可读书之学校。"

《震铎》同刊收录了唐大圆与何键、阎锡山、田颂尧、时瑛等军政要员的多封往来信函，均未署年月。如唐大圆书与何键云："本院今岁蒙我公威德宏护，移往湘馆……惟叔季学生福薄，闻院舍未成，亦未立案，则中辍不肯竟学者必多，倘我公肯断自睿衷，拨湘馆为院舍，又肯偕晋之阎（锡山）、赵（戴文）川田（颂尧）诸公，联衔向中央政府请求立案，必准无疑"，"以此拟请我公断自睿虑，（将旅鄂湘馆）拨归院用，则根基稳固，发展尤疆矣"。何键回函则称："立案一节，应无余议；至院舍问题，容当筹度及之。"

9月21日，太虚应唐大圆邀请，在东方文化研究院讲演《唯生哲学》。②

1935年（民国二十四年　乙亥）51岁

1~2月间，因校舍问题，唐大圆与旅鄂湘馆的原租赁者旅鄂湖南职业学校终酿争端，东方文化研究院被湖北教育厅取缔。《湖北教育月刊》1935年第二卷第四期刊登的"工作纪要（民国二十四年一月一日至二月二十八）"中"取缔东方文化研究院"消息云："查东方文化研究院未经呈准开办，擅自张贴招生广告……该院秩序凌乱，毫无设备，藉名招摇……意图诱骗无知青年，尤属荒谬！"第五期的"工作纪要（民国二十四年三月至四

---

① 剑雯：《东院师友纪盛并序》、唐大圆：《震铎叙》，俱载《震铎》1934年8月1日；《东方文化研究院之发展》，《正信》1934年第7期。
② 印顺：《太虚大师年谱》，正闻出版社，1990，第373页。

月）"述之具详："本月复准湖南省政府函请查案解决东方文化研究院强租旅鄂湖南职业学校校舍纠纷见复……已勒令东方文化研究院停办，并饬将借用房屋，一律交还旅鄂湖南职业学校。"

按：据诸多史料汇总而言：其一，唐大圆信心十足的所谓"不要钱主义"教育理念及"不要立案"办学模式与政府教育部门存在较大的分歧，即便好友唐祖培等人也未必积极赞同，响应者实寡；其二，唐大圆 1933 ~ 1934 年，曾屡促何键等军政要员帮助东方文化研究院"立案"及筹办校舍，而未能实现；其三，蒙何键"威德宏护"而强租的旅鄂湖南会馆，酿出巨大矛盾，被诉诸湖北教育厅，使唐大圆经营东方文化研究院的种种问题浮出水面，最终以被查封了结。这是继 1927 年离职东南大学、1928 ~ 1930 年家人亲友相继亡故后，唐大圆遭遇的第三次巨大打击。此次查封使得唐大圆颇为自负的个性大受挫折，也是其人生事业的一个转折点，由此逐渐产生了失意颓唐的念头。

1 月 10 日，王新命、陶希圣等十教授发表《中国本位的文化建设宣言》，随后吴景超、陈序经、胡适等学者纷纷加入，一场中西文化大论战在全国范围展开。可能因正处于失意当中，"东方文化"的力推者之一唐大圆并未参与这场颇具影响的文化论战。

2 月中旬，唐大圆因东方文化研究院被查封，离开武汉，沿江东下，开始了其一生第四次也是最后一次东南游历，先是抵达南京，逗留了一月有余。①

3 月，唐大圆在中央大学文学院演讲《佛教文学大意》。② 又在南京佛学会演讲《东方文化与佛学》共计三天，弟子蒋逸雪谒见，其后记云："翌晨，同登扫叶楼，论及身世，先生慨然曰：'曲志从人，自爱者弗尚，称意而行，世又未许，子谓我何归乎？'凄然相对者久之。"③此外，唐氏在金陵大学也有演讲。

3 月 18 日，应南京市长石瑛邀请，唐大圆在南京市政府做《发扬东方

---

① 唐大圆《记与章太炎先生谈话》录："乙亥春，余自鄂东游，住金陵弥月……便道至苏访章太炎先生，时国历三月二十一日也"（《制言》1936 年 1 月 1 日），则唐大圆抵达南京的时间在该年阳历 2 月中旬。

② 《国立中央大学日刊》1935 年 3 月 30 日，彼时黄侃在中央大学文学院任教。

③ 蒋逸雪：《唐大圆先生行述》，载《南谷类稿》，齐鲁书社，1986，第 293 页。

文化与挽救国难》演讲。①

3月21~22日，唐大圆在苏州拜访章太炎，畅谈佛学与经史诸子②。

春，唐大圆在苏州报国寺拜访了闭关中的印光法师，唐氏撰文说其与"印光老人，往事重提，详陈解释，亦为相视而笑，莫逆于心。因说前者所倡东方净土，全是教人在此土念佛持经……与上人所倡念佛往生西方之法，了无差别"。③ 鉴于唐氏去年撰文追忆与内学院欧阳师生在《起信论》争执过后，也是"相视而笑，莫逆于心"，唐氏此处的自述，是可以存疑的。此外，唐大圆在苏州还拜访了李振源、金天翮等人，旬日后，返回武冈，在家乡重办东方文化研究院。④

12月16日，此日起，率东方文化研究院学生百余人，作"转定业法会"⑤。

12月22日，因传言为何键老师，唐大圆被长征途中的红二军团抓获，原拟行军途中枪决，26日侥幸投水逃脱，但因溺水受寒，31日抬回家时已奄奄一息，家人延医调养。⑥

1936年（民国二十五年　丙子）52岁

5月13日（闰三月二十三），唐大圆致函太虚，悼念罗奉僧去世。同日致函早年武昌佛学院的同僚张化声，自述"圆自客冬脱险后……竿木随缘，逢场作戏，未知其能免于今之世也耶"。⑦

6月4日（四月十五），张化声复函，颇为直接地指出唐大圆"之观念，高则高矣，不出一种厌世观，与吾兄平日发大菩提，度尽众生之心，似夫颇有出入。岂吾兄饱经忧患，有激而然欤"?⑧

8月1日，船山中学校长雷铸寰（字孟强）与乐天宇在船山中学的基础上创办私立船山高级农业职业学校（简称船山高农），聘请唐大圆前来讲

---

① 《南京市政府公报》1935年3月第151期，第120页。
② 唐大圆：《记与章太炎先生谈话》，《制言》1936年第8期。
③ 大圆：《新净土之开展》，《净土宗月刊》1935年第9册。
④ 蒋逸雪：《唐大圆先生行述》，载《南谷类稿》，齐鲁书社，1986，第293页。
⑤ 《大圆居士被难后致各界快邮》，《佛学半月刊》1936年第6号。
⑥ 《大圆居士被难后致各界快邮》；《东方文化研究院院长唐大圆脱险纪闻》，《正信》1936年第19~20期合刊。
⑦ 《湘中两大佛学家之通讯》，《正信》1936年第11~14期合刊。
⑧ 《湘中两大佛学家之通讯》，《正信》1936年第11~14期合刊。

学。彼时乐天宇在船山中学任教，后又担任新成立的船山高农教务主任。唐大圆作《应船山农校聘讲学各同事并柬雷校长》等文，发表在《文艺捃华》及《正信》周刊上。

按：据校志《零陵农校六十年》载，当时学校有"专任教师 5 人，兼任教师 8 人，聘请教授 2 人，讲师 1 人"，唐大圆该年秋天赴校，孟冬（旧历十月）才赋归，依唐氏旧历九月所说"偶应船山高农之请，为讲国学，感各同事高谊，学友雅意，畅谈《南华》，行且弥月，殊胜因缘……聊当别后之悟"，唐大圆既称他人为同事，又曾驻留高农数月之久，则唐大圆与船山高农的因缘应不是简单的一次演讲，更有可能是被聘为教授。①

约 10 月，唐大圆加入船山学社。②

11 月末（孟冬），唐大圆离职船山高农，与乐天宇偕游南岳，至祝圣寺，遇灵涛法师（号忻车），同登祝融峰。灵涛示其所著《摄大乘论讲录》三册，唐大圆为之作序。③

12 月，唐大圆至长沙，莅临船山学社，做唯识演讲，讲演稿以《唯识概论》为题，连载于 1936 年 12 月 9 日与 10 日的长沙《大公报》。

1939 年（民国二十八年　己卯）55 岁

8 月 15 日《浙江自治半月刊》发表唐大圆旧文《行路难》："君不见孔子生民未有之圣人……又不见颜回……今人纷纷轻裘而肥马，人格愈卑志愈下……所以仲尼不从后进之礼乐，宁求先达野人也。"该短文曾于 1924 年 6 月 21 日发表于《海潮音》第 5 年第 5 期上。十五年后，旧文重刊，这是唐大圆生前发表的最后一篇作品，以孔颜之道难行而收笔，想见唐大圆的心境愈发悲凉。④

10 月 1 日，教育部在武冈县竹篙塘筹办国立第十一中学，唐大圆出让法界新莲社为十一中校本部。⑤

1941 年（民国三十年　辛巳）57 岁

1 月，被捕，关押在邵阳警备司令部，遭严刑拷打。

---

① 《零陵农校六十年》，内刊，1996，第 6 页；唐大圆：《吹万草偶存》，《正信》1937 年第 5 期；《应船山农校聘讲学各同事并柬雷校长》，《文艺捃华》1936 年第 3 卷第 4 册。

② 《本社纪事》，《船山学报》1936 年第 12 期。

③ 唐大圆：《摄大乘论讲录序》，《海》18.2。

④ 大圆：《行路难》，《浙江自治半月刊》1939 年第 15 期。

⑤ 彭明朗等：《国立第十一中学概况追记》，《洞口文史》（内刊）1995 年第 4 辑，第 100 页。

2 月，被欧阳刚中保外就医，送到恒宝比丘尼住持的邵阳县广济寺修养，但已神色大变。

2 月 26 日，唐大圆病逝于广济寺。

按：关于唐大圆的死因，文献记载十分含糊，也疑点重重。大致可靠的文字记载，从远至近，可见以下一些：

1. 民国三十年（1941）1 月中旬，（唐大圆）在洞口参加修建文昌桥发起人会议之时，被人骗走，关押在邵阳警备司令部，国民党当局说他著作中有"攻击党国"言论，对他进行严刑拷打，残酷迫害。被保释出来时，已奄奄一息，2 月 26 日圆寂于邵阳西门广济禅院。①

2. 于民国三十年（1941）初被秘密逮捕。②

3. 唐大圆居士，被人诬陷逮捕，关在邵阳保安司令部，年老不堪牢狱之苦，在狱中害病，也是刚中先生担保监外就医，安排在西门城墙边念佛堂尼姑庵里养病。③

4. 顷得武昌菩提精舍主办人恒宝比丘尼来书证实：（唐大圆）居士先被禁于宝庆城监狱，因病重由弟太定等保出至广济寺调养，已神色大变，自知不起，一心持念弥勒佛，延至农历二月初一日，现相甚好，上升兜率，由其女护念已运棺归武冈故里云。④

5. 湖南唐大圆居士……其死因闻有某方关系。⑤

唐大圆去世，正值湖南境内抗战最激烈之时，消息阻隔，同时唐大圆对不少事件的记录，也存在主观上的遮显意图，这使得我们对唐大圆的真正死因并不详悉。我们最后只能如此澄清唐大圆的生平行状：唐大圆作为民国时期知名的佛教学者，虽然早年皈依印光法师，自称行在净土，但他明确反对以"念佛生西"为究竟的消极净土观，主张东方净土，以求改变当下社会。可以说唐大圆不是一个书斋型的学者，更不是一个潜心念佛的单纯佛教居士，而是一个具有强烈救世情怀的社会实践者。唐氏认为改变社会的方式，就是推行东方文化，他以毕生办刊、办学、著述等积极社会

---

① 《湖南省志·宗教志》，湖南人民出版社，1999，第 40 页。

② 《洞口县志》，中国文史出版社，1992，第 722 页。

③ 刘岭岚：《忆欧阳刚中》，《邵阳文史》1990 年第 14 辑，第 67 页。

④ 《唐大圆居士逝世》，《海》22.8（1941 年 8 月 1 日版）。

⑤ 《觉有情》1941 年第 44～45 期合刊。

参与的方式践行之。唐大圆东方文化的核心，并不是佛教义理，而是借助佛教名相表现出来的传统儒家伦理道德，唐氏希望可以借此抵拒西学东渐，以及马克思主义在中国的传播。毫无疑问，唐大圆属于民国时期文化保守主义思潮中东方文化派一系的代表人物，他与章太炎、黄侃有较为一致的思想主张，与军政界要员如何键、唐继尧等也有密切的往来。唐大圆之死可能与国民党军政当局内部的矛盾有关，但如果说唐大圆有"攻击党国"的言论，不论从其主观目的，还是客观证据上讲，都难以确证。①

① 唐大圆不仅与何键关系密切，而且对国民党中央也没有明显过分的不满言论，唐氏更曾赞扬："南京政府已有旧道德之提倡，足以觇今世人心之趋向"（大圆：《致何云樵军长函》，《东方文化》第 5 期），"蒋公为国努力，劳绩不细，吾辈先觉，宜敬而施化辅助之"，甚至还请何键将其著书赠阅蒋介石，"祈其鉴核"（大圆：《致何总司令书》，《震铎》1934 年 8 月 1 日）。唐氏著文如《世间政府是法轮上的蝼蚁》《总统与乞丐》等，不过出语耸人，从文章内容看，无非还是在宣说传统道德的克己复礼、安贫乐道。《觉有情》半月刊最早登出的消息"其死因闻有某方关系"，欲言又止，是值得推敲的。

何绍基道光二十五年日记

毛 健[*] 整理

【整理说明】 该部分何绍基日记据台湾世界书局 2012 年影印本手写日记整理，时间节选自道光二十五年（1845）正月初一至十二月二十九日。日记内容记录何绍基任职国史馆期间，与在京城的友人、同僚广泛交流、吟诗唱和，游玩琉璃厂肆，鉴赏碑帖字画等日常生活的情形，以及发起校刻《宋元学案》、祭祀顾祠等文化活动，并详细记录了道光皇帝召见何绍基的对话过程。日记虽然语言简练，内容多为日常生活琐事，但能生动反映晚清士大夫阶层生活习俗和心态，同时也反映了晚清学术、文艺发展的状态。

道光二十有五年，岁在乙巳正月初一日，寅初起，寅正行，卯初至东华门，入内候至辰初。上御殿受朝贺，宣表时足跪地甚苦，此恙可虑也。散后即归家，叩贺新禧，午间少睡。未刻出拜各老师年。晚饮新年酒。如昨日既无一客。先生又未回也。

初二日，晨出拜客，归，早饭后复出。申刻回，复出，今日共拜二百余处。邹庚翁归，晚间陪酌，亦薄醉，早眠矣。今日甚冷。

初三日，忌辰，不拜年。晨过厂市，进前门至墨林处，看帖、写字，并邀颂南同往，早饭，颇有趣。申初回家，看书十余页。晚赴蔡菱洲请。寒花齐放，冷气稍解。

初四日，晨，拜年十余处。竹朋处见石涛画《蕉山归隐图》，佳甚。归，早饭后复出，由大街绕至前门，南、西俱遍。归，未暮也。

初五日，大风，不见人马，早进顺城门，至德胜门、安定门、东直门、齐化门、海岱门拜客，出前门，止卫老三处、曹西垣处小憩耳。归已昏黑。

* 毛健，湖南省社会科学院历史文化研究所助理研究员。

东河于廿四、五日合龙。

初六日，晨，颇静。默斋公生日，上供后吃面两碗，出至火神庙一游。进城赴陈伟堂师相席，堂苑极盛。寿卿出示徐天池画卷，有覃溪题诗，剧佳；得天书《鱼枕冠颂》，极有神韵；南阜老人画《弄孙八珠》册，别致得狠。出城，遂晚饭矣。

初七日，寅初，孙女生，大小平安，可喜之至。至辰巳间，儿归，发血晕，桂儿着急亦晕厥，久始醒来，一切无恙。早饭后，携鼎、联两侄游厂市，午刻归。未正后进城，赴姚伯邛师席。赶城出。

初八日，晨，进城拜客。曾笛生处拜其祖寿，吃面后仍拜客。游厂肆，得沧洲幅、东坡书《金刚经》归。买酒约陈颂南、朱伯韩、冯鲁川、赵伯厚、张石州、杨墨林、子言饮。看帖后，鲁川、伯厚奕而罢。石梧调吴抚。

初九日，晨，回拜吴菊裳，由临桂县升西隆州引，见官十八年，风采尚如昔，可喜也。归，传三侄儿上学。孙女五朝，取名"荫姑"，因年对有"桐荫春添彩凤枝"，为之先兆也。游厂市归，遂暮。请黄倩园、王腾轩、曹西垣、郑小山陪赓南先生，酒后掷骰子为戏。今日晤田吉生，谈画。

初十日，晨，未出，早饭后拜大街南客毕，从厂店归，得子立寄信物，专役来。得何芰亭诗信。

十一日，一早出门，到东头拜年，本会馆拜谒各神位尽。东过大街至广信茶行，晤萧琳村，留饭。方水云出酒笋，畅饮颇醉，赠茶叶，入城拜客归。过珠宝市，石州来饭，看放花。石州借《坡诗纪年》册子去。与石吾书，筱谱书王玉带去。

十二日，内子五十生辰，殊令人怕老也。唤诒德堂清音，上房女客多，拜生、拜年相间来。午后翁玉泉处拜其慈寿。晚外间无客，寿臣、小山同饮，清净不喧，花光照人，子刻始散。今日作小楷六百字，新年所无。福建门生早两席。蒋婿早晚至。

十三日，晨出，由下斜街、上斜街进顺承门，城根过前门、东华门，北至东直门，拜客，出城已午正矣。汇元堂赴何小峰席，未刻始饭。看剧三折，归，少憩。申刻赴杨叠云丈席，丈年七十二，而健如我辈，亦奇也。酒佳。

十四日，各处谢步。兰检处少坐，湖广会馆团拜，申正归，少憩。赴袁学山席，杏侄辈子刻始归。从学山处与曼生、心泉到厂市看灯，至雅集斋茶话，返拜藕舫慈寿。

上元日，晨静，看书多。韩小亭请，巳刻出示方正学先生《仁虎图》，当查《台州府志》，信奇伟也。文五峰所画《顾汝和园亭册》子，覃溪题，均佳。宋版《礼记》精妙。文衡山《豳风图》，大笔头甚厚韵。未正后始散，归，作小楷五行。仍出赴钱萍江请才盛馆席，回家看放花。

十六日，晨静。巳刻到文昌馆，丙申团拜，三庆部同年共九席，宴集竟日。夜令儿侄往看灯戏。

十七日，晨静，徐樵生来早饭。饭后写大字多。晡赴赵心泉请文昌馆席。一饭归，少憩。晚赴周朗山席，散后与玉泉同车看月。至心泉寓园，看《聊斋》两段，心泉未归也。

十八日，贵州门生陆续来见。阅邵丹畦师行略毕，午刻到才盛馆，乙未世兄团拜，共九席，晚酌后始归。

十九日，早出门拜年，过寿臣处早饭，顿［炖］鲍鱼，甚美。顺路至琉黎［璃］厂雅集斋写联二、幅四。到翰茂斋，议刻《宋元学案》事，归。天阴，若雪若雨，甚冷。

廿日，晨静。早饭后拜阮师寿，即归，客来不歇。申刻请王蔍堂阁学、李梦韶廷尉、叶棣如祭酒、许信臣侍讲、曾莼生侍读、孙兰检庶子、杨简侯宫赞。酉正城内客去，止梦韶、兰检同饮，至戌正散。兰检话子愚处。夜大风。

廿一日，风冷路冻。晨，过严仙舫、徐樵笙话。陈小舫处看其近作，张蕉云处道喜。归，已午初矣。午后复出，为刻学案事与腾轩商量，便路晤龙兰簃、张石州、罗椒生、宋莲叔。至厂市两宜轩，携《蓬心画册》归。

廿二日，风定暖来，晨静，早饭后写大字。午刻到文昌馆，乙未世兄乔星农、李竹朋、龙兰簃、何根云、胡槐江、陈子嘉六人，皆去年典试者也。楼上杨简侯请一餐而归，少憩。晚赴祁春浦大农席。晤陈小莲，木夫先生之婿，去年新中，年五十余矣。

廿三日，早，上馆，甚冷。朱供事携文董各迹呈阅，无一真者。午初出城，过吴菊裳话。庄梅叔、牟一樵河工记名，道喜。一樵处久话，归。请福建门生十一人，半酌未完，至寿臣处，陪张劢庵轰饮，至醉。

廿四日，晨起，甚冷，复睡，仍冷。未刻赴陈颂南报国寺席，大雪殊有趣，归，仍请闽士，酒后出字画册同观，梁平仲、俞小坡，皆解看也。

廿五日，晨静，吴菊裳来话，汤协揆丈来同早饭，酌十余盏，兴剧佳胜。翁玉泉邀游龙树寺，与莘江三人酌。散后至琉利［璃］厂，与赵心泉同游。归，约张劢庵、陶问云、黄寿臣夜酌。

廿六日，晨，上馆，午刻出城，到会文堂，朱镜堂同年请一饭。归，静，甚难得。

廿七日，晨，静，阅书多，写大字多。未刻才盛馆拜吴引生祖寿，归。由厂肆归。严仙舫来话，留饭。邀朱伯韩同话，畅甚。子愚饮寿臣处。晨起写《经筵讲章》，即送署。

廿八日，晨，阅课卷，饭后写大字。入城吊李世兄维醇内艰。出城，赴文昌馆，祁幼璋请，饭后归，仍写大字。许信臣来，久话。赵心泉来，晚饮祝蕲畦总宪丈处。

廿九日，早，上馆，午饭后出海岱门，道何小峰太守喜。由厂肆过麻线胡同、义兴布店，看帖。归，写大字多。晚饮龙兰簃处。

二月初一日，晨，静，早饭后拜王晓林师寿。到会文堂，甲子年伯请，祝蕲畦丈承办。母亲命搭楼上女客五席，演《得意缘》整本。午饭后到文昌馆，乔鹤 亭请。春农学士丈今早仙逝。绳匠胡同铺户失火。

初二日，晨静，午间到会文堂、李晴川同年请，一饭后行，赵兰友丈处话。过厂市，携董画册归。林勿村来话。

初三，早，上馆。午初二刻出，过墨林处，饭，看字画。李竹朋来同坐。申刻，出海岱门，至本会馆，拜文昌会。由厂肆归，少憩。杨漱芸来晤。晚饮陶问云处，与椒生、伯韩、条三，公请张椒云也。子愚在寿臣处，晚归。

初四日，晨，静。饭后写大字。走哭春农丈，丈得噎食病，不食不便，而精神不衰，故身后一切事皆自己料理，有自挽诗并联。吊吴虹生兄丧，回拜各客。石州处话，归，写大字。杨漱芸来晚饭，阿郎敬士，亦同坐。

初五日，先公忌辰，早晚奠，未出门。惟贵州门人来，则见。写大字多。

初六日，早，上馆，馆中人颇（多），几无坐处。同椒生先出，至翰林院，与清秘诸君同饭，饭后看《永乐大典》，及前明朝报实录，朝报等俱在尘土中，不堪入目，可叹也。出城，由厂肆，贺徐新斋太守喜，归。晚饮陈秋门给谏处。过心泉话。

初七日，孙女荫姑满月，早面，吃得饱。客来未歇。午间过王腥轩，为学案事。吊刘宜菴宗丞丧，刘贤夫侍御妻丧。回拜数客，归。夜饯兰友丈于其家，同者徐新斋、黄寿臣、袁学山、王曼生也，王若溪该班，不能到，张石州陪客，度曲、轰饮，丑初始散。

初八日，晨静，饭后到厂市，与墨林同至宝晋斋，交代《蓬心画册》《翁题砚册》。到才盛馆，己亥世兄团拜公请也。饭后归，风沙颇大。

初九日，晨起，上馆。出城至汇元堂，朱致堂师请也，一饭归。客来未歇。晚请祝蔺畦丈、叶东卿丈、但云湖前辈、万藕舲学士、蒋誉侯亲家，饮甚洽。写大字多。

初十日，晨，过厂市，看书，无所得。过石州、伯厚，话，归饭。写大字。午间至才盛馆，李竹朋请。一饭归，得静。

十一日，为王荫芝作母寿文，看课卷廿三本。客来不歇。出门拜客，晤孙芝房舍人，不见多年矣。晚借蔡菱洲处，请翁玉泉、钱平茳、梁矩亭、赵心泉、子愚偕往，并袖笛信号为乐，却未醉也。

十二日，晨，出，回拜数客，归。作大字三次。李梅生庶常到任，莲花寺晚为接风，约徐樵笙、彭松屏同坐，朱伯韩、林香溪后来。樵笙大醉，发牢骚。将丑初始去。

十三日，晨，上馆，午初至墨林处，为颂南侍御作生日也，石州、鲁川俱在，伯厚不来，由厂肆归，晚请庄梅叔、何晓峰、周华甫、杜兰溪、王翰乔饮，晓枫后散，一樵辞。

十四日，晨，拜客。晤仙舫、菊裳归，午刻写大字、小楷，看书略静。晚饮华甫亲家处。

十五日，各省新举人在贡院覆试，新例第一次也。到报国寺，看定顾祠添屋基址。晚饮扬州馆孙同年宗礼处，月色佳。

十六日，晨，上馆。午初饭。以无提调到，故得早些出城。回拜数客，晤庄世兄、易墨村、郑小山。小山出四川审案差，从文孔脩总宪去。写大字。顾祠动土开工。晚饮蒋誉侯亲家处，甚迟。二月中射箭颇有趣。丑初始归，寝。

十七日，晨，阅课卷十余本。门人陆续来见，或者覆试俱妥当乎。午刻同乡公祭刘宜庵宗丞。拜厉彦秋慈寿于文昌馆。赴王竹侯请观音院席。归，已暮矣，写大字多，晚饭后到朱伯韩处话，并与林香溪话。有月而阴。

十八日，早，门生多来见，饭后到会文堂，同年十二人公请陈伟堂、卓海帆两相国师，李芝稜尚书师，朱致堂侍郎师，伟倬翁阅覆试卷，不能到。申正后始散。送樊文山观察行。

十九日，早，上馆。午初出城，回拜梁三亭。到才盛馆，丙申同年公请徐新斋太守、庄梅叔河差、喻瑞雨明府。是日又乙未乡榜值年，请差客。午饭后归，写大字多。晚饮心泉处，酒佳歌缓，入无功乡矣。

廿日，晨起，拜龙兰籔生日。进城，回拜刘讱籔副宪，拜讱近堂制军丈，留吃肉。吊秀年伯母丧。晨寒人中不甚适，午后归憩。晚约徐星斋、徐惺宇、白诗庭作钱，陈云州、王竹侯、张萝轩作陪，饮酒不多，而谈咏甚乐。

廿一日，晨到报国寺，因顾祠添屋，基址须另打，酌移前一丈。归，饭后写大字三次，极多。门人来谒，并客至数次。晚饮朱霞峰同年处，子愚饮心泉处。

廿二日，晨，略静。饭后至顾祠，与梁平仲同往观所藏《鹤铭》《石斋册》二种。归，小憩。至文昌馆，梁子恭、方少牧、樊子安公请也。一饭归，写大字。晚同祝蘜翁丈、谢方斋、王若溪、蒋誉侯公请郑梦白方伯丈，席设祝宅。

廿三日，早上馆，先过罗茗香一话，馆上午初吃饭，出城吊宋寿甫母丧。拜张劢庵廉访，过梁平仲处，看帖、字画，有山谷草书，剧妙，生平未见。涪老真墨迹，此乃确耳。归，晤沈朗亭、张劢庵话。晚饮蔡春帆前辈处，散迟，未醉，可幸可幸。

廿四日，晨，出门，回拜至城内。出过厂肆，归饭。乔星农带见湖南小门生，余得见十四人。午刻赴华甫会文堂席，一饭归，写大字、小楷。牟一樵来作别，何匆遽也！留看山谷卷，赵伯厚、张石州同来看。孙芝房、钱子善亦至。钱、张、赵同晚酌，子愚夜始归。今日李千之到来，不见将廿年矣。

廿五日，晨起，剃发。为牟一樵写小楷册，今日申刻行也。并题其所藏傅青主画《乾坤一草亭》轴子，又题名图，字大韶、号君猷所书册，似曾做台谏官，明人迹也。出门送一樵行。到文昌馆，拜顾湘坡严、慈寿。游厂市，过心泉处，买酒归。复出，至报国寺，适有泥匠从屋上跌落，久获苏，急买黎洞丸，令服之。归，请周虎亭、陈庆覃、郑小山、张雨农、黄黼卿、徐云渠晚饭。

廿六日，早，上馆。午初出，至墨林处饭，饭后写大横幅二，极费力。出城，拜梅小素同年。归，写大字极多，人倦甚。

廿七日，早，出门拜客。过张润农，阅其近作，文字多讲考据，可敬也。至寿臣处，留早饭，不过十盏，意思醺醺矣。归，写大字极多。李季云侍御来阅字画，兰检来话。晚过厂市，徐新斋邀饮，不醉为幸。

廿八日，晨出，过朗亭话，携旧拓《崔敦礼碑》归。至报国寺看工，归，饭后写大字。午刻才盛馆拜殷年伯母寿，又拜赵心泉生日。归，申刻朱伯韩处便饭。酉正归，兰簃、寿臣来便饭，听歌，大醉。

廿九日，清明节，因上祭，不能到馆。午正赴园，见潘中堂师，久话，为带见小门生也。风沙不见日，颇冷。酉正回家，晚饮寿臣处。

卅日，早，香溪来话，拜报国寺看工。归，饭后写大字、小楷，颇闲妙。晚约李千之、张润农、刘廉泉、徐戟门、杨石涝、叶介唐饭，孙芝房辞。

三月初一日，早出，到梅生处话，到潘师宅，晤季玉，拜杜兰溪慈寿，晤石州、伯厚，归。写贵州贺中丞、罗方伯、吴廉访丈信各一件，交提塘去。写大字。张斗翁来，久坐，余未及晤也。晚约毛寄云、仓少平、田敬堂、曹颖生、陈岱云、祁又璋饭，又璋因有公事未到。早间墨林、子言来看字帖，因同饭。

初二日，早，到顾祠，归。写大字多。张劢庵来话。午正到才盛馆，乙未世兄公请，陪劢庵也，一饭归。晚饮翁玉泉处，皆丙申同年。

初三日，早，上馆。午初出，过厂肆，买得正学先生画，甚喜。金冬心字亦佳。才盛馆杨、徐两年伯请，一饭散，与信臣小坐，归。写大字。晚星伯、子舟请在赵宅。拜陈子鹤慈寿，任翰屏严寿。

初四日，晨，过星伯处看帖，颜书《干禄字书》拓本，颇旧。归，早饭后吊骆籲门母丧。到宴汇堂，卓师相请一饭。出，至会文堂，拜周莲士堂上双寿。彭咏莪宗丞、张振之洗马处道喜。文昌馆叶棣如请，归。夜眠颇早，亦倦甚矣。

初五日，早，过法源寺，晤子万、戟门。报国寺顾祠厢房工毕矣，归。饭后午刻至才盛馆，贵州门生团拜公请也。未正后至文昌馆，拜车意园慈寿，归。

初六日，早，上馆。听宣，同乡唯曾笛生侍讲，乙未止罗椒生学士，丙申同年约四人。馆上午初饭，出城至厂东门群玉斋看帖，归。写大字多，晚饮李梅生处。

初七日，早，回拜各省新贵，皆先公小门生，共七省，山东、陕甘尚不带见也。徐惺宇选金乡令，道喜，归，写大字多，晚饮庄卫生处。

初八日，以足恙不送考，上半日静妙。申刻至报国寺看工。过寿臣话，伯厚、石州话。见隶友寄来王锡叔液彝字，及翁祖庚所赠之冯姑昏镼，"镼"盖即"铫"字，器形奇而字极趣。心泉处拜其慈寿，即留晚酌，有清音，得薄醉。

初九日，晨，过厂市，即上馆。颇冷，因太早也。巳正出，至墨林处饭，兰已开矣，香殊妙也。出海岱门，看华甫新居，回拜数客，归。饮家酿酒数杯，颓然困睡，殊有趣也。

初十日，早，为林勿村撰年伯母寿文，又作石斋先生与乔拓田书跋。午后出门，拜曹镇远、于洵阳、程三水三新大令，宗笛楼、李千之一话。大风沙，归。写小楷数百，晚饮易念园处，均未过十盏，可喜也。

十一日，晨，至顾祠，即过石州处，话，归。饭后甚静，写字多。晚饮李海观处，颇醉。

十二日，起迟些，午后出拜客，由厂肆归。晚饮甜酒，得佳眠也。甚热。

十三日，早，上馆，清风，复冷。巳正饭。出城过厂市，买得杭大宗诗字、板桥竹、颠道人水墨，归。晚饮兰簶处，木香花盛开，香颇居。

十四日，风大，到顾祠，归。写大字多，为龙石题《鹤铭》诗并跋。灯下作小楷，尚可。

十五日，晨，过石州、腾轩，过厂肆，归已暮矣。心泉、松屏、寿臣来晚饭，酒馨矣。

十六日，早，上馆，甚静。午初饭后出城，拜数客，归，久坐。晚出吊王师母。道赵少言续弦之喜，即晚饭。

十七日，晨，过杜兰溪，为乙未团拜事，至寿臣处，早饭，归。午后复出，拜王子坚刺史，由厂肆归。晤万藕舲、李梅生。晚饭后杨瘦芸、朱伯韩、林香溪先后至，话至子初，始散。

十八日，晨起，颇凉，至顾祠。归，饭。写大字。午后出，拜数客。

漱芸处见龙石《雪浪盆诗》，有书索和，晚未出。

十九日，早，上馆，微雨数点。午初出，归，颇静。晚由甘实庵处，过厂肆，心泉留便饭。

廿日，晨，会数客。午刻到才盛馆，林勿村慈寿，同年到者颇少，一饭归。兰检来话。

廿一日，早起，东头拜客，已正始西。将午初，到文昌馆拜陈露平堂上寿。一饭出，到才盛馆拜程楞香慈寿。早吊彭春农丈。晚饮家酿酒。

廿二日，晨，出拜客，归，饭。漱芸诗来。未刻到文昌馆，林树南请，申刻归，足心肿，因贴涌泉膏致此也。

廿三日，晨，静。辰正出，至王师母处公祭。至才盛馆，请客四席。徐戟门、黄蒨园、陈念亭、罗茗香、郑浣芗、蓝田年、钱子万、庄锡纶、杨漱芸、许世兄、胡老六、蒋子潇、于石甫、程仰思、曹同年、梁三亭、周谷臣、张石州、屠小如、陈受卿、黄大奇，郑、罗二老谈算法竟日，申正后始散。本会馆题名，余到时已戌初，少坐即行，饮翁玉泉处。脚心起泡，不良于行。

廿四日，足起泡，竟日不能出，写字极多，做《雪浪盆诗》，用坡韵三首。浙江世兄送席，因约陈颂南、沈朗亭、李竹朋、李荣庭、陈小莲、庄卫生便饭，惟荣、莲、卫三君至耳，颇畅谈。

廿五日，晨，静。华甫来话，午静。晡至厂肆，并唁徐霁吟同年丁内艰。归，饭后赵伯厚、张石州来夜酌，天大热，不可耐。本初一日换戴凉帽，今日忽有旨，改廿六日矣。

廿六日，早，上馆。午刻出至汇元堂，福建门生团拜公请也。子愚及桂儿俱往，甚热，申初归。晚饭后魏默深至，留饭。

廿七日，晨，静。午间至顾祠，看王腾轩移居寺中，为部置一切也。晡后出，拜数客，归。晚，孙兰检在子愚书房做东，请根云，丑刻方散。梅生今日下园，住石州处，话。

廿八日，晨，至腾轩处校《宋元学案》两卷。归，饭。写大字。申刻，林章浦、杜蕉林请在林宅，见坡书"苏门山涌金亭"六大字，元遗山《涌金亭诗》，翁覃溪题咏殊佳也。

廿九日，早，上馆。风极凉，不久坐，出至墨林处，饭，并作书。午正出，至湖广会馆。公请徐梅桥廉访，申正梅桥去。余赶至报国寺，顾祠春祭也。至者潘季玉、魏默深、李棠庭、赵伯厚、张石州、杨墨林、子言。大风得雨，院树有清气矣。

四月初一日，晨静，作小楷。饭后写大字多。午刻拜玉泉四十生日，未晤。过伯韩、香溪。回拜孔绣山，归。

初二日，晨，作《游龙杖》诗，早饭后至顾祠，与滕轩商量一切，归。晡至厂市，根云请客，兰检、兰簃、寿臣同席，散，颇迟，余先睡矣。

初三日，早，上馆。午刻饭后出，拜数客，归，写大字多。买酒，石州来，因并邀棠庭同酌。

初四，早，看蒋誉侯病。过默深，话。携《彝白集》，并《定庵遗集》，归。即出至文昌馆，请贵州门生七席，福建门生五席，藕舲因病不至。酉初散，余复至会文堂，拜田吉生堂上寿，归。

初五日，早，陈子嘉处贺嫁女，蒋宅拜年伯母寿，文昌馆湖南乙未同年六京官作主人，客十四人。未刻余行至许信臣处饭，戌初始散。归，夜静。子愚同桂儿在蒋家吃寿酒。

初六日，早，上馆。伯厚处道喜，生子满月也。拜客，由厂肆归。徐霁吟处吊。心泉来便饭，杨漱芸后至。

初七日，晨，静。午刻写大字多。晚过石州新居，因与伯厚、卫生四人同酌于新开之荣寿堂。

初八日，晨，出至顾祠，拜数客，由厂肆归，饭。未刻出至才盛馆，拜王荫芝慈寿。晤甘石安、徐莱峰，归。默深来谈。晚，心泉处便饭，酒殊佳，然不多饮也。风凉。

初九日，晨，上馆，凉。午初出至寿臣处，吃面两碗。归，写大小字多。晡时至厂肆。朱伯韩、林香溪来晚饭，亥正去，送姚伯邛师七十寿对："老圃看花编一品集；高风脱帽写八分书。"

初十日，早，客来多。饭后进城，回拜张羊子，拜姚伯邛师七十寿，不请入。看李千之，出城，归，写大字，晚出至厂肆。阅红录，闽黔两省门生无一人隽者，闷极闷极。

十一日，竟日闷，不解。早饭后出，贺新进士。过李寄云侍御处，看石斋画松信，厚劲殊特也。携阿文勤《奉使西域图》，归。客来不歇。根云来宿，明日磨勘也。兰检、寿臣同来话。

十二日，晨起，子万、漱芸来久话，余作书与隆锡堂太守、徐星城、唐印云，俱为九子山事，交樵生处去。午写大字，连日题记之件颇多。未刻至才盛馆，拜吴老七母寿，至伍燕堂丈处饮，先写联幅，暮归，颇倦。得钱星吾丈论《亭林年谱》信，所驳皆过当。

十三日，早，上馆，甚凉。先拜周虎亭前辈慈寿。午初出，过厂市，归，写大字。忙甚，公车催促也。漱芸来话，今日杏侄生日，因留饮。散后至寿臣处一话。

十四日，晨静，写大字多，并写与龙石书交漱芸去，午刻出至报国寺，与腾轩商订一切。至香溪处一话，会文堂已亥世兄公请，申刻归，灯下复谢信斋书，即往送伊婿陈少泉孝廉行廷华。

十五日，晨起，赴园，甚冷，风大，至大树庵，看李梅生、周韩城，娘娘庙晤林镜帆，翰林花园晤醇士、根云，归已申刻矣。

十六日，晨凉，上馆。已正即出，至华甫处，贺周荇农，湘潭馆贺袁漱六归，甚静。晚，月食，既子时复圆，伯厚、默深来夜酌，闻荣庭重风。

十七日，晨，看芝房史楼所写字，拜客归。少憩复出，由寿臣处为作诗，少坐。过厂市，邹云阶请陪许世叔，戌刻归，看荣庭疾。

十八日，晨静，拜数客。归，写大字多，晚至默深处话。回拜洪子龄崎孙，未晤。

十九日，早，上馆。已正到子言处饭，写字颇多，拜王子仁廉访。出城，归，写大字、小楷。晚酌心泉处，颇清妙，晚过默深，话。

廿日，晨静，未刻至报国寺，诣朗亭处，话。看荣庭病，略见好些。

廿一日，殿试，未送考，亦因足恙也。小字写得多。未刻才盛馆拜宋莲叔慈寿，晚顿散，归。饭后看老默出场，仙舫亦至，同话。

廿二日，晨静。午刻陈伟堂师相处拜寿，甚热。回拜单廉泉，谈书律，贻我《瘗鹤铭》新刻本。过厂肆，归。晚邀仙舫、默深、子寿、小舫、芝舫、梅生饭。梅生、小舫新留馆，今日引见也。

廿三日，上馆，午时出，至街东之处话，留饭，出城时已申刻。由厂肆归。晚饭后至石州、伯厚处话。过默深、开生，共话，热甚。

廿四日，晨，为李千之作《莲花桥修禊图》诗。午拜卓师相寿，即到千之处话。出城至厂肆，过李竹朋，小传胪，因足恙未去。同乡萧史楼得状头；金翰皋榜眼，浙江人；吴同年福年探花，浙江人。今年同乡写手甚多，一甲仅得一人，殊为可惜。根云来省，兰检、寿臣、子愚为做三十生日，余于子初先睡。

廿五日，丑正起，与根云、梅生同饭，即入内，上于寅正二刻，御殿受朝贺。三鼎甲率诸进士上表谢恩。出，余至厂肆一游。辰刻至湖广会馆，状元归第，榜探同来，真是华贵！鼎甲前辈到者十余人，酉初始散，归，倦甚，一饭即眠矣。

廿六日，晨，凉甚，上馆。得雨，极快出城，过雷春亭给谏，索阅奏稿，到文昌馆，姚白邛师请一饭。归，写大字多。晚饮玉泉处。

廿七日，晨静。午间到棨庭处，病少愈耳，未能佳也。曹西园来，为教习报满事，为往谒祝蘜翁，不值。归，与西垣饮。

廿八日，晨，诣蘜丈，归。午间，吴退游丈夫人寿，至文昌馆拜寿。过赵伯厚、张石州、魏默深、冯探花，至厂肆，转拜沈莲叔都转，归。晚饮袁学山处，为萧琳村饯行，琳村颇醉。钟曾生日。

廿九日，早，上馆，止一人耳。坐至巳正，出，饭于墨林处。写字甚多。出城，过厂肆，得八大、苦瓜各画，甚惬意。借墨林处石溪画，并悬于斋壁。过停韩香溪话，心泉、寿臣、晓庭来便饭。

卅日，晨，过默深，晤茗香，拜俞太守，未值，归。午静甚，傍晚出至厂肆，无所得而返，伯厚、石州来夜话，今日汪莼伯至。

五月初一日，晨出，归。饭后写大字多，晚邀茗香、默深、伯厚、石州、颂南同酌，浣芗、仙舫未来。

初二日，晨静，午写字多，晚请汪莼伯、方少牧、潘带铭、梁子恭、金愿谷、沈朗亭、章肖轩，饭。

初三日，因节事忙，未上馆，清节帐。晚为邬先生补做生日，约翁玉泉、孙兰检作陪，默深久话。

初四日，晨，至报国寺，归。饭后，城内外各老师处贺节，未刻归。过厂肆，买得石溪、白阳画，甚快。晚龙兰簃、赵心泉、白晓庭来便饭，高歌痛饮，客俱醉矣。

初五日，早起，拜堂上端节，作大字多。晡时出门，晚约严仙舫、魏默深、李梅生过节，白晓亭亦来，与子愚酌。

初六日，早，上馆。午刻出，过墨林处饭，饭后写字。体中不甚适，归。

初七日，晨，作字多，午过仙舫，不值。过厂肆，归。

初八日，晨，作大字多，未刻拜顾棣园慈寿于才盛馆，归。李海观来晚饭，饭毕，默深、伯厚、石州来酌，夜分始罢，余倦矣。

初九日，早，上馆。午刻出，至才盛馆，王荫芝请。申刻归，素臣来便饭。

初十日，晨，出拜客。午后静。

十一日，伯父光禄公忌辰，晚赴心泉便饭。

十二日，晨静。腹泻数次。午刻长沙馆请陪萧殿撰，演春台部，酉初始归，甚热。晚饮罗椒生通副处，月佳。

十三日，早上馆，已正出，由厂肆归。晚乘月话寿臣处。

十四日，静，未出，亦因足疾也。晚饭龙兰簃处。

十五日，晨出，唁马湘帆。诣罗茗香，茗香旋来早饭去。余出过厂肆，归。根云夜饭作东。

十六日，早上馆，热。已正出，心泉处便饭，为写小横幅二纸归。鼎侄生日。

十七日，足疾颇剧。晡出门，即回。医药俱不效，可叹也。

十八日，竟日未出，李海观赠药浸酒。

十九日，早，上馆。午初出城，晤金湘门丈，话。心泉处饭，饭后写字数幅，归，极热。晚李梅生请陪朱朵山，归。方运足、默深来话。

廿日，大父章五公冥寿。王腾轩来话，午间过默深，问游西山光景，至厂肆，过高姓外科，谈。回至伯厚处，话。归，写大、小［字］多。心泉、寿泉来饭。

廿一日，竟日未出，因足恙也。然静得有趣。石州、伯厚夜来话，香溪来话。

廿二日，未出。晚王曼生在子愚小院请客，有醉者，敬和兄做寿。

廿三日，因足恙，未上馆。晚出。

廿四日，未出门，连日因足恙，静甚。看书兼习画，藉自消遣也。

廿五日，未出。晚玉泉来便饭。仙舫来话。

廿六日，未上馆。阴雨大沛，观音院吊卢条岑。冒雨拜数客。至心泉处作字，小饮，归。晚晴。

廿七日，晨静。午出至湖广会馆，同乡公请乔见斋中丞，申正归。

廿八日，早到报国寺，顾亭林先生生日，辰正上祭。到者廿二人，已初坐席，午初散，石州承办，余因足恙转托也。杨龙石寄到《雪浪盆铭》，果精古。晚与子愚至心泉处便饭。甚凉。

廿九日，仍未上馆，足恙不见差也。竟日未出。

卅日，未出。晚因买酒出，因至寿臣处，饭。

六月初一日，未出。

初二日，未出。

初三日，未上馆。

初四日，买酒四坛，由厂肆一游，得画数幅，归。

初五日，未出。

初六日，五娣生日，晚席暖。慈寿。

初七日，母亲寿辰，余因足恙不能行礼，老五偏劳，我陪面，亦觉劳乏。晚客稀，有清音。

初八日，同人公局为慈寿演剧。春台部兼三庆，入局者黄寿臣、赵心泉、方子桢、王翰乔、宋莲叔、何根云、何小笙、陶问云、胡槐江、李海观、翁玉泉、朱霞峰、梁矩亭、梁翰平、孙兰检、龙兰簃。已集，子散。妙在未遇雨，散后雨即来矣。老人坐竟日，不倦也。

初九日，雨不住点，余自初七始服周朗山同年药，今日复来诊。香侄生日。

初十日，雨住而未透晴。默深、石州、伯厚来晚饭。

十一日，子愚出门，谢寿。下午雨，朗山来诊，方中用穿山甲等药，当有效矣。

十二日，仍前方。子愚生日，玉泉、心泉、晓庭、兰簃来饭。

十三日，仍前方。晚兰簃处便饭，默深行。

十四日，昨夜痛，不得眠，朗山来易方。

十五日，午间蒋宅上祭，因拜李双圃丈、牛镜塘丈。周朗山处话。杨老六借《雪浪盆》去。

十六日，未出。陈岱云来晤，郑晴川来奕，双圃丈来。

十七日，未出。来客，未歇。琴邬来奕。

十八日，朱伯韩来话，李海观来晚饭。

十九日，雨。

廿日，大雨竟日，夜作书，寄子敬与马艺林。

廿一日，易宅拜生，子愚去。子愚收拾书房。动工。

廿二日，孙兰检得学士，来话。傍晚游厂市，无所得。至玉泉处，便饭，归，大雨。

廿三日，早过朗山，不值。至琴邬处话，归。午时李晴川来话。晚候朗山及姜春帆，未至。

廿四日，未出，雨。晚，朗山同春帆来。方同前两日。

廿五日，客来不歇。藕舲晚来，晚饭后至寿臣处。

廿六日，早至春帆处诊，改方，用桃仁、红花。

廿七日，方同昨。雨。

廿八日，春帆来改方，用熟地，服方，不甚佳。雨。

廿九日，仍服前日方，觉好些。

七月初一日，仍服前方。午后至厂市，得蓬心画、梅道人墨竹卷子，归。雨至夜大。

初二日，雨住。蒋家开吊，子愚去。申刻寿臣携其婿来见，因留点心。夜雨不久住。

初三日，竟日未雨，而亦不晴，时有毛点耳。山羊血冲酒服。颂南、伯厚来话。

初四日，未雨而阴，春帆来开方。孙兰检、易问斋来，杨子言来，石州来饭，庄卫生午来。寄云南信。藕丈贺信。

初五日，真晴，见日。朱伯韩来话，寄龙石信，并朗峰札。仙舫来话。

初六日，足痛，不得愈，计不服药矣。

初七日，早，陈秋门来。同子愚看义园屋。

初八日，郑晴川来围棋，到厂市。

初九日，梁三亭来早饭。

初十日，张翊南、王笑山、杜兰溪先后来话。蔡香祖大令来廷兰，索题《沧溟出险图》，人朴实能看书者。

十一日，李竹朋来早饭，罗柏亭来辞行。仙舫夜来话，题孙芝房尊人《采芝图册》。

十二日，出，过厂市。过刘宽夫侍御，看画数件，心泉处饭。

十三日，赵伯厚来。

十四日，上官蓉湖来别，索题《寇莱公墨迹册》，以不确，未敢题也。晚饮寿臣处。

十五日，阎图南、庄卫生、黄寿臣来话。

十六日。

十七日，方夔卿来。

十八日，吴子序来话，刘宽夫来说五倍子方。

十九日，酉刻，用五倍子方敷足痛处。翁玉泉、赵心泉来晚饭。

廿日，千之、石州、伯韩先后来，卫生来饭。

廿一日，客来不歇。足疾忽就愈矣。白晓亭、赵心泉、黄寿臣饭。

廿二日，足大佳。祁幼璋来晤，放黄州守也。

廿三日，客来多。未刻闻有治病和尚在贾亮才处，因足恙未尽除，试往访之，不得入而归。杨介亭来晚饭，子愚在心泉处。

廿四日，蔡树百来赠膏药，夜饭寿臣处。

廿五日，出拜数客，因足大愈也。王小园直牧履亨来话。夜饮心泉处。

廿六日，伯母自十五日稍有不适，行止如常也。昨日因梅官随母送归周家，难于为别，未免怆怀，疾似剧矣，延医调理而不肯服药。

廿七日，至厂市，黄倩园来晚饭，赵伯厚、恽次山后至，颇醉。

廿八日，郑晴川来早饭。

廿九日，朱建卿来，伯韩来。未刻，寿臣处喜事，前往道喜，并吃酒，亥刻归。

三十日，陈秋门来，同往看义园屋，留早便饭。晚不甚适。

八月初一日，因伯母服药不效，渐见疲怯，请姜春帆来看。午间过姚圣常处看帖。

初二日，午刻出，至厂市。

初三日，请春帆来诊，觉好些。寿臣来晚饭。

初四日，朱建卿来，春帆来诊。

初五日，春帆两次来诊，用姜附收汗。

初六日，并邀周朗山来，同春帆诊，用意略同。未刻忽变症，服旋覆代赭汤，得安。朗山意也。

初七日，许芳庭来晤。今日伯母似稍愈。

初八日，邀朗山来诊，以后未再请春帆，以姜附不得手也，傍晚势加剧。双圃丈来话。

初九日，病又好些。

初十日，邀朗山来，据云脉象不佳，难于着手，留一方而去。傍晚刘五峰自保定来，请其诊视，据云脉底尚佳，火气未退，用凉药。

十一日，早，伯母光景佳。午间服药又不对。

十二日，早仍佳，晚辄剧。喧怒不止，竟夜。

十三日，早仍静，晚不静。多怒少眠。每日服药不过一两啜而已。

十四日，早，舌发黑，盖病温全发现也，用大黄芒硝服，才两啜耳，晚得泄。

十五日，早，泄后大通适，一切均减，服肉汤米饭少许，为多日所未见。竟日不肯服药。

十六日，病复剧，五峰无计，因昨日耽阁也。

十七日，早，五峰留方，别去。请陈竹伯来诊，云止须服芦根汤，小米汤可矣。

十八日，早好些，或者芦根、小米有效矣。余于早饭后下园，过蕴检之花园，不值。谒潘师相，得见。至根云处，同游宝藏寺，归。大风沙，江晓帆住朝房。

十九日，寅初，同晓帆入内，递折，二刻递入。归，憩。卯正同根云入晤，唐子方廉访于朝房。辰正二刻，召对勤政殿之东书房。

蒙问：我几时见过你的？

奏云：上年贵州试差覆命，蒙恩召见。

问：汝前此曾出何处差？

奏云：十九年蒙恩放福建试差。

问：汝考差几次？

奏：考过三次。

问：既然考过三次，得试差两次，中间想必分过房了？

奏云：未曾分房。

问：原来两次得差过，不曾分房。道州是那一府管的？

奏：是永州府管的。

问：永州是与贵州接界否？

奏：是与广西接界。

上云：与广西接界是湖南省之极南了？

奏云：是。

问：汝父亲过去几年了？

奏：过去六年了。

问：汝中间自然回去一回？

奏：是，扶灵柩回去的。

问：已经安葬未？

奏：已经安葬了。

问：尔弟兄几人？

奏：臣共四兄弟。

问：尔排行第几？

奏：排行居长。

问：尔兄弟都做甚么？

奏：二兄弟早已过去了。

问：还有两个兄弟呢？

奏：三兄弟是甲午举人，现在云南做知县。

问：自然是榜下即用了？

奏：未曾得中进士，中举后曾取教习。语未毕。

问：教习如何就能得知县？

奏：教习尚未得补，因天津捐输议叙得知县的。

问：原来是捐输得的。还有小兄弟呢？

奏：是己亥举人。

问：今年我记得尔家中了一个进士，是否？

奏：不曾得中。

问：自然还在会试？

奏云：是。

问道：是尔这个兄弟自然同在这里了？

奏云：现在同住。

上又云：我记得今年尔家中一进士，原来未有。

问：尔曾派撰文否？

奏：未曾派过撰文。

问：曾办过事否？

奏：不曾派过办事。

问：尔自然在国史馆了？

奏云：现充纂修。

问：曾办《一统志》否？

奏：《一统志》不曾经手。

问：办些甚么？

奏：《传》《志》都曾办过。

问：尔所办《志》是何《志》？

奏云：是《河渠志》。

问：《河渠志》已将成书否？

奏：《河渠志》才动手办，成书尚早。

问：难道从前不曾办过么？

奏：不曾办过，于今才动手。

问：所以馆上进书我止见《食货志》等等，未见过《河渠志》。

问：尔已进二十名未？

奏：未曾进二十名。

问：尔资俸也不浅了，何以尚未进二十名？

奏：中间丁艰耽搁了。

问：虽然丁艰耽搁，尔食俸有几年？

奏：食俸五年。

问：食俸五年，还未进二十名。尔曾得京察否？

奏：不曾得过京察。

上俯躬，臣遂出至根云处一憩，谒穆师，未见。唐子方留便饭于吉升堂，匆匆归，未初后矣。而伯母遽于未初三刻弃世。希冀渐愈，竟成不起，怆痛何可言，诸事皆先已预备，看戌时大殓。

二十日，遍讣告同乡，来唁者不绝。搭棚安灵。

二十一日，卯时成服，同乡先后俱至。

廿二日，刻讣文，黄蒨园来帮忙，早到报国寺。

廿三日，黄蒨园、赵心泉、曹西园相帮料理讣帖。

廿四日，客渐少。

廿五日，头七上祭。又值先公冥寿，可惨也。心泉来帮忙。

廿六日，早到报国寺，看定殡所。又顾祠添屋事商量定准。

廿七日，发题主，陪吊各帖。

廿八日，客来渐少。石州、伯厚来话。今日辰刻顾祠动工，添南屋亭也。

廿九日，得陶子立书，八月廿日子时得第三郎，即复书贺之。连日寄张劢庵、刘晓川书，又寄常南陔、欧世兄、黄蘅洲吊信并挽联去。定未刻同陈秋门到义园为买屋写契也，未及成而归。

九月初一日，昨日房契成。

初二日，已亥公祭，到者十八人，颇冷。

初三日，第二七祭。

初四日，巳刻题主，何小笠学士为题主官，龙兰簃、翁玉泉、赵心泉、李梅生襄题。小笠来独早，礼成后即席饭，散时午正矣。寿臣来话，俞同年敏中来久话。解铅到京，行三年矣。

初五日，开吊，发帖仅五百，到者四百余，乙未公祭请陪吊者多止上半日，到下半日，余三数人。惟严仙舫未请而在此竟日，古谊可感也。今日先伯父光禄公冥寿。昨夜上斜街吴家失火，白晓亭一甥遭惨，东西邻受惊，幸无风，不至延烧耳。

初六日，补吊者廿余分，午后拆蓬。

初七日，半夜收拾，卯初朝祖迁枢。寿珊、梅生赞礼读文，赓南祭梿。起枢时约卯初三刻，由轿子胡同出大街，至报国寺东堂安枢，时卯正三刻。严仙舫亦来送殡，后尚有蒋侄婿、杨子言、周亲家、许信臣、赵少言、张润农、王騰轩，早饭后散。余于晚奠后归。顾祠移入开成井阑。

初八日，五更小雨，晨，阴冷。到庙上早供。顾祠安石刻小象。黄寿臣来晚饭。

九日，到庙上早供，供后早饭。顾祠秋祭，张石州承办，因我未能与祭也。石州同其侄张斧文大令来寓名蕭荣，索书，与许芳庭。

初十日，三七上祭，已正始行礼，因家中人都去也，张姓写字人来，与老孔同住庙内。

十一日，早饭后出门谢客，因过厂市，吊周鹤舲。

十二日，午后出门，过厂市，遇心泉、玉泉同行，看字画，无所得，归。至顾祠。

十三日，早上馆，自五月初九以后未到馆，旷四月余矣。已正后出至墨林处便饭，与石州、浣芗同饭。前厅有称觞客，余不便往，故三人酌于或可轩也。出过厂市，归。晡时到报国寺。晚饭后到仙舫、梅生处话，亥正归。

十四日，未出，写大字多。

十五日，早至顾祠，归。午过厂市。

十六日，早上馆，午刻至墨林处，写字、吃饭。与浣香兄同酌，颇适。归已申刻。玉泉招食蟹，颇醉。

十七日，四七庙中上祭。晡时出，仍至顾祠。

十八日，早，赵伯厚慈寿，昨日送对及面烛。今早先吃面两碗，归，又吃饭，觉不甚消化。归，写大字多，又作小楷。晡游厂市，并谢客。

十九日，早上馆，出至东城谢客，玉泉、心泉来便饭。

廿日，晨至顾祠。归，饭，写大字多。

廿一日，未出，俞秋农来话，闻华甫丁内艰。

廿二日，晨静。午至厂市。晚心泉处便饭。

廿三日，早上馆，归，过心泉处午饭。由厂市回。

廿四日，五七，上祭。今日张、赵各宅喜事，但不能去。写大小字竟日。晚约邹寿泉、俞秋农、刘宽夫、王子寿、张仲远、吴子序便酌。寿泉画大松，酒后宽夫、秋农俱作画，甚有致。

廿五日，谢客，过厂市。晚至顾祠。

廿六日，早，上馆。午初出至东北城谢客。暮出顺城门，至兰检处，值其会课，留便饭。

廿七日，静。午后过顾祠至厂市。

廿八日，晨静。写大字多。晡出至蒋誉侯、周朗山处话，归。根云来宿，邀兰检、玉泉、心泉、寿臣同饭。

廿九日，早，上馆，风奇大，幸尚不甚冷耳。午初饭，饭后与根云同出，过厂市，得方正学先生书《西铭》卷子，归。石州来夜话。

三十日，早，杜蕉林、江晓帆、黄琴邬先后来看帖画。饭后写大字至暮，周宅上祭，命桂儿往。晚同根云、子愚饭心泉处，戌正即完，可诏早矣。

十月初一日，六七，庙中上祭，归，饭颇迟，写大字多。

初二日，晨，出，过虎坊桥，出横街，各家看菊，主人都未起，止兰簦处一茶。归，饭。至刘宽夫处看菊，是其同人诗会也。观谢文节桥亭卜卦砚，有程文海铭刻者。又字画册八十大开，中有傅青主《食枣帖》最佳，因借归。醉后至心泉处吃饭一碗。

初三日，根云早行，因系武传胪，上升殿也。余以粗服，不劳赴。上馆，午初后饭。复出，过厂市，归。兰簦、寿臣、玉泉、心泉来晚饭。

初四日，补拜各客，写大字多。

初五日，早，吃炒饭，即下园。与根云西行，约廿里至香山碧云寺，水自山顶下，颇有趣，略似韬光意致也。兰检后来，同归，到花园已暮矣。

初六日，五更起，卯初至太后宫门外，卯正一刻，圣驾至，行恭进册宝礼，先一叩恭进，后行九叩。除大臣外，小臣到者甚少，因各衙门无知会也。自初三日因有副宪广公失仪，至今议论尚纷纷。早饭后归，晚赴华少京同年约，在寿臣处设席。

初七日，早，过横街，拜客，归。寿臣来赏菊，索午饮，无他客也。申刻出，寿臣睡未醒，余独由厂市东西至心泉处，复酌至醉。醉后写对子至八十余付，可云畅笔，主人抑何贤也。

初八日，七七，庙中上祭，怆痛深矣。老五为东河捐输事忙了一日。因乔潏泉侍御有东河输钱，请移入部库之奏也。余出拜数客，归，写大字多。石州、伯厚来晚饭，酒后同至仙舫处，复酌。石州先走，伯厚醉矣。

初九日，蒋誉侯来话，金榜眼鹤清来拜。早饭后过兰簦，即出厂市，入顺承门，出德胜门，西行至觉生寺，看大钟经，奇制也。至花园，住根云处，兰检、兰簦同至。

初十日，卯初至太后宫门外，卯正三刻，随上行叩祝礼，根云派听戏，余遂归。入德胜门，晤宜雨亭，为子敬捐输事，归。仍交子愚，由银号办足。

十一日，李嘉山、郑晴川俱来晤。饭后，写大字多。赵迪斋、杨子言来，晚至心泉处，为公钱也，殊有别意。

十二日，早，起，作小楷。饭后出，送心泉行，顺路拜客，归。陈颂南来话。

十三日，早，上馆。出至杨墨林处，饭，作大字数件，出。兰簦、寿臣来晚饭，余饮宽夫处，归，复酌。

十四日，姚、庚早来话，饭后出门。庚南丁外艰。

十五日，庙中上祭。顾祠工程全完。腾轩移寓其中，甚妥妙也。晚饮玉泉处。

十六日，早，上馆。出城由厂市归。藕舲、梅生来夜话。

十七日，作小楷，大字竟日。竹朋来话。晚饮罗椒生处。散后遇宽夫，值其请客，复饮十余盏，归。

十八日，晨作小楷，午作大字，晚看玉泉菊。

十九日，上馆，午正饭，饭后出城，由厂市归，得船山一联云："楼言静人于此寄；花宜慧眼与同看。"何其妙也。晚看矩亭处菊。

二十日，早起，剃发，甚冷。饭后到周华甫吊。一路拜客，申初归。

二十一日，晨起，至戴筠帆处，久候，蒋心香来，同出西直门，又四五里至广善寺，郑松廷前辈作东也。同游可园，平远深秀，水光树色，宛在湖乡。宽夫、鹤俦后至，余先行，不及吃矣。未正后，回家，申刻出。祁大农断弦作吊。赴李颂圃丈席，戌初即散。翁、沈两家喜酒，俱未去吃。

廿二日，作小楷多，午后看陈岱云，病愈矣。周容斋处看坡书《九歌》，归。本立堂买得北监板《廿一史》，甚佳。晚饭后至兰簇处话。昨得子敬滇中书，今日写回信。

廿三日，早，上馆，巳正即出，尚无他人到者，过厂市，淳古斋携二董迹归。写大字、小楷。晚至郑小山处话。

廿四日，早至报国寺，归饭，午间写大小字多。蒋锦秋观察来晤，惜《刘熊碑》《祭侄文》未带来也。寿臣、迪斋、玉泉、矩亭来晚饭，酒佳致醉。

廿五日，早，易念园来话，陈大令希敬来谈诗，申刻吊上官蓉湖于天和馆。回拜李世兄清濂。晚赴筠帆、伯韩、心香局，席设戴宅。

廿六日，早，上馆。撰毛伯雨师传。午正后饭，出城过厂市，见板桥《兰竹》八幅，颇佳，价太昂，难买也。晚赴沈子衡会亲席，散甚早。过杜蕉林，未晤。至石州、伯厚处话。今日送兰簇处寿礼。

廿七日，晨静。到兰簇处拜尊人寿，因吃酒、面，得饱。归，写大字多。申刻赴园，先过蕴检之处话。至根云处宿。

廿八日，卯刻同根云入内，同乡谢蠲免粮恩也。久候不见一人，问知并未递折，想是有参差矣。过检之处早饭，酒奇佳。为写庙中联。归，做赵年伯寿叙。晚饮迪斋处。梅生连日感冒，今渐愈矣。

廿九日，早，剃发。午正后，石梧中丞到莲花寺晤话。归，写道州家信，即附折便去。申刻出拜数客。晚约石梧，并彭棣楼、郑小山、严仙舫、黄虎琴同饭。

十一月初一日，丑正二刻起，寅初行，卯初二刻至根云处。卯正进内，又二刻，与同乡谢恩，行九叩礼。共到九人，即同至吏部朝房吃饭。归，写大字。傍晚至厂市，石梧赴园。

初二日，早，宋□□来晤，为写扁（匾）事，午间至厂市，归。孙兰检、张石州先后来话。

初三日，早，上馆。出至墨林处饭。归，写大字。晚，赵迪斋、龙兰簃、赵伯厚、庄卫生、黄寿臣同酌。

初四日。

初五日，王鹿苹来，李少白来别，携回青莲书迹去。

初六日，早，上馆。午后饭，归。

初七日。

初八日，矩亭、寿臣来看菊。晚饮迪斋处。

初九日，未上馆，因新协修到馆也。石梧进城来饭，因约仙舫、伯韩、寿臣、子序同酌。

初十日，早，至厂市，兼拜客，归，写大字多。晚赴祝蘅翁席。

十一日，杜兰溪来话，写楷册并大字多。晚请邹云阶、孙芝房、周子佩、周韩城、李梅生、周寿珊，为梅生饯也。余饮十余盏，出，赴王鹿宾席。又至翁玉泉处饮。

十二日，石吾来闲话。刘鉴泉观察来晤，晚饮黄虎卿处。

十三日，早，上馆，午刻出，归，饭墨林处，写大字。晚约陈颂南、刘鉴泉、郑小山陪石梧。

十四日，晨，未明，出彰义门，至九天庙，巳刻石梧方出城，作别。风骤寒，行人可念也。归饭。

十五日，庙中上祭。先出至东头拜客，归。未刻墨林请酌于报国寺，酉刻散，冷甚。晚复饮于矩亭处。

十六日，早，上馆。午刻出，由厂市携字画九件归。根云进城，因约寿臣、玉泉、矩亭、兰簃来酌。先是未刻赴陈西峰之局，酒亦佳也。

十七日，闲暇，写字多，甚冷。

十八日，更冷，屋中两炉，可笑也。

十九日，早，上馆。午初多出，至墨林处饮，饮后写字多。出城已薄暮矣。

二十日，早，作蒋年伯母志文。今日子毅忌辰，可伤也。寿臣召对后来话，薄暮出至李小庵处看《庙堂碑》。晚饮寿臣处，乙未诸兄公请鉴泉也。

廿一日，晨，出，晤陈柳平、洪世兄，过厂市，归。晚请蒋镜秋观察、严仙舫、易念园、陈秋门、王鹿宾同席。

廿二日，早，甚静，写大字多，晚饮胡怀莊处。

廿三日，早，上馆。冷雨，未为剧也。午初出，由厂肆归。

廿四日，竟日静。晚出拜数客，归。刘楚珍来话。

廿五日，晨静。午出过伯厚、石州、建卿、付云太守处道喜。晚饮迪斋处，饮酒极少。

廿六日，因小极，未上馆。写蒋夫人墓志，写大字多。

廿七日，晨，出拜客，过厂肆，午至顾祠。吊喻少瀛同年于华佗庵。归，写大字，寿臣来晚酌。

廿八日，早，入城，拜鄂云浦中丞、陈受卿吉士，皆不遇，归，写大字。晚饭后过誉侯话，兼晤程玉樵丈。

廿九日，庙中上祭，伯母之丧忽已百日，可痛也。昨夜微雪，今日未刻又雪，未大也。

卅日，冷甚，作字竟日。晚饮曹艮甫前辈处，戴筠帆大醉。

十二月初一日，早，上馆。出至叶棣如处，拜黄小严寿，同人公局。归，已申刻。

初二日，早，拜客。

初三日，早，上馆。出至汤协揆丈处，贺其孙纳姻。出城过厂市，归。剃发后复出，赴宽夫席，又过琴邹处饮喜酒，归。兰簃、槐江、寿臣同便酌。

初四日，早，雪。邀刘文石、张雨香早饭，颇迟。寿臣作陪，来客。余赴棣如席，醉矣。鹤俦处请，少坐即行。归，吃饭。复看书至夜分，寝。

初五日，与子毅生日，可怆也。因期服谢客，止蒋、周两婿来同面。午出游厂市，晚饮迪斋处，兰丈七十寿也。

初六日，早，上馆。午正二刻出，归寓饭。今日请客，客俱辞。傍晚出谢，步至玉泉处便饭。

初七日，早，拜客，归，写大字多。约潘树人直牧、李古廉比部、杨昆峰、翁玉泉、沈朗亭晚饭。

初八日，静甚，看书作字多。晚饮袁学三处，过赵伯厚，唁其姊丧。

初九日，早，上馆。午初出，至墨林处饭，归。晚饮玉泉处。

初十日，早，拜客，冷甚。归，作大字多，复各处信四封。晚兰簃处酌。

十一日，早，剃发。午间静。暮过宽夫，归。

十二日，晨，至顾祠。过寿臣处饭，归。矩亭来话。晚过石州，未值。饮玉泉处。

十三日，上馆。午初出城，由厂市归。赴李古廉、翁玉泉、杨昆峰公请局，散颇早。

十四日，早，出拜数客。吊胡春江，暴疾殁也。杜蕉林来别，蒋誉侯来话，牛镜翁来。晚赴同乡周子佩、夏老八公请东麟堂席，两客两主而已。午间写大字多。

十五日，早，庙中上供。归，饭后出。晚间根云来饭，邀玉泉、迪斋、矩亭、寿臣、兰簃同坐。易念园处午饭。

十六日，早，未上馆，静甚。昨日将撰成《传》底，交昆峰也。晚为杜蕉林、陈岱云、黄蔼余饯，章浦、寿臣作陪，散后至矩亭处。

十七日，早，未出。饭后过厂肆，归。饯彭棣楼，陶查仙、严敬村，陪客戴云帆、黄琴邬。

十八日，早，剃发。午静，写大字多。晚饮椒生处，散后又酌迪斋处。今日校《宋元学案》起。

十九日，早，至宽夫处，拜坡公生日。由厂肆归，校书、写大字，实冷。晚赴乔星农席，未终。至宽夫处，客散矣。惟筠帆在坐，三人同饮，甚畅。振之生日。

二十日，晨，过兰簃，久候不出，归。写大字，校《学案》，过石州，话。

廿一日，早，拜潘师相寿。过阮赐卿话，归。晡时至厂肆，夜风。

廿二日，风大，冷甚。晨至顾祠，归。饭后，过誉侯、少言、镜翁话，归。

廿三日，早，看书后出，晤曼生、小蓝为勘会事，藕舲处拜生吃面，归。校《学案》，晚饮彭棣楼处。

廿四日，早，为路引事，往晤陈弼夫。回拜刘心斋司马，归。写大字，校书。王曼生来晚饭。

廿五日，晨，校书。午间蒋誉侯来，知觐觐得甥。晚饮黄琴邬处，大风冷。

廿六日，早到庙中，黄寿臣放广东粮道，晡时往道喜。

廿七日，晨，过厂市，回拜数客。晚请汪衡甫、王笑山、袁五乔、聂汝藩、梁海楼、乔心农饭，皆小军机也。寿臣、迪斋饮于北斋。

廿八日，清各帐，颇繁且窘。阮赐卿以《泰山秦碑》及宋拓《华山碑》押银，亦韵事也。晚饮寿臣喜酒，晡时至庙。

廿九日，早出，归。饭后到庙，各处老师辞年。拜穆中堂师寿。晚与弟及儿侄吃年饭。求雪不得，看看年尽了。

《东洲草堂日记》节选

贺 晔 文 武[*] 整理

【整理说明】 该部分日记节选自何绍基《东洲草堂日记》（咸丰十一年九月初一日至同治元年正月三十日）。东洲草堂为何绍基建于故乡永州道县东门村的一栋书房，位于潇水之畔、面临东洲，因此得名。日记内容记录了何绍基晚年讲学长沙城南书院，与罗汝怀、郭嵩焘、王闿运、吴敏树、胡恕堂等大批湖湘人士的交往。记录了何绍基同治元年（1862）正月从长沙返回故乡道县探亲访友的过程。此时何绍基已不在朝廷任职，但仍然密切关注曾国藩领导的湘军与太平军之间的战况，并留意清王朝的政治动向。《东洲草堂日记》对于研究何绍基晚年的书法艺术、学术思想，乃至晚清社会生活史、政治史等领域，都具有重要的文献和史料价值。

辛酉九月初一日，半阴晴，服元参麦冬汤去湿热，黄同云亦劝多吃，黎明头目眩晕也，春溪又来话。

初二日，晴热，又有伏意，午出贺中丞实授，回拜赖父台未晤，裕时卿处话，卸藩后，侨居草潮门内，北皋有阎丹初奉旨署理，又不能即往也。西长街观音寺刘春溪处话，署藩恽次山处久话，兼晤姚彦士，同吃点心，归，甚热。

初三日，尊贤则不惑，满城风雨近重阳，得"租"字，昨大热，今遂大阴且风，姚彦士来谈，说昨夜官制军来文，黄州于二十二日克服，仲云来诊脉。

初四日，制蓝布衫，一日就矣。汪佛生来谈，湘乡刘氏兄弟来话（霞仙弟兄也）今日人又困，胡恕堂来说，有消息。

初五日，伯父光禄公生曰，早晚供。今日适，早饭后出，晤陈雪炉，

---

* 贺晔，湖南人文科技学院讲师；文武，湖南地方文献研究中心特约研究员。

谈经义殊快，郭筠仙、丁果臣处话，又过东边，兼与石臣话，胡咏芝竟于二十六日亥时作古，不胜骇叹，直为温补药所误，鄂省失此人，官民兵心，将何所系乎？过研生不晤，与念园一话，归。子敬信来，知鼎侄说杨梅段田有成矣，吴子备来城晤，研生夜来邀小峰围酌，风大冷至，客去后得五古一篇，折差回见京报，一切安静。陈子鹤命至行在恭邸闻有密旨，至行在以明年为祺祥元年，钦天监奏，八月朔日月合璧，四星聚张。

初六日，阴雨不大，仲云来话，谢子愚一品锅，晓岱来，将北上矣。得性农书，有见怀和陶韵。

初七日，季眉五十七岁生日，作诗东之过研孙一话，恽次山来话，见孙辈李家去。

初八日，卯正天明后行，出小西门，河好过，巳正后，到毛家坝，看工程。午初二刻回，过河有风，申初二刻到寓，晚饭季眉处，子愚研生同坐，今日脱白换元青，明日换季。

九日阴，旋晴，孙辈随母拜二舅娘生日，王姬亦往，余往马王庙同研生话，广厚和（上）[尚] 所葺幽室，曲折有致，梧竹亦清，久话，仍过念园一话，归。子愚定计，挈眷入都，都中未了事颇多，恐不得即归也。候补通判汤君健中来晤，言有南京买卖人于七月十六逃出，冯逆伪天王于七月初已伏冥诛，伪忠王、世王争位斗争贼多遁出，城门大开，有典花丞相住妙相庵，管理花事，各园亭不糟踏，皆署为天王宫，柱壁皆金饰，各伪府俱坚丽非常也。

初十日，龙一来，因初八日瓦未到也，遣问荷花池毛一，则云瓦无处得，须十七出窑，十八可到山，止得依之。午间，出过南坡话，过藩署，恽次山未回，仲云处久坐，仍得晤次翁，话归，晡又出寻研生，讲子平，先与念园谈，研孙同星楼看地回，一话归，舒家火烧大厅。

十一日，蔡家有人看百家田去，小桥元丰坝俱寄信去，鼎侄买杨梅洲田有成也，研孙示二律，九日马王庙，十日看山，即和其韵，黄南坡来晤。

十二日，金竹虔、张星楼先后来话，研孙晚来话，临《公方碑》第十六通，夜竟。

十三日，红叶赋，念园见钟曾和我"井"字韵诗，又惠和一篇夸贺，愧愧。胡恕堂从乡间回，余我如带乃胞侄清源来见，新得优贡，与乃叔为同年矣，亦佳话也。出门拜两客回。张伯鸿同来一话，子愚看船未就，旋过元丰坝去。午太暖，夜阴，望雨不得，奈何？

十四日，晴，更热矣。临《公方碑》十七通竟。张三六丈来，赵玉班来，彭于蕃来，知为勒捐事，将田屋全卖，可怜！徐芸渠来，别多年矣！有老态，周药舲之子宝典来，现馆藩署课读，想起乃翁憨状也，子愚申刻回。

望日，早出拜季眉夫人四十岁，看舒叔和被火，客厅书塾俱烬，余无恙。余氏叔侄一话，汤曙邨话，归，早饭。午间，写大字，胡恕堂来，郑春农同年本玉来，在此四五年，署益阳回，当是好官也。龙老三湛霖来，将会试去。问知桡农亲家老境好。欧阳材生来，知葛藕生丁母忧，其太夫人九十二岁，四月到夔州府，六月去世，尚得奉养两月，可谓有福。子敬弟从乡间来，夜，弟兄同酌，为希有事，适鼎侄亦从元丰坝来也。

十六日，鼎侄一早从元往小桥去看杨梅段也。子敬出拜客，彭器之来，携乃翁于蕃信，为刘豫生之女，说蔡家姻事。舒仲和来，邵右清世兄承□（丹溪师之子）署沅江回省，黄子冶世镕世兄来，问知冯鲁川尚未出都，辜铿来，《公方》十八通竟。研孙晚来同酌，研孙将入忠义录局，廿六日开局于又一村，从此桂花井吟事将歇矣。日间，乃郎伯宜来。

十七日，子敬往毛家坝谒墓，兼看长虹冲田也。早饭后，至马王庙，为研孙、桥梓作书，广厚上人备馅面，久谈乃散。晚，胡恕堂邀同子愚看菊，酒极佳，同坐有黄月崖、陈花农，颇酩酊矣。园景清旷，池苦渴。

十八日，子张问行章，昨归，偶想起此是子张为远行来求夫子教训，书绅盖即行也，参前倚衡，虑其才高志广，以为平平无奇，而忽忽之耳。为钟孙谈及，故令作文，唐艺农斐泉兄弟李季眉处，道添第三孙之喜，皆晤，徐云渠晤吉祥巷老屋，记初见云渠时，伊年才十四岁，堂室宛然，怅慰兼之，时两代科第，尚未发动也。子敬由河西回，仲云送菜，圆桌一话，刘春溪晡话，恽次翁来久话，将上灯去。

十九日，祖母郑太夫人冥寿，早晚供。午出，回拜客，晤黄海华、刘企南，企南者，霁南之子。余忘却乃翁久作大人也，刘家杰从武昌回，带回我所寄咏芝信，怆怆。补梅夜来同饭，子愚处陈姨生日（是昨日），唐艺农来话。

二十日，招云侄女生日，子愚船看定，议价，龙老三来，李西台一话，易世兄仲咸来问家传，记得记得。郭筠仙来，请子愚看脉。晡，过研孙话。

二十一日，子敬回乡去，亦恋恋，丁伊辅胡恕堂金竹虔，皆为子敬来者。余辞退精经书院关聘。研孙晚来话。

二十二日，连日晴，苦热，无秋意，欧阳信甫、汤敏、王壬秋先后来，壬秋从江西回，言浙路未通，雪轩过钱塘江救绍兴，浙事甚不佳也。庆源、庆淙两侄从家乡来，带有十二叔信。余旬甫来谈，少昧之妄人耳。鼎侄来住。

二十三日，子愚发行李，午初作别上船，未即能开行也。姚彦士、唐斐泉、李仲云芥孙先后晤，郑锡侯观察、恽次山署藩久话，为余辞书院事，要斡旋，不知我之难处耳。儿孙辈多上船，忙个不了，余晨看两侄。

二十四日，早到船，后过南坡，看所致曾帅信，言疏通淮盐以济军，自是良法，然余意湘勇远攻江浙，怕难恃，孰无乡土之思？且父子兄弟难于更替，得饷银难于寄家，若江北有健者，募勇渡江，岂不得力耶？龙汝翼来晤，湘乡解元，极言刘子迎好官难得。晚，恽次翁、钱子愚于仲云处，余同彦士俱同坐，菊有千盆，大观也。子愚头炮别去，留城乃可出，两族侄来便饭，联侄来。

二十五日，晨，致恽方伯书，仍为书院事。子愚上坡了余件，未申间始去，儿孙孺妇辈分日上船去闲话，今晚都回，鼎联两侄亦回矣。和研孙"台"字韵七言律得十首，夜薄醉后又得六首。

二十六日，晨阴，到船与子愚一话，说如不开行，仍上坡也。午初字来，说已开行，黯然悽泪，老兄弟何堪远别耶！鼎联于申刻俱回元丰坝去，王吉士父台来说，折差前日已回说，新君已奉，梓宫回京。今廿六日升殿，果尔真普天大庆也！李仲云来说，无此信，亦无折差回。雨夜大，诗共得廿首。

二十七日，雨，未刻，子愚又上坡，昨风大，对河住，今仍回泊柴马头也。余到船，与弟妇侄儿女辈一话，入城，过次山话，过研孙话。雨入夜更大，写翼堂十二叔对联并家信，家中人总以宦归为多金，不知拙人之窘也。回家，子愚早上船去，研生说，闻龙山失守，或不确。得雨五古。

廿八日，早，着人到江边，说子愚开船行久矣。怅怅然。有雨无风，自得安行也。两侄回州去。晚邀姚彦士、吴子登、黄月崖、徐云渠、罗研生酌，适李季眉馈蟹，郭筠仙上席后辞，黄晓岱下乡不至。夜雨甚大，年侄万星榆政裹来晤。

廿九日，阴，时有雨。午间，刘子迎司马来晤。达善与子容、子豫为从堂兄弟，家风宛然，又能吏也。从湘乡署事回，所作游丝四律，颇牢骚，殊不必。胡恕堂来话，夜酌时，黄月崖赠诗，灯下和之，得五首。夜有小雨，子迎得衢州信，说常玉山路通富阳，石门有贼，杭州危急，苏州有克复之信。

三十日，阴雨竟日，写大字多，客有孙宗锡芝房乃郎，已知向学，然可怜悯，问起刍论之刻，涤生序谬，可叹可叹！川中人门人敖嚞贤见。晚，芋园看菊，仲云请偕花农、研生、同崖、西台、季眉，两老菊盛开。雨未住，归时戌正后。子敬有信来，陈三从九子山巢付信来，甚烦恼，其心境益不开也！

十月初一日，阴雨且大，毛中丞晨来话，坚约主古荷池精舍，知樊城捻子，被勇击退，并未入土城，龙山两胜仗，败贼遁去，骆帅绵州大胜是真，豫事不甚佳也。余我如来话，黄南坡晡至，夜雨，书屋漏，晡过研生、念园话，夜和念园四律。

初二日，李家魏太姨四十生日，妇孺偕往，兼看菊也。雨尚不甚大，黎月乔次郎福保来。贺何太翁，见根云九月十九日来信，于十六日奉旨，现在办理抚事，藉其暗中维持，着即赶紧妥办也，不及罪名事，或可邀恩矣。胡恕堂处话，恽时翁处止好差送，明日开船也。晚同小峰、兰陔两塾师酌，何翁旋来谢步。

十六日，卯正一刻行，朗梨尖，申正到小桥，夜月大佳，晴得可爱，足补中秋之缺。韶女钟孙同往。

十七日，子敬六十一岁生日，偕老，可庆也。早面晚酒，甚欢。稚等上山游耍两次，山中兰欲开，掘得三窠来，鼎侄从元风坝来，早面未毕也。

十八日，卯正十分行，甫黎明耳，十里长子桥，十里高岭寺，十里易家段，十里朗黎，尖后到罗裕升栈，壁间书联，廿年前笔矣。觅人东北行，约五里，至宋家大屋，少味得狠，憩一茶，西行五里至前塘，过张公岭，过怀夕渡，入浏阳门，到家申正二刻后。朱眉君从广东回，过此宿，并同兰陔酌，兰陔十六日上学，接小峰之席，小峰荐至恽次山处课读，十六日上学去。夜得子愚初十日武昌书，初九到武昌，甚慰。施堂紧急，未失守也。酒后看眉君近诗，愈奇丽。

十九日，晨阴，旋晴，早饭后，桂儿同眉君芋园看菊，余出过南坡，兼晤荷汀，知李希庵调鄂抚，彭雪琴擢皖抚，吾省二督四抚，盛哉。滕副将已募得勇四千，于廿一日东行，何其速也。鼎侄韶女钟孙，从小桥回，晚饭后，鼎侄与眉君酌话，五鼓后方歇，眉君被酒矣。胡恕堂来话。

二十日，早饭后同梅眉君出，到陈雪庐处，遇邓守之游荷花池，小憩，至胡恕堂处，索饮，半饮间，叶东翁来同话，聋老殊甚，不似前月之健，酒佳肴旨，小醉矣。写大字一阵，方别。回家，补饭一碗耳，黄荷汀来晤，罗研生来话，鼎侄回元丰坝去。

二十一日，早，眉君赴恕堂之约，游岳麓去，余未暇往。午间出，候张石卿制军，四年之别，憔悴可念，现奉旨痊后入京，不往滇矣。粤西正考官洪调律一晤，郑锡侯处话归。杨世兄、江陈姻兄玄恩来晤，杨子春从石卿由鹤峰州来此也，候选道矣。何镜海应祺来谈，生长粤西，略谈彼间事，亦知朱伯韩尚在浙也。晚又出，黄家贺三朝，绂卿之孙也。仲云处看菊，盛极，回，做《白菊诗》五首。

二十二日，早，出小西门，寻邓守之船泊在柴马头之南，颇费力。小舟尾一话，付我默深诗一卷，朱眉君船同靠，眉君未回也，归，饭后收拾书籍，将东间打通，张辅垣丈黄荷汀丁石臣先后来，张石卿来谈，宁乡陶家内侄二人来，眉君来别，晚，毛小峰来，知藩署之馆相安，邀兰陔同酌。

二十三日，子贡问曰至未可也。午间李季眉、金竹虔共话颇久，郑春农来话，将其所著易注带去。郑锡侯来话，梅根来晚酌，适陈姻兄送道州冬笋，又公鸡二只，亦州产，乡人情意可感。

廿四日，外间俱道抚谕剃发，未满百日也，不可解。早饭后，出候客，郑圭农处得晤彭于蕃，到又一村，晤吴南屏，晤王吉士司马，陈立恩言赖古愚州尊到任之好，悬锣于大堂，讼慝者不必写呈，真快人也。写大字多，南屏名敏树，巴陵学者，壬辰科。

二十五日，晨过刘子迎话，携《恽子居札记》一本归。李受堂杜、吴南屏、胡恕堂来话，恕堂诗兴勃发。廿三日从岳麓回，余夜作诗，叩其有诗否，黄训坛来晤，绂卿第三郎也。写大字在东屋。

二十六日，晨过芋园看石，奇诡百出，果大观，菊半过矣，大雾，不见水树。仲云出话，归。饭后，清出字画，四壁秀色，顿还泺社旧景。午间出，贺仲肃不遇，至研孙处，写大字一阵，与念园略话，归。恽次山送宁乡鸭十只。

二十七日，晨剃发，白者五茎耳。柳舜臣、贺仲肃来话，舒仲和来话，雨不小，遂至夜，连日午暖，宜有此。回拜尹湜存继美不晤，因雨即回。

二十八日，晴得好，晨出拜曾沅圃于曾子庙，说在南坡处，寻至南坡家则未来，旋相遇于前厅，问知涤生近状，惟因安庆无为克服，而曾沅圃、杨厚庵、张恺章三帅，同时告假回家，大不可解。据云兵勇分守，收复各城，尚须另募六千勇，方能前剿，奈何！晚约李仲云芥孙黄子厚觐臣、补梅同酌，因芥孙初一赴鄂也，兰陔同坐，日内清出字画，悬挂曲尺屋中，极幽致。午间，戚少云、王吉士、刘子迎、梁质夫先后来，质夫太翁从山东回，谈春间东昌汶上兵事。

二十九日，晴冷，看湜轩所著《诗管见》，谓三百篇皆入乐，风雅颂特乐章部分之名，音节各异，无正变之说，即有正变，亦是各国俱有正变，大小雅俱有正变，非关时代，直是以乐证诗，可谓名论不磨。早饭后，湜轩来晤，永新口语，不尽懂，然谈亦畅矣，欧阳信甫来话。

十一月初一日，卯初起，卯正行，出北门两次过小河，到元丰壩庄屋，巳矣。二嫂以下均适，惟屋潮且暗，令人意不适，住久已相安也，午初饭，三刻行，到家申初。大风寒，衣薄，感冒矣，夜不适，黄月崖索作留菊诗，灯下草得二首。

初二日，起稍迟，骨疼也。午间出，晤彭于蕃、胡恕堂、张石卿，石翁赠大理石屏二方，烟云诡异可喜。晚出，研孙不值，芋园酌，仲云请，陈海阳、熊雨胪、季眉同坐，余未能畅饮。归，怯寒，服神曲，早睡。祖母郑太夫人忌日。

初三日，我善养吾浩然之气。尹□轩来别，常世兄豫来晤，言及乃翁文节公？典，乃兄尚未见？典也。晚约雨胪、海阳、季眉、恕堂、张定庵酌，定庵者，第蓉之子，恕堂乃不速之客。

初四日，写大字多。学使胡筱泉来晤，知白兰崖学使，尚无消息，殊不可解。张六叔来，三叔又同师笙陔来，刘子迎同赵慧甫来，略谈律吕，子迎谓浦田人祝风喈桐君传，此绝学，京房后一人也。晚饮胡恕堂处，酒极佳，晨和月崖留菊二律。

初五日，晨过季眉，看王而农先生书扇，为思宜作三绝句，书意古拙可爱，又过研孙一话，归。早饭后剃发，午间，罗研孙、吴南屏来，久话，吃挂面去，晚赴月崖席。

初六日，晨暖，午后寒。清书，欲先送下乡也，黄世兄教容来晤，知乃叔海华太守常德查事未归。晡出，回拜胡学使，遇毛寄云中丞来谈山东事，济南四乡被扰，未至城厢，遁至章邱，为民团所歼，大快大快。并无返者，东关外马家庄被焚，贺恩即其村人，遂悲切欲回东去。

初七日，清书，张润晨从家乡来。十余年之别，已候选道运司衔，皆带团战守功也。午间出，拜中丞未晤，旋晤恽方伯，辞却荷池精舍之席，因外间议论纷纷也。晚赴唐艺农席，肴酒均不适口，饮糟烧数小杯而罢，同坐雨胪、恕堂、仲云，夜雨不小。

初八日，装书于箱。李家嫁女于向家，今日过礼，儿妇携三小孙去，阴雨竟日。熊秋白来晤，说有折差回，都事更新矣。鼎侄同吴子备晚至，子备将奉母移与鼎鼎同居也。

初九日，晨出。易念园娶妇道喜，研生亦都来起，看东茅巷屋归，同鼎侄早酌。清零本书，竟日颇烦疲，仲云送京报来看，圣驾于九月二十九日回京，恭亲王作为议政王，沈兆霖、桂良、费毓瑛入军机，载垣、端华、肃顺，俱拿问治罪，以其跋扈不臣也。杜翰、穆荫、蕉祐瀛、匡源，均退出军机，以其附和也。自夷人窥至都门，淀园被毁，先帝壮年，皆端肃之罪案，此举大快人心，国家之庆，中兴有象矣。现命廷臣详议，垂帘事宜。黄南坡、胡恕堂来话，恕堂奉到，批不入京，何苦具折耶。

初十日晨阴，仍清书。早饭后出候客，得晤张润农及何太翁，余未晤。周凤山来话，奉官督札回乡募勇，而毛中丞不之许也。早间毛云岩来。

十一日，卯正二刻行，过江两次俱平静，有风不觉，已初到山巢。陈三未免爱体面，且费亦不支矣，然已无可如何，白粉院墙起轿棚做大甬路，皆无味无用，余尚妥固，上房院已种柚树，带果不定能治成不？晡过沈小帆，留饭，菜园饶广茂大，倚山傍塘，得此佳园，住此六十余年，有此成就，然留宿恐不便，仍回山巢住。夜雨。

十二日，竟夜雨，晨住，一饭即行，泥泞甚，到望城坡后，遇兵勇络绎西行，说有千余人，颇觉诧异，疑常宝有警，过江风大可悸，午正到家。晡，又出候余蓉初亲家，昨日到来，大慰大慰。据云初四在常德上船，闻江味根兵勇溃于会同，不知确否？与李仲云说，似无甚警，书问恽次翁，无回信，熊雨胪明回乡去。

十三日，吾与点也，阴雨。早饭后，过南坡，告以辞荷池书院之意，借来百金，余蓉初来拜，张润农来，久话，左景乔来，黎简堂庶常培敬来，谭静亭来，将往武冈釐局去。方伯回信说，西路无虞，然云江味根住沅州，不防其东来，而防其西窜，无乃懦而败乎。仲云来同早酌。

十四日，恕堂送到□金，旋来晤话，上房忙起来，龙一来，陈三悫甚，因帐难结也，工程事，总宜五日十日一结帐，若敝着手去浩大，费收拾矣。鼎侄信来，子敬晡至，比前壮健可喜。

十五日，着翟明同龙一下乡去，仲云来，族弟绍现从湖北回，余老十柞基来见，张六爷家树来，为重刻《陶园集事》，殊可不必。晚，张石卿请便饭，客有汤敏斋、周蓉帆、胡恕堂，席间，出示白乌，从滇带来，乃瑞物也。夜归，雨大，补吃酒点，与子敬同话，子敬吃□□，亦末饱也。

十六日，雨大且寒，闻年号改同治，以登极年岁，与世祖同也。周蓉帆太常来晤，老籍祁阳，明季迁贵州，科名仕宦不绝，而老家乡不发，往往如此。出晤罗研生，兼与念园一话，赵玉班它出，与其友文君话，知西路贼势颇可虞，江军不得力，赵席兵军长州，戒严，左景乔两相遇于途。

十七日，为钟曾行聘，并过礼于余家，大冰请唐艺农、陈子初，子初者，竹伯堂侄，同蓉初来省，午时，写庚过礼去，申初方回，两拜匣六捧盒八抬盒，两冰人夜来酌，陪客李季秦，上房有李家两姑侄，子敬不宜陪客，与孙辈酌。雨未绝而尚不甚大，赵玉班来谈，知初七八九，黔阳一带俱胜仗，贼可无虑矣，仲云在此半日，因家有客未晚饭。

十八日，余蓉初亲家同陈子初来谢，桂儿出谢冰人去，毛寄云中丞来，意尚欲吾勉就精经之席，不知吾意决辞也。昨夜雨大且雪，今日奇冷似北方，子敬早回乡去，正大冷时候。

十九日，早，题"桂井寻秋图"五隶字，并得七律一首。冷比昨稍和，易世兄仲咸来别，明日回黔阳去，仲云来话，雨雪未已，夜分见月，复阴。

二十日早，复严仙舫书，交易世兄去，早饭后出，回拜周蓉舫太常，住陶少云屋，少云回安化不来矣。蓉帆处有《古今绝妙议论》十余本抄本，略一看，忘为何人所辑。至黄南坡处，加布政司衔道喜，值其请客，遂入坐，看酒佳，颇畅。客有张润农、张小石、舒仲和、江幼陶、张老六（小石之弟）石卿兄两郎也，谈五禽法，有豪气。园景寒寂，雪意尚浓，回家已暮，得念园、研生和"逋"字韵诗，辄答三首。

二十一日，冬至大晴，可庆也。早饭后出，余蓉初处话，至胡恕堂处，值其太夫人寿辰，拜寿留面，两人同酌，有张润农、罗研生、徐虞臣后来共坐，面后散步登平台，余先归，被风不甚适，饮五时茶，佳。夜同补梅酌，方伯处送到同治元年《时宪书》四本。

二十二日，晴，早饭后出，唐艺农未晤，黄月崖、李季眉俱晤，胡恕堂来谢，一话，周梧冈夜来。

二十三日，写大字多，复阴雨。昨晤左景乔为欲与研孙、月崖议姻，无如月崖不肯也，绍现来，仍为梧冈事，余意不至刻薄至此，蓉初来话。

二十四日，阴晴半，写仓颉庙联云：

上古结绳惟轩辕史官察见蹄远克继包义而圣
新祠释叶望湖湘群彦诹稽钟鼎勤研浚长之书

匾云"四目灵光"，用熹平仓颉庙碑语也。常仪庵来话别，余我如来，张六爷来说，闻子愚已回。研生来久话，同夜酌方去。

二十五日，阴，不雨，余家午时送奁，余陪两冰人及仲云小酌，奁有鱼缸，北方风气，长沙无之，而常德乃有。鼎侄从北乡来，夜方酌，得子愚初十襄阳来信，北路前未通，现已通行，闻肃顺弃市，载垣、端华赐自尽，天津夷船遁去，果如此，真中兴矣。夜作一字寄子敬知悉。

二十六日，晨过恽方伯久话，留面，出，子愚寄伊书，北省学政，已到襄南，省学使亦不远矣。西路军务未得手，贼踞浦市，离辰州近，幸汪守尚不忙乱，龙山王敬一招降朱凤贼，湖北则一意用剿，此股或将平耶。蓉初、我如来，知余老十已回，恐常德警也。陈谷堂来话，一别二十四年，老矣，说我尚如昔，候选知府，因卡务解钱来省，剃发。

二十七日，晨，回候谷堂与润农同店，润农留早饭，酒希俱好，为小醉也，劝作粤西游，正合吾意。回过研生，一话归，何镜海、陈俊臣、常仪庵同来话，李季眉、金竹虔同来话，彭于蕃来说，明日回乡去，鼎侄去，联侄来，新房铺设渐忙，送礼者纷至。润农、俊臣、仪庵俱为办团修寨来省，中丞俱不谓然，天有权人无劳也，可叹可叹。今日有晴时。

二十八日，阴不雨，葛子澧及葛启林先后来，知藕生尚滞夔算交代，太夫人柩已回，可慰，二娣从乡携裕曾、凯姑、捷曾来，新房安床。晚为长曾、钟曾设席，行伴郎礼。胡恕堂来话，吴子备来钞得新旨，整顿严肃，朝纲大振，惟经筵日讲，不知如何办法。午后雨，夜雪。

二十九日，阴，幸不雨。辰正带钟曾拜祖，命行发轿行亲迎礼，巳正后方回。余自拜喜神，长沙风气，说喜神不得入大门也，上房行礼毕后，行庙见礼，分大小，亲族俱集，宴内外高亲，余自邀各老友宴于厅，恕堂、南坡俱先贺去，张石卿少坐即行，正经吃酒客八人耳，它客饮于西书房，则儿侄相陪也。得七律一首，赐钟曾项联云：

湘上更添归陈乐
钟山回忆艳孙年

孙生于南京钓鱼台寓，上房仍有暖房宴，一日内外安静，不炒闹，可喜，余早睡。

（按，此篇日记写得最得意，字亦婉丽，余尤爱其语序得有味，使他人为之，不有骄矜便有俗气。）

十二月初一日，阴，两会女亲，余出谢客。至念园处，闻念园新娶妇，于昨夜病殁，可谓奇惨。一路行至胡恕堂处，与饶海珊三人，同吃素酒饭，打醮，全家吃齐也。过张石卿处，遇看相人，数语而别，回家，女客才上席，余与桂儿联侄钟孙酌于厅，亦畅。寄子愚一绒，明日尚有楷差。

初二日，晴，见日，会舅亲。余出谢客，晤张润农，仓廉访少平言，汴梁以南，现在清静，夜客止两席，余饮行令，客亦雅兴有醉者，数年无此佳致矣。初亲家，已辞半席来，归计或可少缓，钟钟携新妇回门，归，将上灯矣。

初三日，晨出，看易念园，与罗研生同话，念老尚吟诗，算想得开，甚无奈何也。归，早饭后出，出谢客，辜守庵处小坐耳。黄荷汀从乡来，陈俊卿来别，周凤冈来，前事已解，黄子冶来，知海华已由水路回常德防堵之事札未接著，西事闻不大要紧，然越看轻越可虑。二娣回元丰坝，六侄回小桥，颇难为别，吴于备亦回去，邓家老表行。

初四日，写赵启碑诗于荷江轴上，字多不得完。金竹虔、余我如、罗伯宜先后来话，晚约客黄荷汀、张润农、罗研生酌。酒间，李仲云送京报来，陈子鹤革讯查抄，黄寿丞褫职，皆肃党也。李文园、王雁汀、刘口岩俱内召。梅谷、沈朗亭出陕西郡，闻亦为肃事。朝廷清明，大好大好。寿丞亲家何苦，根云由江督派人押解，以招抚无成效也。胜客斋请，垂帘并亲王辅政折，可谓大言炎炎矣。

初五日，母亲忌辰儿生日，怆极怆极，竟日未见客，写昨轴毕，命桂儿往元丰坝谒墓去。昨日书箱下乡，夜雨达旦，想小车费事也，今日却又半阴晴。

初六日，时阴时晴，北风大，余蓉初下船，早来别，留小酌，闻常德迁移者，俱言贼走乾州一路去，非黔即川耳，余出谢数客。归，写大字多，舒宅喜对，苏桥前辈长孙，兰生完姻也。

画眉家有蓬山笔
咏絮春生凤沼波

次句以郭意城之女也，桂桂从元丰坝回，小寒。

初七日，桂儿到河边，蓉初因风大未开船也，月崖、恕堂先后来，万年侄政襄来晤。鼎侄初六丑时得女，为取名瑞云，上房往李家去，明日嫁八小姐于向家也，宋念？来晤署，醴陵典史回。

初八日，冷甚，午间出，唐家李家贺嫁女，舒家贺娶妇，南坡处一话归，汪佛生来晤，李茂斋太守来贺，孙辈仍往李家送八姨，晚饭后回，腊八粥尚可。

初九日，奇冷，盆中添炭矣。柳舜臣来长，父台明从吾州回，来晤，罗研生、胡恕堂同话，吃汤饺子。今日舒家请酒，余未去，午出谢茂斋步，润农处一谈。

初十日，早，作字问次山方伯假贷，午间润农来话，定于新正往粤西，不入都矣，饶海山同令弟来琪琳乃弟有诗见赠，何太翁来话，知初七日新移府园后。今日甚冷，夜成诗赠张润农。

十一日，早饭后，少出即回，儿妇携孙妇谢客五处。研孙来谈，仍劝我就精经讲席，真不厌烦也。

十二日晨，写大字多，有晴意，午间出，彭锡之补岳州守道喜，未晤，张润农来晤，何成老未晤，与乃孙一话，新居尚适，价亦不贵，欧阳展青骏来送宁远板鸭，夜送酒佳。

十三日，雨，微雪，敬事而信，相戒以养，得"陔"字，展青来晤，约桂儿同北上也，雪风大冷，儿妇仍携孙妇谢客。夜，饭于芋圆，盐道郑锡候来谈，订城南书院之局，下午送关聘来。

十四日，阴，细雨，寒气比昨减些，午后润农来别，即上船去。仲云来言辰沅军事，散漫可虑，润芝逝后，满地散钱矣，止靠天了。

十五日早，中丞来话，阴，细雨。午饭后黄正斋太守来，铜仁府告老养由辰州回，言陆子奇观察好官被劾。晡出，至研生念园处一话。

十六日，早饭后，出贺金竹虔嫁女，又一村晤丁果臣话，胡恕堂处，坐禅未出，可笑之至。盐道郑锡候处恽方伯处俱晤话，中丞处谢步。晚，同小峰兰陔两塾师酌，桂桂往毛家坝去，兼往石龙冲，奉会沈小帆十二绝句，交桂桂带去。

十七日，有晴意，仍不果，午出，回拜黄正斋，到南坡处话，先是赵玉班来话，西路军情，仿佛闻来凤贼出至永定界，可虑之至，益与桑植、澧州通路也。

十八日，叶公问孔子于子路一章，景星庆云得"祥"字，丁果臣来晤，将回西乡去，张子衡来，斗峰丈之子，饶君送诗片，欧阳展青来晤，桂儿收拾行李，有行意。

十九日，金竹虔话，吴子备来晤，作书寄唐荫云、叶仲然、周笠西，交桂儿带去，桂饮李家，归同酌。

二十日，送行客早，桂桂午刻方下船，余亦到船，鼎侄恰好赶来，不知其即行也，同钟曾往船上，余敬候、张鹤帆来一晤，久候不至，乃其仆来说，在大西门上船，难伺候的，钟钟回说，未初开行矣，雨不大。

二十一日，余出谢客，晤唐艺农及乃婿谭茂才，回拜德衡斋未晤，芋园看腊梅，大胜，张子衡处话，中丞处话，回拜阳向两姻兄，俱未得晤，归，黎世兄来，□□□第三郎也。补作寿坡诗，要念园研生和。

二十二日，写大字一阵，冷得少味，研生晡来话，属题《衡山赤壁图》，并所书前后赋，陈恪勤公书唐诗卷子。

二十三日，五鼓起，卯初二刻行，卯正方出城，浏阳门迟开也，朗梨尖，申初后到小桥，弟侄等均佳，适宵酌，小醉。今日天晴矣，夜祀灶。

二十四日，早饭后，往东南过田心桥、盐水桥、五美云山庙，小步涧过河，即兰陵河上流也。又五里到铁炉冲屋，狭山亦无味，主人卢三相公家，已移去，难起火，烧草煮水，泡带来饭吃一碗即行。到小桥，已申正，来回六十余里，亦因风雨大冷。夜酌，仍嫌多了，子敬新作小楼，佳。今日过小年，念老五也。

二十五日，黎明即行，一路向西，北风，雨不甚大，然亦冷矣。蓝林尖后，陶真人庙一看，西晋竹林，萧梁茅港，不知何神仙也。到家将申正，尖时吃硬饭，晨吃馊饭，晚吃茅芋头，腹中不甚适。又出晤丁伊辅，明日接诏，伊畏风不去也，问辜晋升借朝帽。

二十六日，巳初饭后，出浏阳门，北转，至教场坪，府县已到，同话于官厅，以后司道来，两学政来，中丞最迟来，方遣员往北门外请星使，中丞邀一话，旋于帐房内跪接，诏使骑马，手捧黄卷袱，一人控马，官绅先入城，至皇亭恭候，诏使转由南门入，又跪接恭奉，行九叩首礼后，跪听宣读后，又九叩首，礼成，宣读时闻，恩诏中叙及七月十七事，曷胜悲怆，不入北门，而入南门，岂非谬乎，城不跪接，官十四人绅止余一人，宣读处添四教官及张石卿、汤敏斋、胡恕堂三君耳，拥挤之至，余几为闲人挤出，可叹可叹，善化学广文欧阳星若炳文来晤，明年城南监院也，辛卯同年。

二十七日，昨夜雪，今竟日。晨，回拜白兰言学使，十月初三出都，昨二十四日方到，其仆赵姓于吕堰北遇常太押车，是子愚已由河南北上。桂儿二十三日卯刻尚在湘阴，有信到小桥人带回信。

二十八日，雪大，午出贺李西台移新屋一话，步至芋园看雪，信为奇观，到胡恕堂处酌话，过张石卿话。归，雪大且滑，舆夫难走，李季眉来一话。

二十九日，雪大，李老四生日，儿妇回去，钟钟去吃寿桃，晡间，写对子一阵，手墨俱有冻意。

除夕，昨夜雪仍大，今早住，果如人意也，令聚雪为山，仆辈各处送礼，不得成。夜，团年饭，圆桌，老小十一人，惟都信荆州信未到，小桥元丰坝亦因雪阻，无人来，算是五处过年，为怅怅耳，钟钟先在李家吃中饭回，老翁不解年味，与绒墨作伴耳，白学使来久话，为朋友未得也。

同治元年壬戌元旦壬寅甲申日。

晨起，向阙九叩首后，家堂拜年，稚辈各贺年，酒面颇适。出拜年，李家进屋，南坡处看池水，此外俱未下舆。三夫抬轿，路雪厚，难行也。回家，点心后，又出一阵，回吃元旦酒，晴得好。

初二日，拜年二十余，并昨六十余耳，阴寒甚，雪山小成，亦有致。

初三日，忌辰未出，门口仍有贺客也，仲雪处送信来。十八日，廷寄，沈葆桢升江西抚，李桓升江西藩，幼丹告终养，此番恐不能不出，黼堂升藩兼署抚，皆由道员超擢，真破格用人也。闻上海失守，或不可确，作书贺黼堂。

初四日，早饭后出，李家贺喜，仍补拜年，愈补愈来，许多不识面者。恕堂处少憩，邀同看西头屋子，无味之至，路滑且冷，夜作书寄小桥，又覆余蓉初书，冷极不可耐。

初五日，小晴。奇冷又胜昨日，可怪也，西台处一贺，看园景归。西台适在此，一话去，晡，有龙灯来。

初六日，辰初初刻十三分立春，京师则一刻十三分也。默斋公生日，大晴且转暖，合之冬至元旦之晴，可为三瑞矣。晨到小西门看定小巴竿船往永州去，十八千文，一切在内。仲云来话，知黄晓岱半路归，龙皞臣撤曲沃任。晡时，白学使来久话，借蜀奏底及稿簿各一本去。

人日，忌辰，阴晴相半，季眉艺农来话，出送故小泉学使行，一话，恽次山方伯处之话。归遂昏黑，雪融路烂，难走。鼎侄来。

谷日，王姨生日，念其从前善事两亲，不胜悽怆。仲云来共面，午出，回拜长沙学黎杨两君，回候数客。黄月崖、李季眉、易念园俱晤话，路滑泆坠舆数次。晚，上房共两棹，早间，肴佳，溜菘肝春尤佳，阵三手也。

初九日，早起，收拾行李，昨日全清，辰刻下船，扁衣箱、书箱、拜匣、枕匣各一，小书包二，酒蠡等琐琐甚，辰正早饭，巳初行。到船二刻开，大晴，南风幸不甚大，尚可撑篙曳纤，带仆翟明打杂。叶大检书，知辛亥回州日记忘却，着柴大回家去取，同一水手去，时已申正后，赶不到矣，乐得住著，泊清龙港。

初十日，移船泊包爷庙，上坡，步至庙中一揖，甚新整，旁有万寿官。竹园，庙中僧名绍基，可叹也，有熊雨胪、周韩城字。午初二刻叶大取日记回，得钟曾信，兼得郑小山书，又孙石来书，石来得拔贡，而邹岱东仅得优贡，吴学书止补廪耳，泺社三英小山也算优，小山卸事后暂住钱香士因寄湖庄，说清妙非凡，接余泺源讲席者为傅秋坪中丞，余所种高竹，被人删尽。今日北风，船行忽东忽四，似顺不顺。申正到湘潭，榜人要买物，遂不复行。夜月，昨日批班书，临公方碑，今日未临帖，止能看书耳。

十一日早，开船，所过湘乡河口，所谓涟水也。古山少憩，夜泊朱洲，约行七八十里，舟人未曾歇，篙纤接连。

十二日早行，所过小麦塘。大赤尾，水面宽，有石岩，过渌口，至三门滩泊，有庙有街，今日不过六十里，泊后，起大风。渌口进去到醴陵萍乡，有宜春县船从此去。

十三日，晨过昭陵滩。无所谓滩，石林葱蔚，一路过龙泉港，朱亭司，至汪洲泊，向西行处多。西北风不得顺也，连日晴，今更暖。

十四日早，风不顺。巳午后向南行，风顺利可喜，此番第一日也，过黄石畔，由渐见南岳，到衡山县，申初后矣，过雷家寺，有小船来查釐金者。始将初十日湘潭所写家信，嘱其交陈鹄堂寄省去。夜泊迟，盖戌正矣，风月佳，鸦里栈泊。

上元日，五鼓即行，过大铺，少憩。七里滩有小滩，想到七里泷，不知是何景象也。樟木寺小泊，晚泊白马，料尚早，上坡看狮子，乃一四方纱灯为狮，首后二人，支布随行，止足费鞭炮耳。问衡州府，尚有二十里，坡上唱花鼓戏，皆土话，听得如切如磋两句，可笑。

十六日，晨作家书。巳正后到衡山府，上坡，进铁炉门即黄道门，后西往南即正街，又向西，到府学。晤王芷庭，一别二十三年矣，精采如昔，须发白了，剃头于菜园中。往拜冯春皋观察，得十二日省寓书，中有桂儿初二日岳州书，甚慰甚慰，闻劳辛陔入都，广督放者九峰，在省时未闻也。回芷庭处，观察来回拜，将家书面交与芷庭处，晡酌，两郎同坐，酒可肴朴，未毕出城到船，此间城关得早也，补饭一碗，大月。

十七日，著人到芷庭处取酒，芷庭旋来船同酌话，开船至东洲卡而别。冯观察亦送酒及糟鱼，今晨邀饭，余不能领也，整天曳纤。夜泊茶港，约得六十里耳，阴复开，月上迟。

十八日，竟日阴，有冷意。上半日北风大顺，后路绕不好走，所过香炉山，崇洲松柏，惟大鱼湾大回湾也。夜泊聊港，走有八十里，无月，后半夜晴。

十九日，阴晴无定。过八方鲤鱼湾，常宁河口，颇热闹。然口内水小解船挤，又过梁泉步教化渡，夜泊何洲，买肉。两日俱上灯后方泊，水浅滩多，舟人却赶路。

二十日晴，过伍家围大铺，后有滩相连数里，费力，想是九九滩也，而舟人不知。过让山塘萝卜洲，买萝卜，过归阳，买菜，小泊塘家祠下，仍行五里，至龙家铺泊，夜矣。

二十一日，昨丑刻，有人来要船，说是周勇也。天明后，又来两次，入舱理论看视而去。盖因所雇船，人太挤，到处掳船送往前途也。午间，遇周梧冈副将，过来一话，知所募勇，共三千三百名也，此是头起一千七百名也。告以早间闹船事，因将其船尾永保营五色小旗，移插我船，并托带省上去，问知家乡无事甚慰。夜至白水河口泊，不知此小河往何处去，春陵在吾州，故祁阳有白水，雨水节乍暖，脱却皮袍，夜不好睡。

二十二日，路曲滩多，观音滩尤宽漫难过。过滩便住，滩声如沸，夜更不好睡，却遇顺风。

二十三日，晨行四五里，由北而西。遂抵祁阳驿马门，步上坡，拜县令于桐轩，丹徒秀才，从翁中丞军营得官，欤洽出于意外。移行李上坡，住客厅之西小屋，舟子疲玩可恶，尚欲送永州也，不过怕勇耳，一饭后，同游浯溪。

《中兴颂》新作亭覆之，山谷诗刻在下手，遂不及覆庇，且受雨溜，可叹也，峿台、庼亭俱到。回坐元颜祠，茶憩，由船回署，写大字不少，夜酌后，又写，桐轩同杨少秋相陪，杨（扬）州镇江常州诸老友，俱能述之，甚□也。夜，子刻后方睡。

二十四日，与主人晨餐后，肩舆行。出南即过河，十里一塘，路甚大，共行四十五里。过山坡不少，至孟公庙住店，敝陋，且孙儿整夜哭，又不得睡，奈何。

二十五日，早行十五里尖，又四十里，进北门，司马塘一带，被贼后，一片荒凉。到府署，与杨海琴快晤，文字之乐，得未曾有，未刻一餐。夜间，海翁请客，同坐零陵县梅诩庵同年，才到任数日也，有沈厚轩大可谈，又黄淑元同话。夜作大字，过迟，将丑初方睡。府县镇迎恩诏，已暮矣，天气忽阴风作寒。

二十六日，风，大冷。早饭后，出候零陵县，及府县四广文，梅诩庵、郭粹庵两同年，黄淑元己亥同年，黎、刘两君，俱晤。粹庵兴趣如昔，惟道州黄老师立，未晤。过碧云庵小憩，海琴小收拾，归写字于东园，字画多佳者，夜酌，诩庵、粹庵、淑元、厚轩同坐，谈至夜深，雪花一白矣。

二十七日，昨夜好睡，雪已数寸，日出融溜，的答不已。晨餐后，主人邀同过浮桥，至釐金局，访王子毂。子毂乃百泉之弟也，百泉久殉难矣，子毂回冷水滩去，壁间悬毅弟山水，见之怆怆，因携归家中，想子毂归来，不我怪也。至朝阳岩，新添亭阁甚妙，看洞后回至四贤堂，写字饮酒，夕阳西下矣。过柳子庙后山园高敞，可构亭榭，树木亦萧萧有致，杨紫卿联云：

才与福难兼文字潮儋同万里

地因名转著江山永柳各千秋

有余款伪联写撰俱鄙。愚步至愚溪，梯探深处，无所见，见一大浑字而已，溪水正当拗异处，然十年前与紫兄溯洄造奥之乐，不可复得。紫兄作古人，余亦老惫失健步矣。回城，入考棚，新修敞整，回衙后，有绍坤弟同本家济川来话，问及东门街光景，於唈而已。绍坤从军得司衔，济川老廪生，来送府考武童也，诩庵借郡斋做东，同坐者黄立录、龚谱香、沈厚轩，谱香者，临桂庚子孝廉，侨寓此间，殊风雅。夜寄省信，交诩庵。

二十八日，晴而仍冷，早饭后与海琴、诩庵别，两兜外两包杠，共夫十人，每人四百二十文到道州。诩庵送的，出太平门，河南津渡，石路平坦高低至淡岩，新建山谷，初未毕工。石坡路亦新修，洞中正推山谷诗碑，拓碑人汪姓，在郡署吃工食，乃索其已拓者，不肯与，拘谨可叹（按，此人乃心职守，不愧有可谓之拘谨，□□可也。未见可叹，若论可叹，公乃吝此区区，向它横索，是真可叹也）至窝家铺尖，酸醎佳，才走二十五里耳，又走十五里至五里牌，乃是正尖处，树石泉流，处处入胜，瀑水岩漂溪亭，尤好。泷泊南头住，尖后共三十五里，今日六十里，申初二刻到。在永州不得省信，颇为可怪，曾涤生协办，左季高抚浙，严渭春调鄂抚，皆海琴说，有省信。

二十九日，阴，有雨意，旋雨，时大时小，不碍行也。十余里尖，复入麻滩，前州牧冯春皋立有"楚南天险"牌坊，因在此御贼也，麻滩对河山路即通宁远，平田麻滩往南路俱平坦好走，皆陈叙堂二兄倡修者，过木垒，沈将军祠毁矣，铺西俱灰，可惨可惨。又行三四里，到濂溪湾，山势愈开，水形曲折，入门，见余十年前，题"啸云山馆"扁额。叙堂姻二兄留住，令弟，士行十一，令郎亦出见，皆秀才得广文者，肴丰而酒辣，余与叙堂饮我酒。夜，小雨未住。

三十日，晨，作大字几件，早饭后行。冒雨看山，开展秀发，竹木一路葱翠，吾州气象大佳。过□板桥，至赤源铺尖，过斜皮渡浮桥，潇水东南流，濂溪水来会也。渡后荒凉少人家，竹木俱少极，至五里亭，少憩。细雨，到家申初矣。先寻贤儒，新屋不好住，寻至西园馆前书房，可住。叔叔弟侄次第见，祥翼堂叔寿。夜陪王吉士州尊，客两席，戌初后散，余因思眠矣，问州尊吾家无省信，怪甚。山即张家业，被人盗卖与陈代，刘占葬，以欺压吾祖茔也，情愿相让山价九两耳，甚慰甚慰。回过周四姑爷一话，年八十矣，吃年果鸡蛋，又受风冷，归不适。夜间，士桢弟兄请饭，余不能下咽，勉强了局而已，竟日雨大，奇冷。许镜潭四兄洪、伯七兄同来，商作书与方伯留赖州尊，明知无益。

卞宝第《抚湘公牍》节选

杨锡贵[*] 整理

【整理说明】《抚湘公牍》二卷，清光绪己丑（1889）春湖南士民公刊，系卞宝第抚湘期间手自拟撰者，共收有批札、告示、书信、示谕、章程、照会等各类公牍147件，举凡吏治、钱粮、保甲、科第、缉盗、审案、备荒、农桑、水利等内容均有涉及，保存了大量有关湖南政治、经济、军事、社会、文化等方面的第一手史料，对了解和研究当时的湖南历史以及卞宝第抚湘的情况具有重要价值。该公牍前收有彭玉麟手札一通（此次校点时从略），信中对卞氏公牍大加称赞，谓"非有警世之言，然有奇异之见，不过于情、理、法三字说得明白透亮。虽妇孺闻之，悉能晓然利害"。

卞宝第（1824~1892），字颂臣，号幼竹，清江苏仪征人。咸丰元年（1851）恩科顺天乡试举人。其在湖南前后任职情况，光绪八年三月九日（1882年4月26日）任湖南巡抚，光绪九年五月廿三日（1883年6月27日）署湖广总督，光绪十一年二月廿五日（1885年4月10日）回任湘抚，光绪十四年二月廿五日（1888年4月6日）离任，调升闽浙总督。著有《方岳采风记》、《闽峤辐轩录》、《奏议》十二卷、《批牍》六卷。

抚署案牍纷繁，岁计不下数万件，咨扎批判出自幕友胥吏所拟者，虽亲加点窜，向无副稿，惟自撰者故纸尚有可寻。检出付梓，以俟后之君子匡予不逮焉。

---

* 杨锡贵，湖南省长沙市开福区教育科研培训中心副研究员。

通饬各属传讯原被人证不准多派差役行
枲司四道九府四直隶州

为扎饬遵照事。

照得州县审理词讼，传讯原被及应质人证，差役一二人足矣。闻得湘省积习，差人下乡，动辄带领多人，甚有乘坐肩舆者，骚扰需索，莫可名状。守令为民父母，讵有父母忍挟其奴仆、虐其子孙者乎？嗣后府县传案，不得签派多差，倘仍漫不加察，县役扰累，准被累者赴府呈诉；府役扰累，准被累者赴道呈诉；道、署不为准理，准赴院司呈诉。如有逞刁诬控及聚众抗传，殴差夺犯，该州县查讯明确，一面添差捕拿，一面报明本部院核夺。果系情凶势恶，亦必提犯，按律从严惩办。本部院爱民为心，小心具有天良，当不致不知恩德，转抗官长也。合行札饬，札到该司、道、府、州，立即转饬所属府、州、县，于城乡市镇，钞札出示，晓谕咸令知之。毋违。特札。

禁捞抢遭风船只示

为严禁事。

照得洞庭湖面宽阔，往来船只，每遇风涛，多虞倾覆。是以于岳州救生总局湘阴分局之外，在龙阳县南嘴地方，另增一局，悉照岳州厘定章程，妥为经理，以资救护，法良意美。乃本部院访闻该处有不法棍徒与渔户穷民，在濒湖一带，结党成群，藉捞检为生涯，遇有客船失事，纷纷驶往，乘危攫取，或隐匿货物，揹勒谢资，或并未捞救，从中把持需索公肥。种种不法，殊堪痛恨。合行出示严禁。为此示仰南嘴一带诸色人等知悉，尔等务须各安本分，勿蹈刑章。若遇遭风船只，协同红船前往救援。凡有捞检物件，不许私自隐匿，均应由局验明，照章分别给赏。倘敢故违，着救生局委员随时查拿，解府审明，按律惩办，决不稍宽。懔之。特示。贴救生局并札常德府龙、沅二县。

札营务处暨陈镇海鹏

照得军营以纪律为先，统将以操守为重。近闻各营沾染陋习，有勇不足数虚冒粮银者，有饷不实发克扣入己并科派营私者，有预借饷银折扣放利者。凡此数端，皆属大坏营规，有干军律，亟宜切实整顿。查有营务处陈镇海鹏，持躬端正，办事精细，堪以统领选锋水师钱营，即将上项弊端，查明严禁，并阅视各营弁勇，年力是否精壮，差操是否勤慎，老弱者裁汰，怠惰者革除，务须人皆勇健，饷不虚糜。俟挑选一律整齐，教练一律娴熟，报明本部院，定期亲历查阅。但期诸将咸与维新，亦不咎其既往，其各力湔积习为要。合行札饬。札到该处、镇，即便遵照办理。毋延，毋稍徇护。切切。

致振字营统领王军门永章书

绥卿仁兄大人阁下：

前在省垣，快聆英论，别经旬日，企念殊深。比维勋社日隆，为祝。闻得华容南洲地方与龙阳赤砂洲毗连，近年淤成地亩，东西约八十余里，南北倍之。有四川武举王乐山，纠集无赖多人，在彼盘踞，占取柴草之利，并于洲之四围，遍布树木以作藩篱。人类混杂，久恐养成巨患。昨晤省三方伯，据称与吾兄临别曾谈此事，吾兄亦以将王姓驱逐为然。足见彼此同心，深以为慰。为此函商阁下，能否将王乐山诱至营中，谕以威福，以彼聚众数百乌合之徒，势难与本省兵力拒抗，不如安分回籍，犹可自保身命。如恐招之不来，势必厚集兵勇，前往围捕。吾兄自揣所部各营，是否足资剿办，务必筹画万全，方可发动。素仰吾兄老成精细，用敢相谋，敬希妥筹密示。傥事不遂，切勿稍露风声。至要，至要。手泐密布，敬请勋安，诸惟心照。

札饬搜捕南洲余匪

为飞札饬遵事。

照得客民王绍昌即王乐山，盘踞华容所属之南洲地方多年，聚众多人，藏有军械，现经振字营王提督将其拿获押解到省。其夥党尚有六十余人，应即派令亲军营董副将文华带领洋枪队二百名，长安营水师杨副将名声督带师船五号，选锋右营水师黄镇德督带师船八号，选锋左营水师赵副将荣辉督带师船五号，申都司大发带领所部振字左营，樊镇本德带领所部，并令岳州府文守、署常德府马守、候补府李守惟丙，督同华容、龙阳两县，各带丁役，均定限于本月二十七八日齐集南洲，由该府、县等会商调拨各军，周围环布。一面出示晓谕居民安业，樵夫照常樵采；一面将王乐山夥党，逐名查拿，搜缴器械，并讯明有无不法情事，分别议拟禀办。搜捕事竣后，将该洲住户若干，樵夫若干，编查保甲，造册具报。本在南洲驻扎之罗提督秋云、蒋副将其顺，既经疏防于前，亟当补过于后，并着随同认真查办，均毋违延干咎。合亟分札饬遵。札到，该府、县、镇，副将、都司，立即遵照办理，仍将起程及驰抵南洲日期、拔队到防日期星驰禀，并会商搜捕情形先行驰报查核（考），飞速切速。特札。

批绥宁县聂令兴礼禀

此案昨据署绥宁游击刘耀远来禀，当经批司转饬在案。该令果无瑕可指，营中屡生衅端，何不密禀督抚查惩？何必愈忍愈劣？李三无论是跟随，是三使，总是县署中人，于酿成命案，本应回避，禀请邻封验讯。乃前禀并未提及本三是署中三使，足见意存隐匿。该令既不能约束于前，复回护于后，营规固须整顿，县令之昏庸，亦应查究。仰按察司转饬该州，速将此案人证提齐，秉公研讯具报，毋得稍有偏徇，代人受过。刘弁、聂令禀均随批钞发。

札对读所官

为札饬事。

风闻湘省有誊录改卷之弊，如己卯科中式第六名墨卷，首艺改至三百余字，无怪京外啧有烦言。查例载，通共添注涂改，不得过壹百字；又添注涂改，傥有以少报多，预为私改地步，如受卷所应贴不贴，及誊录、对读所亦不查明贴出，有私改文字等弊，混送内帘中式，磨勘官签出者，受卷、誊录、对读三所，均分别议处。各等语。令行札饬。札到该所官，务于誊录后，将墨卷细心检查，如有添注涂改过百字者，即行贴出，毋得自取咎戾。切切。

札按察司及供给所官

为札行事。

白昼抢夺财物，在街市已法不容宽，况贡院为抢才重地，士子考篮、衣被，皆场屋所需，竟有号军、水夫，胆敢聚集多人，于士子入场，拦门抢夺。士子被抢衣物并撕毁试卷，计有六名之多，实属不法已极。今由士子扭获抢犯二名，当饬供给所官研讯。据张瑞龄供，善化县人，年三十岁，在弥封所当火夫，抢得不认识士子折饭票一章，计钱二百四十文。李二即李裕供系江西安福县人，年二十三岁，在明远楼当更夫，抢得不认识士子考篮一具，当被扭获。各等供。查律载，白昼抢夺财物，不计赃，杖一百，徒三年。此案张瑞龄、李二即李裕，抢夺士子票钱、考篮，自应按律问拟。张瑞龄、李二合依白昼抢夺，不计赃，杖一百，徒三年律，拟杖一百，徒三年，从重照三年徒限，分发长、善两县监禁三年，俟下届乡试，用连枷枷号贡院头门外示众。三场完毕，杖责保释。

除行按察司转饬供给所官知照外，合行札饬。札到该司所官，即行饬县遵照办理具报。备案。

札按察司

为札行事。

州、县自理词讼及监押人犯，饬令按月册报，由司分别功过，详院存记，所以策惰吏、防滞狱也。乃州、县于册报案件，每有隐匿遗漏，以多报少，掩一己之因循，蒙上司之观听。不知讼案一日不结，拖累无穷，差票一日不销，骚扰靡已，于吏治民生，大有关系。因思道、府于州、县耳目较近，所有府属州县词讼监押月报，详由该管府复查，直隶厅并州属各县词讼监押月报，详由该管道复查，如实无隐匿遗漏，加具印结，将所呈月报，按月详咨院司，以凭考核。并令各州、县于每案下注明某日签差某役，某日案结销票。傥有已结之案，差役仍复藉票需索，是本官漏未调销，一经告发，差役立予严惩，牧令亦干重咎。至看押少年、妇女，流弊甚多，自非奸盗重情，不得滥行看押。惟望诸牧令视民事如己事，时存恤民之念，则循声卓著，上考即膺矣。合行札饬，札到该司，立即移行道府，通饬遵照毋违。

批宁远县罗令庆芗详

查该县命案，逃凶未获，竟有二十九名之多，其三案报获之犯，尚在疑似，缉捕殊为废弛。各州、县每于人命案件，多报凶逃，明系情玩推诿，以省审鞫招解之烦，致使凶徒漏网，毫无畏忌。现拟实任人员承缉凶犯十五案以上，署任承缉凶犯八案以上，去任时均奏参留缉，以儆玩纵。仰按察司核议章程，或增或减，拟定起数，详饬通行，仍候督部堂批示、缴。

道州开考示谕

为剀切晓谕以端文武士习事。

照得岁科州、县考试，乃国家抡才大典，凡文武诸童，进身之阶，实基于此。文则通经致用，早储匡世之才；武则有勇知方，足备干城之选。显扬有日，何等光荣。明年春间，即届永州府属岁试之期，该州州考在即，风闻每届文童有一千七八百人，武童有三千五六百人之多，其中循谨自守，恪遵功令者，固不乏人，而地界两粤，习性强悍，不受约束者亦复不少。往往倚众生事，地方痞徒，从而附和，或欺压平民，或殴打书役，或挟制官长，恣意横行，肆无忌惮，文童已不免蹈此瑕垢，武童殆有甚焉。此等恶习，最为风俗人心之害。况为文武童时品行如此，他日功名发达，能望其为循吏、为良将乎？湖南人材辈出，遐迩交推，仍在尔文武诸童，力图上进，自爱自重，有志竟成，将来何可限量。合行出示晓谕，为此示仰该州文、武诸童知悉。自示之后，务各专心应试，一洗从前陋俗，以奋前程。傥敢故违，定即从重惩办。求荣反辱，虽悔何追。其为父兄师保者，责无旁贷，亦宜随时教导。其各懔之、勉之，毋负本部院谆谆诰诫至意。特示。

札布政司承袭世职整顿章程

为札饬遵照事。

照得军营将弁，打仗阵亡，积劳身故，多由统兵大臣奏请议恤，经部议给世职阴监，原以奖慰忠魂，赏延于世。乃有故绝之家，多为他人顶充冒袭，居然滥窃冠裳，投营效力。此辈出身不正，招摇撞骗，无所不为，最为地方营务之害。即如本年四川通江营，查有王士玉捏造系彭县世职王荣芳嫡子，承袭云骑尉，拨入通江营学习。经该管守备查知拿办，业经四川总督审发边远充军，奏明在案。是为冒袭之明证，亟宜严加整顿。嗣后各属详请承袭承阴之案，务须传问本人亲族邻右，当堂取具押结。傥有顶充冒袭，一经发觉，扶同出结者一并逮治。州、县官含混详报，亦干重咎，均无宽贷。合行札饬，札到该司，立即通饬遵照。毋违。

示禁溺女劝助育婴

示为严禁溺女，劝助育婴事。

照得湖南各府、州、县，多有溺女恶习。推原其故，一由家道之贫寒，无赀抚养；一由风俗之奢靡，畏费赔奁。不知孩提衣食，需用几何，婚嫁有无，惟家是称。况生女而孝，得力犹胜于男。抑天道好生，残忍必降之罚，婴赤何辜？横罹惨酷，人命至重，敢肆伤残？查故杀子孙，罪应徒杖，律有明条，理当严禁。为此示谕军民人等知悉，嗣后勿蹈故辙，致犯王章。更愿好善绅士，于城乡设局保婴，给赀乳养。或捐钱，或捐谷，广劝协施，共成善举。如果办有成效，及捐赀较多者，由地方据实禀报，本部院复查无异，定即奏请奖叙，以示鼓励。其各勉敦善俗，力挽颓风。毋违。特示。

示禁烧香聚众

为晓谕事。

照得烧香结会，男女杂处，最为风俗人心之害，业经前抚部院涂出示严禁在案。诚恐乡曲小民，未能周知，或日久生玩，理合再行示禁。

彼居家讽经茹素，原属愚人佞佛之常，而在外聚众传徒，实干王法，必诛之律。查例载，军民人等，烧香集徒，夜聚晓散，并捏造经咒邪术，传徒敛钱，及一切左道异端，煽惑人民，为首者依律拟绞，为从者发回城，给大小伯克及力能管束之回子为奴。又传习邪教，习念荒诞不经咒语，拜师传徒，惑众滋事，比照反叛定拟，亲属照律缘坐。各等语。律例具载，何等森严！尔小民切勿误信邪言，致罹法网。况吃斋邀福，看受福者曾有几人？礼佛升天，彼升天者谁曾亲见？赀财耗于斋供，明去未见暗来；谬妄触乎典刑，求福且先得祸。有损无益，理更显然。如谓修善获报，可求富贵于来生，礼佛禳斋，冀免罪愆于身后，曷思福田全在心田，实效要须实践。与其敬神佛，不如敬父母，敬翁姑；与其施庵庙，不如施贫穷，施桥路。善心于实处求之，随处可以获福。俗所云"心好强于吃斋"是也。为此示谕诸色人等知悉，其各懔遵训谕，毋蹈迷途。如再有烧香聚众者，一经查拿，定即按法惩治不贷。特示。

批臬司审解武陵县莫如嘉京控

此案业经本部院提讯供情，均与司招无异。惟查莫如嘉于同治十一年十一月，将五方湾阴地一块，得价钱四十三千五百文，卖给萧隽云管业进葬。光绪三年八月内，莫如嘉之父莫昱南病故，该监生即将父棺葬于萧隽云母坟界内。卖出甫隔五年，何致记认地界不清，显系占葬。犹敢驾词京控，拖累被证赴省质讯，殊属刁狡。应将莫如嘉从重革去监生，交地方官严行管束，俾昭惩戒。仰遵照于看内添叙明晰，照缮部册五本，磨对清楚，详候咨达。仍俟督部堂批示，书册并发。仍缴。

批晃州厅赵倅绍华详

据详郭安班主使伊子郭帮心殴伤小功服弟郭安登致死，获犯讯供情形。查郭安登系郭帮心小功服叔，郭帮心用镰刀戳伤郭安登之时，郭安班业已跑回家内，不得竟照主使问拟。仰按察司饬再提集犯证，悉心研审，务得确供，按拟解勘。案关服制，毋稍率忽。仍候部堂批示。缴。格图存。

札长胜水师周提督礼濂

为札饬遵照事。

照得洪、江托口两处簰夫人等，迭次于辰河一带滋事。昨据该提督禀请檄饬黔阳、会同两县彻底清查，并恳饬沿河州、县一体认真查办等情，业经本部院分檄饬遵在案。

兹本部院访闻该营水军，常川驻守黔阳、会同两县附近之洪江镇，其炮船虽分泊沿河各口岸，泊而不巡。去、今两年，辰溪所辖之黄溪口、龙头溪，黔阳所辖之桐湾、新路河、清江等处，上下约二百余里，各处停泊之木客小簰，屡被匪徒执持刀矛器械，或十人、或十余人，上簰抢掠，层见迭出，先后赴各该县呈报有案。该营水军未拿获一名，推原其故，只令守口而不巡河，故该匪徒得以肆意横行，毫无忌惮，亟应严密巡查，以期河面肃清，行旅称便。合亟札饬，札到该提督即便遵照。所部水军除留舢板两号护卡外，其余十号及长龙一号，均令上自沅州，下至辰溪，回环巡哨，不准停泊一处。所到各县地界，遇县城之滨河者，赴县报明过境日期及哨弁姓名。若距县城窵远，如溆浦所辖之江口镇，距城六十里，该处设有汛弁，及他处之设有巡检者，亦即由该巡讯转报各县，互相稽察，毋任偷安。是为至要。切切。

札芷江、会同、沅陵、泸溪、黔阳、溆浦、辰溪、桃源、武陵各县

等因。除札饬长胜水师周提督遵照外，合并札行，札到该县，即便遵照。如遇该管巡哨到境，即将哨弁姓名及过境日期，报明查核，均毋违延。切切。

札九府四直隶州

为札饬事。

照得州、县职司守土，当知疆里所区分；牧令任重亲民，宜识地方之

利病。山川形势，何处为扼要之区；田土肥硗，何地为膏腴之产。官民期无隔阂，乡村尤要亲行。岂有名为知州，而可不知一州之事；名为知县，而可不知一县之事者乎？合行札饬，札到该府、州并即饬所属，将本州、本县境内管辖之地，山川道里、城市乡镇，绘图贴说，并将四至八到、邻封接界处所，一一详细注明，以备参考。又四乡风气，若者纯良，若者刁悍；四乡田地，若者瘠薄，若者腴美；以及物产所出，民生所赖，一切情形，亦官斯土者所宜详也。即另具清折，附舆图呈送。毋违。

禁武闱枪替告示

为申明例禁，剀切晓谕，严杜顶替，以拔真才事。

照得武闱乡试，乃国家抡才大典，业经本部院示期校阅在案。兹据中军参将禀据长沙府阖属生监禀称：外府应试诸生，有一人而捐数监，有一人而冒数名，长于步箭、绌于技勇者，每多倩人顶名代考，请除积弊而杜侥幸等语。闻之殊堪诧异。

查该生等来省应试，或由各学造册申送，或由各该厅、州、县具文申送，凡籍贯、年貌、三代，逐一填注明晰，在在均已确有可稽。倘或点验未符，即干摈斥，其试卷中亦复声明"并无冒名顶替"等字样，立法极为周密，原所以杜绝枪替之弊也。至于应试诸生，皆系志切观光，自必力图进取，断无甘蹈愆尤之理。诚恐习俗移人，误罹法网，不得不先晓以利害。

查例载：用财雇倩枪手，作文传递，发近边充军，武场有犯，照此例拟断。又，成案万治庭听冯客恭贿嘱代倩中式，依枉法赃一百二十两例，拟绞监候。冯克恭妄冀中式，贿求万治庭入场代倩，应与万治庭一例拟绞。例案具在，何等森严，该生等何可以身试法。又案查入场之后，妄攻冒籍，挟制试官，照刁徒直入衙门例拟军。考生中如果实有冒名顶替，查出自当照例讯办，同考者亦不得妄行供指。倘有聚众喧哗、诬控滋闹者，亦必按例惩办。是非特贻误功名，转致重遭罪戾。此中得失，关系匪轻。

合行出示晓谕，为此示仰应试各武生、武监知悉。须知武闱与文闱并重，务各亲身应试，痛除前项积弊，以免求荣反辱。倘敢明知故违，一经查出，定即照例办理。本部院言出法随，决为姑宽，其各懔之、慎之。毋违。特示。

禁拨船滋扰告示

为剀切严禁事。

照得湖南本届排造粮拨三百只，运送天津交收，远涉江河五千余里，自应趱程前进。诚恐船只众多，难免沿途骚扰。或遇商民船只开避不及，故意趁势直冲；或离拨船稍近，辄称碰损官件，强拉扣抵，非讹索多钱，不能释放；又或商民船只，早已停泊码头，竟敢恃强勒令移开他处，以遂己便，稍迟便呈凶殴打。种种横行无忌，实堪痛恨。除责成督解委员随时查察外，合亟严禁，为此示仰该船诸色人等知悉。尔等务宜各遵钤束，安守本分，傥敢故犯前项情事，即由委员就近从重惩办，断不姑宽。其各懔之毋违。特示。

批臬司详

据该自司审详武冈州民陈材铿，黑夜捕贼，戳伤萧立冬身死一案，本部院查核案情，傥系一伤适毙，或因黑夜辨认不清，至金刃四伤之多，萧立冬断无不喊痛声彰之理。以表兄弟之亲，常时相见，何得于声音面貌全无觉察。所供犯时不知，殊难凭信。合亟签饬，签到该司，即便遵照再行提集犯证，复讯明确，妥拟另详核办。毋违。

批州县呈送舆图节略

据禀并另折均悉。州县为亲民之官，辖境须常时巡历，求通民情，于地方事宜，何利当兴，何弊当革，酌量情形，妥为筹办。痞棍讼师，均当随时查拿惩治，以期除暴安良。务须振刷精神，力求整顿，共臻上理。本部院有厚望焉。此缴，图折存。

批辰州府文守_绶禀

据禀已悉。所陈切中时弊，足以补前饬之未备。查各州县于命案凶犯已获，谎报缉凶，或托词要证远出，详咨展限，多由本官惮研鞫之劳，幕友存省事之见。藉此延展时日，遂致案了期，法纪何由而申，冤滥更所不免。应再由司通饬各厅、州、县，嗣后命案获犯，即行审明，据实录供通报；即或初审供情未尽确实，原可另详更正，或随招呈明。倘再有捏报凶逃，一经查出，定予撤参。至展限之案，应如何明定章程，示以限制，并由司妥议，详复通行，期于挽积习而重民命。仰按察司遵照办理，并行该守知照。此缴。

批靖州潘牧_清禀

查此案聂令前后两禀，均有回护情形，营弁于滋事兵丁，并不即时传解，亦保非有心庇纵。该州辄为粉饰其词，禀请免其查究，意在见好寅属，归怨上司。此等颟顸积习，最堪痛恨。本部院但知有公是非，不知有私情也。仰按察司将该州潘牧先行记大过一次，移会藩司注册，仍饬遵照前批，将县令庇护署役、营弁抗匿营兵、引藏尸亲各情节，并聂令前禀营中如何愈忍愈劣之处，逐一详查明确，据实禀复，以凭核办，毋再饰粉，致干参处。切切。此缴。

批嘉禾县陈令_{绩熙}禀

据禀地势民情，颇为详晰，所陈除害三要，均能切实不浮，足征平日留心治理，有志循良，深堪嘉许。仰即如禀一一实力行之。地痞讼棍，尤当随时查拿，风气自可日渐转移，并将前任经手仓库正杂各款，查明有无亏短，依限接收结报，仍候督部堂批示。缴。

严禁浮收苗米示

为禁革浮收，出示泐石，以垂久远事。

照得城步县五峒苗瑶应纳钱粮，除横岭离城弯远，每年额征米五石九斗八升，因艰于挽运，向章折收银二两九钱四分外，其扶城、莫宜、栏牛、蓬峒等四峒，每年共纳正耗米八十四石。此原朝廷轸念边氓，粮额格外从轻，额外不准丝毫多取。无如积久弊生，书差私立名色，浮收苛敛，重为民累。本年钦奉谕旨查办，经本部院委员访查明确，业已札饬该县出示晓谕，严禁浮收在案。

第恐书差、斗级人等，阳奉阴违，或日久复蹈故辙，合再颁发告示，泐石县署大堂，以垂久远。嗣后各峒花户，赴县完纳钱粮，除横岭一峒，向系折银，无庸更改，亦不准多取分厘外，其余扶城等峒，每额粮一石，只准照制斛量，收本色米一石，此外席米、样米、淋尖米、踢斛米、催差米、粮房米、斗级米、票挥米、买差米，种种私立名色，一概禁革净尽，永远不准于额粮外多收升合。倘书差、斗级人等，再敢违禁私收，或峒长包收包纳，从中浮勒，许该花户随时呈告，即行从严惩办。官吏徇纵，并干参究。其各懔遵毋违。特示。

批永州府会零陵县禀

据禀及另单均悉。查钱粮自应设柜征收，令民自封投柜。书差垫解，百弊丛生。试问不以重利盘剥小民，柜书等何所取而充此苦役？自认借家利息，为民户垫解耶？风闻书吏垫款，以六分利取偿于民，民何乐不自封投柜？明系书差把持阻隔。该县钱粮，颇为民累，亟宜改弦更张。且现奉谕旨，严禁粮差代纳，加倍取偿。该府、县应即钦遵妥筹办理具报，并俟刘金门等回郡，讯明所控各情，另行据实禀办。仰布政司转饬遵照。此缴。

札藩、臬两司

为札饬事。

照得道府养廉银两，自军兴以后，减成减平，所领无几，以致署中延友之赀，日用米薪之费，皆形竭蹶，不得不收受州县节寿陋规，以资接济。而陋规有干例禁，州县即以此挟制上司，或办事疲玩，或肆意贪残。道府以太阿倒持，咸相隐忍，于吏治大有关系。本部院因思陋规必须裁汰，公费必宜酌筹，拟仿照江苏、江西、河南等省现行章程办理。

查州县钱漕，均有平余，应酌量缺，分之肥瘠，定公费之多寡，按季解送道府衙门，津贴办公。所有节寿等项，永远禁革。如再有私相馈赠情

事，照例与受同科，定即从严参办，以挽积弊而饬官方。合就札饬妥议，
札到，该司等秉公酌核，将州县每岁应解道府办公经费，拟定数目，详核
察夺，以便通行立案。毋违。

批藩、臬议改道、府公费详

所议尚妥，仰即如详通饬遵照立案。嗣后如再私相馈赠，定即与受同
科，从严参办。倘有道府向所属留难需索，准该州、县直揭督抚、两司办
理。直隶州自钱漕平余，不得收受属县节寿陋规，并饬各州属知县知之。
此缴。折存。

批零陵县张令鸿顺禀

据禀，零陵县钱粮积弊已深，该令立意改为官征官解，并拟每年捐钱
二千串，以偿无着债项等情。洵能力挽颓波，以恤民隐，不愧为民父母之
君子，可嘉之至。仰布政司即饬如禀悉心筹画，实力举行，无庸稍存顾虑。
至乡绅大户把持钱粮，及抗粮花户，均当照例严办，并候本部院颁以告示，
剀切晓谕，为该令助一臂之力也。另单并悉。此缴。

零陵县改征告示

为颁示剀切晓谕事。

照得民间完纳钱粮，例应自封投柜，不准书差人等包揽浮收。零邑钱
粮，近数十年来，皆由粮书包征包解，闻得垫纳粮钱，向民间取利六分，
按月算息。是于常赋之外，加征一半，花户受其盘剥，苦累不堪。若不亟
思变计，民困何由而甦。现据该县张令禀请，自光绪九年起，将合邑钱粮
改为官征官解，粮书但司造册催征，不复假手收缴。诚能力挽颓波，扫除
积弊，不愧为民父母之君子。本部院心甚嘉之，除已批饬照办外，特恐改
章之初，粮书暗中阻挠，或花户藉端拖欠，合行颁发告示，剀切晓谕，为
此示仰零陵县绅民庶人等，一体知悉。当知现在钱粮改由官征，原为体恤
尔民免受粮书之害，务各踊跃输将，本户下应完钱粮，照依定价，自行赴

柜完纳，不得再托粮书代完，亦不得稍有抗欠。傥有绅衿大户与粮书通气，把持阻挠，致误正供，定饬该县严拿，照例治罪，粮书籍没充公。如敢恃其强梁，夥众抗拒，即由该县会营查拿，尽法惩办，不稍宽贷。其各懔遵，毋悔噬脐。切切。特示。

批永绥厅禀

据禀已悉。风闻每年秋冬征收屯谷，大小屯弁及管仓之绅士，齐集一处，饮食费用，皆取资于纳款之苗人，踢斛淋尖，刁难挑剔，竟有纳谷一石，多收四五斗者，并有勒索规费，方肯给与收谷凭票，其弊不可枚指。仰布政司移知辰沅道，督饬该厅随时查禁，以安苗民。切切。此缴。

饬岳、常、澧三府州编查渔户札

为札饬事。

照得重湖汗漫，窃贼最多，商民往来，受害不浅。与其缉捕于事后，莫若防范于事前。查李中丞尧栋传云"洞庭周围八百余里，纳沅、渐、沅、辰、叙、酉、澧、湘、资九水，故又谓之九江。支流汊港，演漾四溢为重险。奸民往往窜居湖中，为行旅患，而盗薮所在沿湖州县，辄以地界不明，彼此不任，致不能究诘。乃檄地方文武并水师营汛，令仿保甲例，某处渔船若干，渔户若干，编审籍记，而盗贼无所容迹"等语，实为绥靖湖面良规，自应仿照办理。合行札饬，札到该府、州，即便督饬所属地方文武并水师营汛，一体照依《保甲章程》将渔船、渔户逐一编查，并议稽察条规，认真遵办。俾盗贼无所容迹，而湖面得以肃清。仍将遵办缘由，禀复查考。切切。特札。

严禁械斗收缴军器示札发道州

为严禁械斗，收缴军器事。

照得忿宜思难，原期与物无争。国有常刑，安可以身试法，此尽人所当知也。湖南民情朴实，而南界两粤地方，动辄械斗生事，即他处亦渐有尤而效之者。濡染日广，实为人心风俗之忧。夫不平则鸣，事无巨细，均可控官伸理，讵容目无法纪，纠众横行。一经酿成人命，便有不可解免之势。其理曲者，适以增难逭之罪；即理直者，亦翻为有罪之人。就令事关切己，而纵心孤往者，固已虽悔何追。更有事不干己，而奋臂乐从者，岂不因人受害？取胜则不足，召祸则有余。意气偶尔自豪，而斩绞即随其后。身命纵不自惜，而事蓄均失所依。氓之蚩蚩，奈何置吉凶生死于不顾，而竟懵然甘罹重辟耶？其愚实甚，是可哀已。本部院不忍不教而诛，特以药石之言，发聋警瞆，免尔等再蹈前辙，致有噬脐莫及之虞。

尝见械斗各案，率以军器互斗，引非民间应有之物，自系从前置备团防之用。或由营勇撤散带归，遂致所在皆有。取携甚便，贻害何穷。查例载：私铸大小炮位及抬枪者，不论官员、军民人等，及铸造匠役，一并处斩，妻子给付功臣之家为奴，家产入官，铸造处所邻右、房主、里长等，俱拟绞监候。其仅止私藏炮位及抬枪之犯，如讯无别情，杖一百，流三千里。等语。立法何等森严，或非尔等能备悉。现在军务久已告竣，亟应申明条例，查禁私藏，以肃功令。爰与尔等约：凡有收藏军器之家，自出示之日起，限一个月，检交该团团总、保甲，择一公所暂存。团总、保甲限十日汇齐，开具清单，每件下注明某人所缴字样，禀缴该州，逐一验收，酌给一半价值，以示体恤，免其私藏之罪，予以半价之恩。尔等具有天良，宜知感悟。

除饬永州府督饬该州会营认真办理外，合行出示晓谕，为此示仰州属诸色人等知悉。自示之后，尔等凡有拂意之事，务各坚忍自持，毋再好勇斗很（狠），自贻伊戚。父兄时加诫勉，绅耆从而规劝，遏其强悍之气，动其恐惧之心，族党里闾，咸无仇怨，岂不美哉。如有梗顽不化，则是自外生成，断不能幸邀宽典。至应禁军器，切须依限呈缴，傥敢玩抗逾违，一经察出，或被举发，非特追缴不给价值，仍当按律惩办，决不稍贷。本部院执法如山，勿谓言之不早也。其各懔之、慎之。毋违。特示。

饬清理监狱札

为札饬清理监狱事。

照得州县为民父母，罪犯羁禁囹圄，自应随时加以矜恤，平时则足发口粮，患病则给以医药。至在押候质未定罪名之犯，尤宜加意稽察，以免拖弊。现值夏令湿热薰蒸，最多不正之气，易致染患疾疫，亟应清理，以重民命。合行札饬。札到，该府、厅、州、县立即遵照，严饬管狱各官，亲率看役人等，将监狱随时打扫洁净，沟渠随时疏通，以免潮湿。并发给席扇，多与艾术。傥遇犯病，即时拨医调治。口粮按月发足，毋得丝毫扣克。傥管狱官漫不经心，致犯多瘐毙，定即严行参办。仍将遵办缘由，刻日禀复查夺。

劝谕会匪自首免罪示

为剀切出示晓谕事。

照得拜会结盟，法严重辟，自首免罪，律有明条。湘省民情素称质朴，乃自军兴以后，出外当勇者多，渐致习于游惰。其中不逞之辈，动辄结拜哥老会，倡立某山某水某堂名色，放飘纠众，妄谓入会之人，出外有人保护，有事可保身家，藉以惑众敛钱。无知愚民，堕其术中。迨党与（羽）既众，遂思乘机抢劫，甚至谋为不轨。昨有平江县会匪方雪敖等，巴陵县会匪陈欐幅等，龙阳县会匪曹小胡等，聚众滋事，均经拿获正法。

在该匪等甘罹法网，罪无可逃；而听诱被胁愚民，同被其祸，情殊可悯。若不及早改悔，必至流毒无穷。合亟出示剀切晓谕，为此示仰军民各色人等，一体知悉。尔等但能勤苦耐劳，各安本业，自有谋生之计，何来意外之虞，切勿听人煽诱，妄冀入会可以夥抢得财，并谓身家可保。不知匪党几何，纵约期聚会，一经官兵剿捕，无不立见灭亡。是图财未遂，而身首已分。身且莫保，家于何有？自示之后，务各洗心涤虑，共为安分良民。其有已入匪党者，如能自行投首，本部院当宽其既往，予以自新。今与尔等约，凡被胁入会，并非甘心附从者，准其缴飘免罪。或先被诱惑，现经悔悟者，亦准缴飘免罪。其现在会中，能指出匪首在某地某日放飘，密报营县，登时拿获匪首者，不独免罪，并予以重赏，由地方官当面给领。至缴飘之处，或由团族转呈，或赴营县自首，均听其便。尔等当体部院爱民苦心，从此改邪归正，使匪徒无可诱胁，地方自日臻敉安。傥敢执迷不悟，收受飘布，不行呈缴，即系甘心从逆。一经拿获到案，惟有执法惩办，不能稍从宽宥。其各懔遵，毋悔噬脐。切切。特示。

批溆浦令李_{大绪}禀

据禀，请将苏军分半移扎黄溪口以下沿江三百余里之内驻扎，以清河面等情。查郴桂一带，亦属紧要，碍难分拨。至辰河盗贼横行，地方文武不能辞咎。向使未设勇营，地方官将任令日夜抢劫耶？水面固宜加严，沿河岸侧亦必有贼窝，应饬令州县严查保甲，武汛联络村团，会合查拿，庶可靖匪踪而安行旅。仰善后局司道刻日妥议详复饬遵。此缴。

札衡永道

为札饬遵照事。

据桂阳州知州盛牧赓详报，萧满苟殴毙谢孟古；又另详萧香拢等，各自枪伤谢焕龙等身死，均获犯讯供前来。本部院查核案情，萧香泷等致毙谢焕龙一家三命，情节凶很（狠），该州意存开脱，录取供词，诸多支饰。萧满苟等致死谢孟古等三命，虽所叙起衅不同，而彼此争斗日期，同是上年五月十四日，同是枪伤，同是谢、萧两姓，显系聚众纠殴。该牧分案具报，是何居心？郴、桂一带，械斗成风，总由地方官办事颟顸，不肯整顿。即如永兴县刘、李两姓，十余年来，时相争斗，近又有李姓钞枪陈姓四村二百余家之事，现经月余，该县尚未认真究办。风气至此，若不严惩示儆，成何世界？外官习气，咸以粉饰为工，最堪痛恨。合亟札查。札到，该道立即遵照，将桂、永两案，确切查明，据实禀复，以凭察夺。务须湔除积习，勿稍徇饰。切切。

谕永兴县金陵乡示

为收缴器械事。

照得永兴县地方，僻处山陬，民俗强悍，其间惟金陵乡为尤甚。该乡刘、李两姓，居处不远，阡陌相连，各恃其族大丁繁，每遇口角微嫌，动辄纠众械斗。同治十一年，刘姓族内刘绍宽等，李姓族内李调元等，因邝姓坟山之案，两姓各聚族多人，携带器械，互相斗殴，各受有伤。当经该前县俞令闻信驰往弹压解散，饬传两造绅耆，妥为劝息，一面禀奉前升部院王批示，以后该姓人等，如再聚众持械争斗，互有杀伤，则是不服从教化之乱民，无所用其姑息，准由该县会同营汛，严拿两造起意纠斗之人，讯明后即行就地正法。临时傥有抗官拒捕重情，并准该县禀请调营查办在案。

阙后数年，此风虽觉稍戢，无如刘、李两姓，彼此视为世仇，每值清明祭扫，或争坟树细故，少年子弟，一经聚会，即有汹汹欲斗之势。现在钦奉上谕："湖南永兴刘、李两姓，屡年仇杀不休，饬即从严查办。"等因。钦此。除札行该县随时查禁，有犯严拿惩办外，合亟申明禁令，出示晓谕，为此示仰永兴县金陵乡刘、李两姓族众知悉。定例：敛费约期械斗仇杀，视所纠人数及伤毙人命多寡，将主谋纠斗首犯，分别拟以斩绞立决枭示。法令何森严！此时欲挽颓风，尤不得不悬重典。嗣后尔刘、李两姓，务各父诫其子，兄诫其弟，族长约束众人，共为纯良之民，勿蹈斗狠恶习。两姓既居处毗连，岂无姻戚婚媾，理当睦姻任恤，讵容弃好寻仇。如敢不遵禁令，仍前逞忿生事，纠众械斗，本部院惟有严饬该地方官，按照王升部院前批，查拿起意为首纠斗之人，先行就地正法，其随从下手各犯，按名严拿，分别究治。临时傥有敢扰官拒捕，即当调营兜拿惩办，以儆凶顽。峻法严刑，只欲尔等之洗心革面耳。其各懔遵，毋轻尝试。切切。特示。

批沅州李守有棻禀

阅来禀，议论甚是。本部院到任后，函致各府，责令考察属员，即有"府与州、县相距较近，闻见最真"之语，行州、县有"一州可不知一州之事，一县可不知一县之事者乎"二语，与该守所见略同。据呈课治表，亦极简明。仰即如禀按月填注通赍，以凭考核。并候札饬布政司，通行一律照办。仍将表格照刷十数纸，呈司分发府、州，并候督部堂批示。缴。表格存。

札九府四州六厅

为颁发《圣谕广训直解》，札饬宣讲，以化民俗事。

照得圣谕广训，垂戒愚民，最为切近。地方官自应实力奉行，剀切劝导。乃日久玩生，仅于朔望期内，在明伦堂宣讲一次，不问听者之有无，只属奉行夫故事，化民成俗之谓何，殊失圣朝爱民垂训之至意。兹查有《圣谕广训直解》一书，专为晓谕愚民而设，书中文言道俗，娓娓动听，无论识字与不识字之人，一闻训谕谆谆，无不立形鼓舞。为此刊发□本。合行札发。札到，该州府厅立即分饬所属，率同学官，选择地方端正衿耆，每月定期某日于城乡市镇人烟稠密之地，认真宣讲，务使家喻户晓，以期易俗移风。夫乡愚于演观杂剧之时，遇有忠孝等事，无不义形于色，况以天语之辉煌，加以官司之董戒，其平时狡狯之技，既相惊于发奸摘伏之无遗，而当前化导之方，仍不外乎日用伦常之至理。耳濡目染，行之既久，有不革面洗心者乎？至于宣讲日期，令该州、县会同学官，按月将某人在某地宣讲几次，逐一开报。果能实心劝诱，渐挽颓风，一经本部院查访确实，定将宣讲之人给予奖叙。该州、县及学官亦当核实奏奖，督率之道府一并奖励。其各认真举办，毋得视为具文。切切。特札。

禁饥民抢夺示

为通行晓谕事。

照得国家立制，人情法纪，两不相妨。是以饥民觅食，情虽近于可矜，倚众作奸，法即在所难宥。尔饥民居濒水国，横被天灾，有田园不得耕，有屋舍不能住，流离转徙，咸嗟乞货无门，疾痛颠连，不免死亡载道。似此艰苦之情形，自属有心所同悯。果系哀词乞告，定必各济薪粮。乃近有藉口饥民，往往聚集多人，恃众骚扰，至有公然劫夺者，自谓饥民抢夺无罪。此等语不知创自何人，愚民习闻其说，辗转相传，遂至肆行无忌。不知朝廷法制周详，断不以饥民遂隳禁纲。

查例载：饥民爬抢，除纠夥执持军器刀械，威吓按捺事主，搜劫多赃者，仍照强盗本律不分首从皆斩外，如有聚众十人以上至数十人，执持木棍等项，爬抢粮食，并无攫取别赃者，为首斩监候，为从发新疆给官兵为奴。如十人以下，持械爬抢者，为首发新疆给官兵为奴。其徒手并未持械者，仍照本律科断，不计赃，杖一百，徒三年，赃重者加窃盗罪二等。各等语。法令如此森严，是尔等所自谓无罪者，皆国宪所不能贷者也。

昨有龙阳人张玉贵，纠夥李连喜等，托名逃荒，在永明县彭姓家，捆缚事主，抢夺钱文衣物，已照强盗律斩决枭示。惩一所以儆百，但恐各郡县未尽周知，合行出示晓谕。为此谕尔饥民及阖属绅商军民人等知悉，嗣后如有饥民过境，果其安分乞怜，情真可悯，地方富户，量为给发钱米，资遣出境，俾获生全。如仍前不法，纠众横行，许该处居民，立即捆送，或报官捕拿，照例惩办，以肃法纪而儆奸顽。其各懔遵。切切。特示。

札举行孝廉月课

为札饬事。

照得本城岳麓、求忠、城南三书院，向为生童肄业之所，弦诵相资，学业日进，懿矣。而省中举人，独不与其数，是亦育才者之所憾也。因与司、道、府商量，酌加孝廉月课，正、附课各若干名，正课膏火银叁两，附课壹两伍钱，前列者另加奖赏，均由试官捐廉给发。兹于本月十六日在贡院考课，分别录取，仰该学官立即出示晓谕，所有在城及附近乡村各举人，均着先期报名投考，咸于是日齐集贡院，听候本部院点名给卷扃试，其报名须赍会试落卷或会试领卷票呈验，以杜假冒，仍备点名时抽查。毋违。特札。

札发盐道孝廉月课经费并章程

为札饬事。

照得省城增设举人月课，业经本部院于六月开考，分别等第名次，超等作为正课，特等作为附课，捐廉发给膏火，前列者另加奖赏。嗣当司、道、府次第举行，惟事属创始，必须酌拟章程，以垂久远，并由本部院倡捐库平足银壹千两，粮道筹解闲款库平银贰千两，统交盐道衙门发商生息，以备月课卷价、饭食及添补膏火之需。合行札发，札到，该道即将解到库平银足银三千两，选择殷商，发与生息，并将发去章程八条，妥为遵办。其未尽事宜，该道等如续有所见，不妨详细更订，禀明核办，并移行藩、臬两司，粮道首府，一体知照。毋违。此札。

计发银叁千两，章程八条，头次用帐壹纸。

计开章程：

一、贾太傅祠厅事，作为孝廉堂。

一、校经堂监院兼管孝廉月课事，以校经薪水较优，故令兼摄。

一、每月主课衙门，取列超等作为正课，二等作为附课。正课膏火银叁两，附课壹两伍钱，额数及奖赏多寡，听主课官自酌。

一、卷赀、饭食，每课支银拾两，由生息项下发领。

一、每课留监院教官照料，毋庸另派委员。

一、每次课文诗各一首，用白折誊写，当日缴卷。

一、应课举人报名，须验会试落卷或卷票，以杜假冒。

一、用款照头次章程办理，除饭食、卷价，看应课人数多寡，不能预定外，其余一切浮费，不得加增。

札藩司、粮道通饬完粮串票楷书

为札饬事。

照得民间上纳钱粮，官给串票，写明某都某团某户粮米几石几斗几升几合，上忙下忙地丁几两几钱几分几厘，原所以征信于民。乃闻各州、县粮书，每于粮票石数及斗升合数、上下忙票两数及钱分合数，字迹均潦草模糊，诸如应完一钱者，告以应完二钱、三钱。不独愚民难于辨认，即识字人亦无从分别，弊混侵欺，殊堪痛恨。合行札饬。札到，该司、道通饬所属州、县，收纳钱粮，凡给民间串票，务必一律书写楷字，或盖用楷字数目木戳，均不得潦草模糊，以祛积弊。仍令将遵办缘由，据实具报。毋违。

批零陵张县令鸿顺禀

据禀已悉。

查零陵县钱粮，前由书吏包征，积弊日深，官民交受其累。自该令到任后，设法改章，官征官解，经营数载，始克告成。已将各里区粮册查造齐全，征收得有把握，办理良非易易。惟是定章之初，必须条理精详，庶可持久不敝。现在接署县赵令到任在迩，仰永州府即饬赵令，将一应官征事宜，与该令考核详明，妥为接办，以免日后弊混，自可一劳永逸也。仍行该令一体遵照，并候督部堂批示。此缴。

批永州府禀

现据张令禀陈征收改章办理告成等情到院，业经另批行府转饬遵照矣。

查该县钱粮改办官征，原为便民起见，断不容书吏于正数之外，巧立名色，多取民间分文。至书吏办公之资，自应由官酌量提给，以免藉口。仰俟赵令到任，督饬认真稽查，先将过拨及扯票各种浮费，出示全行革除。傥敢仍前揸索，立即从严惩办。一面议定按粮提给粮书辛工纸笔费若干。张令禀称拟将粮书酌留百名，自已足敷办公，其余应令一并汰除，以节靡费。花户完粮，应于大堂设柜征收，此外总柜、八柜名目，概行裁撤。所有一应章程，由府督同悉心计议，务臻妥善，通禀立案，并刊碑县署，永远奉行。总期宿弊全清，闾阎蒙福，是为至要。仍候督部堂批示。缴。

示谕铺户居民

为出示晓谕事。

照得广西遣撤勇营，纷纷下驶。尔等会内装扮戏具甚多，设有散勇聚集观看，滋生事端，居民铺户，均难安谧。孙藩司预行示禁，系为绥靖地方起见。乃有无知之徒，于初一日晚至藩署喧哗扰攘，实属不成事体。惟此等人必系地方流痞，若在会之铺户良民，各有身家，酬神本以祈福，安肯藉以召祸。宜各自安生业，毋得混生疑惧。切切。特示。

又示

为出示晓谕事。

照得藩司出示禁止行会，系为绥靖地方起见。竟有不法痞匪，于六月初一日晚，纠众赴藩司衙门，哄堂塞署，挟制官长，实属目无法纪。本部院本意派兵捕拿，当场擒斩。时因观看人多，一经用武，玉石难分，诚恐伤及良民，本部院心有不忍。又有被胁被诱同往之人，一时误入其中，事后当知悔惧，宽其一线，予以自新。此本部院一片爱民之心，不肯不分良莠，遽加诛戮也。嗣后如有不法棍徒，不知梭改，再有聚众等事，是为乱民，本部院定必督兵捕杀。尔等居民铺家以及公馆客寓，务各自守门户，并约束子弟工夥，切不可出外观看，身蹈危机，是为至要。为此示谕居民各色人等，一体懔遵毋违。切切。特示。

札长沙、善化两县

为密札勒拿事。

照得藩司出示，禁止行会，系为绥靖地方起见。竟有不法痞匪，于六月初一日晚，纠众赴藩司衙门，哄堂塞署，挟制官长，实属目无法纪。此等滋事痞匪，岂容任其漏网，亟应严拿惩办。合行札饬，札到，该县立即设法购线，严密访拿。如能拿获纠众滋事首犯者，赏大钱二百千文；拿获从犯者，每名赏大钱三十千文；其有当日被诱同往之人，现经悔悟，能将首从人犯指出，或捆送到官，即免治罪，仍准一体给赏。该县有地方之责，既不能防范于事前，又未能获犯于事后，殊属玩泄。兹勒限十日，于十五之前，将滋事首从各犯，查拿务获。傥再仍前疏懈，定即撤参不贷，并将发去告示，张贴晓谕。毋违。切切。特札。

示士绅耆老约束子弟

为晓谕事。

照得军民装扮神像，鸣锣击鼓，迎神赛会，本干例禁。大清律内列有专条，藩司示禁，系属照例办理。况近日广西散勇，纷纷下驶，深恐人众滋事，不得不思患预防。尔百姓等，但知一面迎会之可乐，不知意外事变之可虞，城中不乏通达事理、明晰利害之士绅，其能先事预导，临事阻止者，讵遂无人，不过不法痞徒，乘机鼓弄，恃众妄为，致有哄堂塞署情事。现已拿获倡率哄堂及焚烧牌匾、官轿人犯王四、曹桂山，讯明正法；其余随声附和之人，概免株累。因念治民以教化为先，用刑实不得已之举，本部院忝抚是邦，未能化民成俗，殊以为愧。国家设官，原其绥靖百姓，即士绅耆老，各有身家，亦各有保护地方、维持风俗之义。语曰："父兄之教不先，子弟之率不谨。"又曰："涓涓不塞，流为江河。"前闻有街市儿童，随众喧哗，抛砖弃瓦。当兹幼弱之时，便已习惯，日后壮大其不致流为痞徒、罹陷法网者鲜矣。该各父兄宜如何晓以大义，严加约束，毋使滋萌，悉当常以王四等为前车之鉴，勿视国法为可玩，循分安业，勉为善良，本部院有厚望焉。为此再行剀切晓谕士民人等，一体知悉。特示。

批署长沙府刘守烽禀

据禀已悉。湘省迎赛城隍神会，虽历有年所，然前、去两年，经藩司禁止，年谷均庆丰收，地方亦无灾沴，何致谓非此不能被除疠疫？本年孙署藩司，因当散勇纷纷归来，恐致乘间滋事，先期出示申禁，两县即当传集会首，剀切晓谕，何得视藩司禁令为弁髦。及至哄堂塞署，又不能早为防范，实非寻常玩忽可比。惟昨已据拿到滋事要犯王四、曹桂山二名，讯明正法，尚足稍赎前愆。仰即督饬该二县，嗣后地方公事，务须随时留心，宣上意而达下情，胥于首府县是赖，毋再稍涉颟顸，致干咎戾。切切。仍候督部堂批。示缴。

批嘉禾县禀

据禀及另单均已阅悉。查武生蒋玉堂，仅持墨札，擅自开招勇丁，实属荒谬已极，应将其衣顶褫革，递籍严加管束，不准任令出外生事。该县即一面遵旨出示晓谕，傥再有并无咨行文札，擅行招勇，即扣留查办，免致惊扰地方。仰善后局转行遵照办理。

再，现在和议已定，各处正当撤勇之时，何道招募何为，且未禀请统兵大臣咨文，亦属任意妄行，并由局移饬驻永恪靖定边军粮台何道，明白禀复，以凭察核毋延，并移布、按两司查照。仍候学院批示。缴。

示地方散勇

为剀切晓谕事。

照得湘省素称忠义之邦，民情质朴，咸同间，剿除发捻，平定苗回，湘勇之名，闻于天下。上年法人悔约，侵犯海疆，我皇上赫然震怒，命将出师，援台救越，征调频仍，湘民应募者不下数万人。尔民踊跃从征，情殷敌忾，原欲灭此朝食，共申义愤。迨我军由滇、粤进攻，叠克要隘，敌人俯首乞和，国家柔远恤民，允其所请，谕令停战撤兵。现在和局已成，边防无事，从前募以应敌者，自应遣撤归农。尔散勇等既各领有饷项、川资，即应赶紧回籍，有田地者安分耕种，否则佣工度活，小贸营生，亦均可养赡身家，藉资糊口。国家久安无事，固不失为忠义良民，设一旦有效用之时，仍可从军出力，共奋功名。傥竟逗留地方，勾结为非，或肆行抢劫、滋扰乡村，或拜会结盟、妄谋不轨，一经拿获，立予骈诛。彼时法不能宥，追想前此竭忠报效，一片血忱，至此时干犯王章，竟蹈不赦之律，不但父母妻子，闻信痛哭，即质之尔等，亦必悔恨无及也。

除通饬地方文武并在防各营一体稽查外，合行出示晓谕，为此示仰各散勇等知悉。尔等既经遣撤，务各互相劝勉，刻日归农，毋得逗留生事，自贻伊戚。本部院爱民如子，嫉恶如仇，其所以谆谆诰诫、不能已于言者，无非保全尔等之意，其各懔遵毋违。特示。

札饬九府四直隶州

为札饬事。

照得扬州因利局，借钱拯贫，行之已十余年，赖以资生者不少。左侯相督两江时，见局章法良意美，通饬各府、州、县，仿照举办。查湘省人稠地隘，每多无业之民，迫于冻馁饥寒，不免鼠窃狗偷，流而为匪，盗贼风炽，闾里受害靡穷，必须设法早为安置。人心孰不畏法，苟得小贸营生，藉资糊口，何致不惜身命，干犯刑章。此借钱拯贫之举，所以保全者大矣。

兹经本部院将扬州因利局借钱章程，饬局刊刻，通行照办，合行札饬。札到，该府、州即便查照，并转发所属州、县，邀集绅商富户，谆切劝谕，凑赀办理，穷民得其所养，绅商富户均可乐业安居，利人即以利己。司牧者善为劝导，因所利而利之，于地方大有裨益，慎毋视为不急之图，束诸高阁，仍饬将遵办缘由，具报查考。切切。

计发因利局章程□本。

批署衡州协彭世昇禀

此案现经本部院访闻，派委镇道大员前往查办矣。

该将统辖一方，于曹副将被困协署数时之久，竟不能约束弹压，无怪众人目为泥塑木雕。倘再不能将首要各犯拿获，自问当得何咎？仰即赶紧会督地方文武，查明起意为首滋事及下手殴官之人，按名拿送镇道行辕，讯供禀办，以赎前愆而肃纲纪，毋稍违延。切切。此缴。

批道州段牧长佑禀

据禀已悉。

该州文生熊翰飞等，藉与周宣苟等控争前明熊故宦坟后余地之嫌，胆敢统众持械，将该处回澜寺拆毁，强砍竹木，并将周宣苟等所居茅屋毁抄。似此恣意横行，实属目无法纪。若不斥革严拿惩办，何以儆强暴而安善良。仰按察司即饬查明案内文武生贡，按名详请革斥，一面会营严拿倡首滋事各犯，务获审究详办，勿稍纵延。切切。仍候督部堂批示。缴。

批振威营周提督家盛禀

据禀，该统领拔队回湘，军装、行李暨病勇等，共用船十七号，核与粤咨船数不符。船只虽系由县封给，而粤卡若非查有确数，何致以少报多，是弁勇夹带包揽情形，在所不免。又据禀，该统领四月二十日泊梧，舍舟兼程，五月初三日抵湘。查粤咨何守禀称，恃强闯关，系五月初二之事。该统领相距千余里之遥，而谓该弁勇等，并无不服查验之事，不但本部院未能深信，即该统领恐亦未必信之不疑也。乃奉文之后，并不彻底严查，辄以粤卡信口诬揑，意存袒护，措词尤多负气，殊属不合。

惟据禀自邕至梧，关卡层叠，不闻异言，自非委员确查，不足以昭折服。除委员前往梧州一带确查，并咨请广西抚部院委员会查，据实禀复外，所有该营押运军装、弁勇，仰即妥为看守，听候查办，毋任远离。切切。此缴。

照会永州镇廖长明

为照会事。

本部院访闻衡州协标兵丁，于本月初五日有聚众滋事之案。缘该标世职樊昆元即相伟，该欠公款，由衡州府发交衡阳县唐令讯追，先交兵房看管，脱逃被获，改收公所，在管因病身故，尸亲倚恃营兵之势，串同痞徒，声言欲于相验时，与官为难。唐令当请水师营曹副将广泽，酌带水勇，前往弹压，相验事毕，曹副将因他事至协署拜会，兵丁地痞辄挟前嫌，聚众围绕协署，候曹副将出署，竟被殴伤，并将衡阳汛谷千总殴伤甚重。本部院查樊相伟抗缴公款，在营病故，岂容兵丁地痞人等，与官为难，甚至聚众围署，殴辱水师大员，实属目无法纪，此风断不可长，亟应从严惩办，以儆效尤。现已檄委但道湘良，前往衡州查办，合亟照请贵镇，会同该道确切查明，督饬该管文武员弁，严拿首要各犯，认真究办，以肃纲纪而安地方。除咨明督部堂外，为此照会贵镇，请烦查照施行。

札候补道但道湘良

为札委事。

本部院访闻衡州协标兵丁，于本月初五日有聚众滋事之案。缘该标世职樊昆元即相伟，该欠公款，由衡州发交衡阳县唐令讯追，先交兵房看管。脱逃被获，改收公所，在管内因病身故，尸亲倚恃营兵之势，串同痞徒，声言欲于相验时，与官为难。唐令当请水师营曹副将广泽，酌带水勇前往弹压。相验事毕，曹副将因他事至协署拜会，兵丁地痞辄挟前嫌聚众围绕协署，候曹副将出署，竟被殴伤，并将衡阳汛谷千总殴伤甚重。

本部院查樊相伟抗缴公款，在管病故，岂容兵丁地痞人等，与官为难，甚至聚众围署，殴辱水师大员，实属目无法纪，此风断不可长，亟应从严惩办，以儆效尤。除照会永州镇廖确查究办外，合特札委，札到该道即便遵照，束装前往，会同廖镇查明此案滋事情形，督饬地方文武，严拿首要各犯，据实按拟禀办，毋稍饰纵。所有驻衡振威营勇丁，应听该道随宜调遣，已札行周提督矣，并即知照。切切。特札。

批但道_{湘良}禀

据禀已悉。查副将彭世昇、都司连俊，当兵丁滋事逞凶之时，不能出
署弹压，事后仍不能按名传解，实属有心庇纵，咎无可辞。现经本部院附
片奏参，留于该处协缉。仰候札饬该营并衡清二县，速将滋事兵丁萧开贵
等、地痞胡家祥等，按名严拿务获，解交该道审办，仍候督部堂批示。缴。
供折存。

批湘潭县沈令_{锡周}禀

据禀暨另单均悉。

查现当撤防之际，各县皆有散勇过境，若处处派防，不敷分布。候札
饬虎字营彭镇酌派五队前往该县协巡，并饬驻札朱亭哨弁，在于附近各处
广为巡查，以资镇摄。仰仍谕饬各绅赶办团防，守望相助。如有散勇纠抢
持械拒捕情事，准其格杀勿论。此缴。

又批

据禀，该县瑞和成钱店，被游勇强掠银两、拒捕杀人等情。查其时既
有邻人趋至拦捕，且店主在城内，闻声集救之人必多，何致任其刃毙帮捕
之人，抢去多赃。似此情形，断非一贼所能，其为夥众强劫无疑。来禀声
叙含混，实属有意隐饰。仰按察司即饬将此案实在情形，明晰禀复，一面
会营选派兵役，悬赏购线，并飞关邻封营县，上紧勒拿脏盗，务获究报，
毋再玩纵饰延，致干参咎。切切。仍候督部堂批示。缴。

批永州府零陵县会禀

据禀及另单均悉。查该县钱粮，向由粮书包征包解，本部院前次风闻
书吏垫款，以六分利取偿于民，民间深受其害，是以檄饬张令改办官征，
令花户自封投柜，并出示剀切晓谕在案，并非出自张令之意。兹阅所禀裁
汰冗书，酌给辛工，革除揹串浮索等弊，意甚可嘉。而所拟章程，犹未尽
善，如于县署右另建征收所，将八柜归并一处办理。查花户有远近之分，

近者投柜，自易为力。其距城远者，往来盘费及到城住宿、房饭一切，费用不赀，能否于适中之地，设立乡柜，由县选派亲信亲友，督书收银给串，庶远近完粮皆便。其每两折收钱数，应照骆前部院定章，参酌厘定，务得其平。至欠粮未经逾年，即以四月、十月为期，遽行加罚，立法亦嫌过刻。旧日粮书，用至四百余人，本属骇人听闻。今定为总书八人，散书八十人，能否再裁减？所称每两提给钱二百四十文，是否即在五千四百文之内？来禀未据声叙明晰。又收柜以后，未完各串，截交里差催收，亦恐易滋流弊。仰再细心酌核，妥定经久章程，详晰禀候核夺，务期宿弊全清，闾阎实受其益，毋仅敷衍目前，是为至要。另单请将本年下忙钱粮，援案暂宽解限，并候行司查照。仍候督部堂批示。缴。折存。

谕阖属如有游勇匪徒抢劫准齐团拿解惩治

为剀切严谕事。

照得海防裁撤各营，多属湘军，各路散勇络绎于道。查此项勇丁，既已奉撤，各有父母室家，朝夕悬望，早归一日，即早放一日之心，自应赶紧归农，安守本分，何得逗留滋事，自罹法网。至有无赖匪徒，结会放飘，煽惑愚民，殊堪痛恨。如能缴飘首悔，原可予以自新之路，傥仍怙恶不悛，一旦发觉，身家莫保，悔之何及。本部院念散勇曾经效力，匪党或被诱胁，不忍不教而诛。除饬地方官会同营汛督率民团，严密查拿外，为此严切示谕，并仰军民人等，一体知悉。自示之后，傥有游勇及匪徒等肆行抢劫，滋扰村庄，准即齐团严拿，解送地方官惩办。如敢拒捕，均准格杀勿论。现在四路访拿，随时严办，从无不破之案，断无可逃之网。本部院爱民如子，嫉恶如仇，除暴即以安良，法令具在，决不姑宽，各宜懔遵，毋贻后悔。特示。

批攸县张令大煦会营禀

据禀已悉。此起匪徒，胆敢纠获多人，执持枪械、旗帜，拒敌官兵，意图劫狱抢犯，焚署滋事，实属叛逆昭著，蔑法已极。该县营、团、绅等，事前布置，协力迎击，擒获刘松茂等一十二名，均于军前正法，并将刘凤阁提禁枭示，办理甚为妥速。现已札饬虎字、毅安两营，添派弁勇前往该县，并饬振威营派勇由衡山驰赴该县，会合兜拿。仰即遵照，迅将该匪党与（羽），严密查捕，务获禀办，以遏乱萌，毋稍松懈。一面查明究系何人为首，匪党实有若干，现在是否均已散逸，详细驰禀核夺。所有此次出力员弁、团绅，均存记候奖。又此等紧要事件，该县初五日发申，至十一日始到，未免羁迟。以后似此禀件，应专干勇赍，以免延误。切切。此缴。

批沅州府邓守_{天符}禀

赍到上年冬季分所属各县课治表格，阅悉。查黔阳县差役，前经李守裁革甚多，诚恐日久又复恣肆。嗣后务须随时查察，所控各差，均应提讯严惩，慎勿姑息养奸，贻害地方。仰即遵照，仍候督部堂批示。缴。表格存。

批靖州潘牧_清禀

赍到上年冬季分所属课治表格，阅悉。会同县汪令考语格内，所填多系尚字，该令平日办事暨操守实在情形，究竟何如？仰即详细查明，密禀核夺。切切。仍候督部堂批示。缴。表格存。

批候补府李_{维丙}禀

据禀查明兴宁县征收钱粮事宜，及造谣阻考情形。查国家定例，钱粮分上下忙完纳，自应分上下两忙给串。所有串票钱文，并纸章、饭食等项计之，每章不过十文上下。该县每章票费取钱二十文，已属浮多，况又有加至十一文、二十一文者，串底之外，各加十二文，是每章共需钱三四十文上下，两忙即需七八十文，实属办理不善。民间完纳钱粮，例应自封投柜，距城窎远之区，应于适中设立乡柜征收。该县由绅衿立局，以致太阿倒持，至聚众阻考，指为痞徒挟连令严征之嫌，藉端滋闹，全系空言，并无实据，亦未拿办一人。该守奉委前往查办，种种含糊，实属大负委任。仰布政司会同按察司，即将该守记大过一次，仍将所禀各节，复加查核，行令该管州再行妥议禀办，以符定例而儆刁玩。切切。并候督部堂批示。缴。串式示稿附。

批善后局详

据详议减水师哨弁勇丁薪粮银两，添设岳州厘卡巡船，事属可行。惟查前年三月，据该局详定水师勇粮章程，哨官每员支银十两，长龙、舢板皆同，并无十六、十二两之数。水勇则舵工四两二钱，头工、炮手各三两九钱，桨手三两三钱，亦无四两五钱之数，核与此次所详不符。且营制应归一律，何以薪粮数目互有参差，殊不可解。仰再查明详复，以凭核夺。此缴。

札饬各属续定保甲章程

为通饬事。

查湖南近日会匪结盟放飘，到处勾结，兼以各路裁撤湘军，络绎不绝，易滋事端，亟宜整顿保甲，以靖地方。为此拟定简明章程，随札颁发，合行札饬。为此札仰该府、厅、牧，立即严饬所属，克日选派公正绅士，将后开各条，实力举行，毋得仍蹈积习，视为具文。其有未尽事宜，由该守丞、牧令酌拟，禀请核办。总之，有治法尤贵有治人，本部院即以办理之善否，觇僚属之优劣，轻则量记功过，重则分别举劾，事无旁贷，责有攸归，其各勉之毋懈。本部院更有说者，诘奸除暴固政令所宜行，周急济贫亦人情所宜有，殷实之户当劝其有无相通，患难相恤，若重利盘剥，或悭吝守财，平时敛怨于乡民，转恐诲盗于异日。及有事报官，亡羊补牢，已嗟无及。前此本部院通颁因利局章程，该守、厅、牧亦当饬属剀切劝谕，共体此意，以弭盗心而安民业，实有厚望焉。此札。

计开《续定保甲章程》八条

一、编查保甲。如有会匪党羽及为盗贼者，责令团保、户族，按名捆送。或势难捆送者，即密禀地方官，登时督同拿获。如知情不报，即按律连坐。其有愚民被诱，自愿缴飘悔罪者，准团保、户族等，出具连名互保甘结。倘妄保匪类，一经查出，将结保之人一并坐罪。

一、甲内之人，平日无不认识。如有游行僧道，壮年乞丐及一切形迹可疑之人，责令团保等根问来历，驱逐出境。倘敢恃横不服，立即禀官查逐。如有隐留者，一经查出，分别惩办。其有游勇逗留，即禀知地方文武官，随时驱遣出境。

一、烟馆赌场，尤为藏垢纳污之所，责令团保户族等，认真禁革。出具境内并无烟馆赌场切结。如恃强逞横，不服查禁，即公同送官究惩。至饭店、寺观，单居独村，宵小易于潜踪，由团保随时稽查。如有循环簿及牌内无名者，立即根究驱逐。

一、匪盗滋扰，多在昏夜，巡逻更宜加严。凡城厢内外、市镇村庄、大街小巷，均宜安设栅栏，晚闭早开，每甲选派壮丁，置备梆锣，每班轮派数人，自初更巡至五更，无事则击梆梭巡，一遇有警，则急连鸣锣，此处锣响，彼此锣应，各甲壮丁，即执持器械，四面兜拿。如匪盗敢于持械拒捕，应准格杀勿论。其有无告穷民，实无壮丁可派者，即着免派。若富室绅衿，不能派充者，即着其自雇壮丁，以昭平允。

一、拿获会匪头目，赏钱一百串；指获匪首有据者，赏钱五十串；在会悔过指获匪首者，一体给赏。至省城善后局给领，劫案首犯赏钱一百串，从犯一名，赏钱五十串，其有指报劫盗，因而获犯者，减半给领。寻常贼盗，酌量给赏。除拿获头目外，所定赏犒，由地方官先行垫发，匪案由善后局给领归款，劫案由犯事地方官拨解归款。均宜随时清理，毋许延宕。

一、保甲经费，概宜俭约，由地方官会同绅董筹备款项，或由公项提出，或由殷实捐办。总之，贫民则出力，富民则出赀，保甲之法，于富贵之家，尤为关系，不能与贫民计较锱铢也。惟须限定支销数目，不准丝毫浮滥。如地方官下乡编查，须自备夫马，不准差役藉端需索。除保甲应办事宜外，一切词讼案件，皆不得累及团绅。该绅等亦不得藉此熟识衙门，包揽讼案。所有土棍地痞，皆不准充当团保。

一、有匪盗而不指送，则责在团保户族；送匪盗而不收办，则责在地方有司；甚至有送犯到案，书差需索送费，致令绅董等进退维谷，放之则虞其反噬，控之又虞其讼累，则人皆以指送匪盗为畏途，而保甲愈不可为矣。此等情形，虽未必尽然，诚亦在所不免。嗣后团保户族，捆送匪盗到案，即在大堂击鼓，地方官登时收禁讯办。更宜严查书差，如有片时延宕，即行重惩不货。

一、捆送会匪盗贼，必须查实，即或介在疑似之间，亦必盘问根由。如有挟嫌诬扳，倾陷良民者，按律科罪。其有拿获之犯诬扳良善，准户族出具切实连名保结；如本非诬扳而户族滥保，一经发觉，即按律连坐。

批署粮道吴锦章交代禀

据禀，道库漕粮项下，有收存远年运义等银一万九千五十余两，系各前道借垫无着，而历届拨册并未开报用款。又南粮项下，有收存各州县续完南秋米折等银六万一千八百余两，册内注载留存垫发镇算等营兵米折价之用，库内并无此银等语。查库款出入，缘有册籍可稽，虽年分久远，交接相沿，然数逾巨万，寻源溯委，断不至漫无根据。前该借垫之运义一万九千余两，究系何任何时所借，拨册列于应存而无支销，是否另有详咨支发案据。至留存垫发兵米之南折等银六万余两，是否系业已垫发之款，应向何处征还？若系留存未发，其银作何着落？历届拨册，循照开报，应有档案可查。仰仍严饬该管书吏，彻底清查明晰，以免库款淆混，毋任藉词诿卸。

再，禀叙夏道应交正杂银一十七万二千九百余两，该道实收银一十六万九百余两，是所短一万二千两上下，与所称未交二万二百余两之数不符，并即具复备考。此缴。折存。

札饬各府、州、厅整顿保甲慎选族正族副

为通饬事。

照得湖南一省，地阔民稠，人材代兴，雄视全楚，其有浇风未革，为害闾阎者，厥有三端：

乡连里接，类多聚族而居，安分守法者固不乏人，亦多不肖之徒，好勇斗很（狠），暴戾恣睢，乡里侧目。或强伐山树，或硬夺溪牛，或捏造中凭，重利盘剥，或横争水利，冒认坟山，往往结为党类，一呼则千百成群，持械而约期互斗。迨至酿成命案，妄买顶凶，冀逃法网。究之到官研鞫，真伪立分，即有畏罪远飏，一经调营兜捕，勒限捆送，无不拘挐缧绁，骈首市曹。此械斗之风，其害一也。

又，自咸同用兵以来，湘勇之名最著，有事则各省来湘招募，事平则遣撤回南，其有忠义性成者，执殳疆场，驰驱效远，归耕田野，谨愿如初，以平时桀骜为非，存异日功名之想。此等良民，诚堪爱重。亦有在营既久，染习颇深，游手好闲，不耐耕作，小则流为盗窃，甚或拜会结盟。踪迹诡秘，官吏苦难周知；性情剽悍，团保不敢过问。遇有少年流荡，气味相投，受其煽惑，无恶不为。未几同谋事发，惨被刑诛，纵法外施仁，许其缴票首悔，而幸全首领，多至荡产倾家。历数谋逆各案，从无不败露正法者。孽虽由于自作，情半出于诱从。此散勇之患，其害二也。

又，观古圣贤功业鼎隆，大烹以养，鸡羹羊臛，下逮齐民，初不闻有禁绝荤腥之事。至释氏创为持斋之说，后世愚民遂开希福之端。不知释氏与吾人异教，彼盖违弃君亲，无功世宙，只应疏食自甘，而戒杀放生，亦彼教之宜行，在圣贤所不论。吾儒读书志道，务在修身敦行，奢俭得中，下至商贾农工，守其技艺，丝毫勿妄，但使善念充溢，福即随之。男若不孝父母，不敬尊长，女若不孝翁姑，不敬丈夫，天理在所不容。虽终日持斋，亦难免祸。况藉此私行传教，煽惑乡民，徒侣成群，邪说流播，妇女倍受其愚蒙，搢绅亦乐为称道，衣冠扫地，闺阃贻羞，是直斋匪之流，尤属大干例禁。此吃斋之教，其害三也。

此三害者，有一于地方，则显违政教，阴坏民风；有一于家庭者，则玷辱祖宗，株连族党，岂惟有司之责，抑亦户族之忧。将欲清源杜弊，实非整顿保甲不可。而整顿之方，尤在责成户族，务使各族合举年高董事众所推服者一人为族正，再举朴实耐劳一二人副之。族大丁多，则酌添族副。如遇族中不法子弟，蹈犯以上数端，即责成该族长等，自行捆送到官，以凭按律惩办，毋得以力不能制，托词推卸。如瞻顾情面，容留前项不法之徒，并藉案渔利，希图中饱，开销族中公项，有心袒护凶人，即查明分别斥革惩治，另换公正之人接充。倘能心存化导，于平日无事之时，宣称圣谕广训，以启其向善之念，而生其悔过之心，约束一族之中，并无为非作歹之人，该州县遇此等族长，即当优以礼貌，以为乡里矜式。如此办理，庶团清其团，族清其族。耳目既属亲切，良莠自无混淆，地方官只须公好恶之心，立劝惩之法，久之办有成效，不特匪类无所潜踪，推之缉捕救荒等项，亦均有把握，其裨益良非浅鲜。

为此专札通饬，札到该府、州、厅即便转饬所属遵照，并转饬所属一体查照。本部院上年冬间颁发《保甲章程》，参以现今札饬事理，剀切出示晓谕，务期认真举办，慎毋徒托工空言，以一禀敷衍了事，有负本部院谆谆求治之苦心。是为至要。仍将遵办缘由，详细具报查核。切切。

札藩司饬属严禁私铸

为札饬严禁事。

照得销毁制钱，罪名綦重，市民贪利，不知例禁，每有销毁改铸器血情事。查例载：销毁制钱及将制钱剪边图利之犯，审实，将为首者拟以斩决，家产入官，为从者绞决等语。是销毁、剪边，一经拿获，即干大辟，应即出示晓谕，使民共晓，免犯王章。合行札饬，札到该司，迅即通饬各属，一体详载例文，出示晓谕。其有私铸砂谷等钱，核其所铸钱数，在十千以上，或私铸不止一次，罪亦应斩，知情买使者，发新疆给官兵为奴。罪名匪轻，应一并附示晓谕，俾知警惕。仍饬将遵办情形，禀复查核勿违。切切。特札。

批署衡阳县何令廷俊详

查此案凶犯暨死者系何姓名，该县既办保甲，何以客店不立循环号簿，来往投宿之人，亦不盘问姓名，仅有泛泛籍贯，纵移原籍浏阳，亦复从何访缉？是该县于保甲事宜，未能切实举办，于此可知。仰按察司严行申饬，并令赶紧查拿此案凶犯，务获究报。一面查照《保甲章程》，凡大小客寓，皆须设立循环号簿，每日住宿之人，将姓名、来历，一一详询登记，以备稽查，毋再玩忽。切切。仍候督部堂批示。缴。格存。

咨请部示

为咨请核示遵办事。

窃照湖南龙山县民尚庭滩殴伤尚潮梁身死一案，缘尚庭滩系尚潮青之子，与尚潮梁同族无服，素好无嫌。光绪十年七月十八日，尚潮青听从该县武生承袭云骑尉世职向云程邀允，同往刘济初家索讨旧欠。适尚潮梁踌至，即斥尚潮青不应帮同逼索。尚潮青分辩，致相争闹。尚潮梁即取桌上尖刀，砍伤尚潮青左手臂、右肩甲，扑跌倒地，磕伤左膝。向云程拢护，亦被尚潮梁用刀划伤右手腕，经张光盛赶拢喝住，告知尚庭潾，将尚潮青扶回医治。次日，尚庭潾见伊父伤气忿，邀允向应凤同往尚潮梁家殴打泄忿。行至屋前，适遇尚潮梁携刀赴山砍柴。尚庭潾看见喊骂，尚潮梁即用柴刀向砍。向应凤赶拢夺获，用刀背殴伤尚潮梁右？膊、左手腕、右后肋等处。尚潮梁赴向夺刀，向应凤携刀逃跑。尚庭潾拾取地上石块，连殴尚潮梁囟门偏右倒地，旋于二十日殒命，报县诣验。尚庭潾即赴案投首。讵尚潮青伤重，医治无效，亦于是月二十九日身死。复经该县验明，讯供通详饬审。嗣据审拟，以尚潮梁所受各伤，惟后被尚庭潾用石殴伤致命囟门偏右，当即倒地为重，应以该犯拟抵。虽该犯之父尚潮青先被尚潮梁用刀砍伤，其时尚未至死，核与父为人杀，其子擅杀行凶人者不同，且系越日往殴，又与即时救护者有间，自应仍照斗杀律问拟，将该犯尚庭潾依斗殴杀人律，拟绞监候，秋后处决。声明事犯到官，虽在光绪十一年正月初四日恩旨以前，招解在后，无庸查办等情，由司转解到院。当经本部院查核，尚庭潾殴伤尚潮梁之时，其父尚潮青虽未死，而右肩甲一伤，重至筋骨俱断，该犯见父伤重，次日邀同向应凤前往，殴伤尚潮梁致死，供内并无另有起衅别情，自是志在复仇，并非无故逞凶。且该犯之父亦于保辜正限内因伤殒命，若将该犯仍照斗殴杀律拟以绞抵，是以父子两命而抵一命，恐于律义未符。饬令妥拟解勘去后。

兹据该司详称，此案尚庭潾殴伤尚潮梁身死，介在伊父已伤未死之间，遍查律例，并无恰合专条，亦无似此通行成案。衡情酌断，拟于斗殴杀人绞律上量减一等，拟以杖一百，流三千里等情，详解前来。

本部院查律载，祖父母、父母为人所殴，子孙即时救护而还殴行凶之人至死者依常律，若父母为人所杀而子擅杀行凶之人者杖六十，其即时杀者勿论。又例载，父母为人所杀，凶犯当时脱逃，未经到官后，被死者之子撞遇杀死者，照擅杀应死罪人律杖一百。细绎例意，诚以父母之仇，不共戴天，故即时杀死者无罪，而过后撞遇杀死者，罪只满杖。然此皆为父母被殴已死者言也。今尚庭潾殴毙砍伤伊父之凶手尚潮梁，于伊父未死之前，固不得援父母为人所杀、子孙擅杀行凶人之律，亦与父母为人所杀、凶犯脱逃后被子孙撞遇杀死者情事不同。惟伊父于正限内因伤身死，尚潮梁实有应抵死罪，似又未便因尚庭濚殴在伊父已伤未死之前，而置伊父后之因伤身死于不论。况查两家互殴致死一命之案，其律应拟抵之正凶，如被死者有服亲属殴死，例止满徒。今尚潮梁系应死罪人，而尚庭濚之于尚潮青，谊重天亲，较之有服亲属，其情尤为迫切。该司现请将该犯照斗殴律量减拟流，情罪是否允协，定例既无作何治罪明文，南省近年亦未办过似此成案。案关罪名出入，未便率定爰书，相应先行备文咨请，为此合咨贵部，请烦查核示复，以便遵办施行。

《湘学研究》征稿启事

千年湘学，源远流长，博大精深，是中华传统文化的重要组成部分。湖南以其厚重的文化底蕴和独特的文化张力，孕育了一大批经邦济世的杰出人才，为推动中国社会变革和发展做出了重要贡献。研究湘学、弘扬湘学，乃发展湖南和当代中国、繁荣中华文明之要务。《湘学研究》系湖南省湘学研究院主办的学术集刊，拟刊布湘学研究的高水准成果。由社会科学文献出版社出版，每年出版 2 辑。

《湘学研究》主要设置以下栏目：湘学专题研究；湖南人文历史；湘学文献整理研究。发稿方向和范围包括：湘学研究的基本理论；湘学与国学的关系；湘学文献搜集整理与研究；国内各地域文化与湘学的比较研究；湘学传统与湖南现代化研究；湘学与当代湖南发展研究；湘学与当代中国发展研究。

本刊不收版面费，出版后奉致稿酬并样书两本。

本刊来稿要求如下。

一、来稿须是未经发表的学术论文，一般以不超过 1 万字为宜，要求政治导向正确，学术观点新颖，论据充足，论证严密，文字通达。

二、来稿须提供中英文摘要 200～300 字，关键词 3～5 个。

三、作者简介务必简洁，所任职务、职称不超过 2 个，并在文末附以联系电话与电子邮件地址。

四、所有来稿，编辑部有权作适当修改，如不同意者请予以注明。

五、正文采用 5 号字体；注释采用小 5 号字体，一倍行距，A4 纸页面。文内章节采用如下顺序："一""（一）""1.""（1）"。

六、注释格式：

（一）总要求

1. 采用页下注。注释序号用①，②，③……标识，每页单独排序。卷数、册数、页码均使用阿拉伯数字。多页码之间使用一字线连接号"～"

连接。

2. 责任方式为著时，"著"可省略，著者后接"："；其他责任方式不可省略，不接"："。

3. 中国作者无需标明所属朝代；国外作者须加国别，如：〔美〕。

（二）出版物主要引用格式

1. 专著

（1）标注顺序

责任者与责任方式：文献题名，出版者，出版年，页码。

（2）示例

赵景深：《文坛忆旧》，北新书局，1948，第 43 页。

谢兴尧整理《荣庆日记》，西北大学出版社，1986，第 175 页。

〔日〕实藤惠秀著，谭汝谦、林启彦译《中国人留学日本史》，中文大学出版社，1982，第 11 ~ 12 页。

2. 析出文献

（1）标注顺序

责任者：析出文献题名，"载"文集责任者与责任方式文集题名，出版者，出版年，页码。

文集责任者与析出文献责任者相同时，可省去文集责任者。

（2）示例

杜威·佛克马：《走向新世界主义》，载王宁、薛晓源编《全球化与后殖民批评》，中央编译出版社，1999，第 247 ~ 266 页。

鲁迅：《中国小说的历史的变迁》，载《鲁迅全集》第 9 册，人民文学出版社，1981，第 325 页。

3. 古籍

（1）标注顺序

责任者：析出文献题名，文集责任者与责任方式：文集题名卷册次数，丛书项，卷册次数，版本或出版信息，页码。

（2）示例

管志道：《答屠仪部赤水丈书》，《续问辨牍》第 2 卷，《四库全书存目丛书》第 88 册，齐鲁书社，1997，第 73 页。

4. 期刊

（1）标注顺序

责任者：文献题名，期刊名年期。

（2）示例

何龄修：《读顾诚〈南明史〉》，《中国史研究》1998年第3期。

5. 网络

若存在相同内容的纸质出版物，应采用纸质出版物的文献源。若唯有网络来源则标注顺序为：

责任者：电子文献题名，站名，文献标注日期，访问路径。

赐稿邮箱：xiangxueyj@163.com

通信地址：410003　湖南省长沙市德雅村湖南省社会科学院《湘学研究》编辑部

图书在版编目（CIP）数据

湘学研究. 2019 年. 第 1 辑：总第 13 辑 / 湖南省湘

学研究院主办. -- 北京：社会科学文献出版社，2019.7

ISBN 978 - 7 - 5201 - 5025 - 5

Ⅰ. ①湘… Ⅱ. ①湖… Ⅲ. ①学术思想 - 思想史 - 研

究 - 湖南 Ⅳ. ①B2

中国版本图书馆 CIP 数据核字（2019）第 115544 号

《湘学研究》2019 年第 1 辑（总第 13 辑）

主　　办 / 湖南省湘学研究院

出 版 人 / 谢寿光
责任编辑 / 王玉霞　李　淼

出　　版 / 社会科学文献出版社·城市和绿色发展分社（010）59367143
　　　　　　地址：北京市北三环中路甲 29 号院华龙大厦　邮编：100029
　　　　　　网址：www. ssap. com. cn
发　　行 / 市场营销中心（010）59367081　59367083
印　　装 / 二河市尚艺印装有限公司

规　　格 / 开　本：787mm × 1092mm　1/16
　　　　　　印　张：17.5　字　数：286 千字
版　　次 / 2019 年 7 月第 1 版　2019 年 7 月第 1 次印刷
书　　号 / ISBN 978 - 7 - 5201 - 5025 - 5
定　　价 / 88.00 元